LA
Vie au Pensionnat

apprentissage de la vie dans le monde

COMPLÉMENT

DU LIVRE DE PIÉTÉ DE LA JEUNE FILLE

PAR

l'auteur des Paillettes d'Or

AVIGNON
AUBANEL FRÈRES, ÉDITEURS
IMPRIMEURS DE N. S. P. LE PAPE

EN PRÉPARATION

DU MÊME AUTEUR :

Vie après le Pensionnat

Un beau volume in-16 raisin.

Vaucluse
n° 286
1900

2909

8°R
16760

EN PRÉPARATION

DU MÊME AUTEUR :

Vie après le Pensionnat

Un beau volume in-16 raisin.

Vaucluse
n° 286
1900

2909

8° R
16760

La Vie au Pensionnat

APPRENTISSAGE

DE LA VIE DANS LE MONDE

Propriété des éditeurs

Reproduction même partielle, et Traduction en toutes langues formellement interdites.

L'AUTEUR DES "PAILLETTES D'OR"

LA
VIE AU PENSIONNAT

APPRENTISSAGE
de la vie dans le monde

COMPLÉMENT DU LIVRE DE PIÉTÉ DE LA JEUNE FILLE

OUVRAGE APPROUVÉ PAR
S. G. Mgr l'Archevêque d'Avignon
S. G. Mgr l'Archevêque d'Aix ; S. G. Mgr l'Evêque de Nancy
et de Toul ; S. G. Mgr l'Evêque d'Evreux

NOUVELLE ÉDITION

AVIGNON
AUBANEL FRÈRES, IMPRIMEURS DE N. S. P. LE PAPE
ET DE MONSEIGNEUR L'ARCHEVÊQUE
Tous droits réservés

APPROBATION

DE

S. G. Mgr Louis-François SUEUR
ARCHEVÊQUE D'AVIGNON

Monsieur le Vicaire Général,

Vous venez d'enrichir votre collection d'un nouveau volume: *La Vie au Pensionnat*. Je vous félicite de ne point laisser au repos votre docte plume. Ce volume par le sujet qu'il traite, par les circonstances dans lesquelles il paraît, l'emporte peut-être en utilité sur tous ceux que vous avez donnés déjà. On a besoin de connaître aujourd'hui la nature et le but du pensionnat religieux; ce but, c'est de former la jeune fille à la grande mission qu'elle aura un jour à remplir. Mais pour l'atteindre, il y a des obstacles à vaincre et des moyens à employer; c'est ce que vous avez parfaitement démontré avec les lumières d'une science toujours sûre et d'une expérience consommée. Aussi, sur le rapport qui m'a été fait de ce travail, j'en approuve volontiers l'impression, et je souhaite que ce livre se répande le plus possible dans les pensionnats de jeunes filles; il est appelé à y faire beaucoup de bien.

Recevez, Monsieur le Vicaire Général, l'assurance de mes sentiments tout particulièrement dévoués en N. S.

† L. FRANÇOIS, *Arch. d'Avig.*

Avignon, le 11 octobre 1899.

LETTRE

DE

S. G. Mgr Xavier GOUTHE-SOULARD

ARCHEVÊQUE D'AIX

Le meilleur éloge de votre livre: *La Vie au Pensionnat*, c'est que je vais le donner à toutes les supérieures de mes Pensionnats diocésains, afin qu'il leur serve de Manuel dans toutes les parties que vous exposez si nettement et si pratiquement. Il deviendra le *vade-mecum* de toutes leurs élèves.

C'est intéressant, c'est bien dit, c'est fait pour rendre meilleur; dans un langage vulgaire et très expressif: *c'est ça!*

Bénédiction en N. S. à l'œuvre et à l'ouvrier.

† XAVIER, *Arch. d'Aix.*

Aix, 3 novembre 1899.

APPROBATION

DE

S. G. Mgr Charles-François TURINAZ

ÉVÊQUE DE NANCY ET DE TOUL

Monsieur le Vicaire Général,

Vous ajoutez un nouvel ouvrage à une série déjà longue et très précieuse.

Vous avez bien voulu me faire hommage de *La Vie au Pensionnat, apprentissage de la vie dans le monde, complément du Livre de Piété de la Jeune Fille* — et vous me demandez de le bénir. Je me rends avec joie à votre désir.

Je retrouve dans cet ouvrage les grandes et rares qualités de l'Auteur des *Paillettes d'Or*, et de tant d'excellents livres, et les richesses qu'il y a entassées : une doctrine très sûre, une connaissance approfondie du sujet, une méthode parfaite, de hautes pensées, unies à des appréciations pleines de finesse et de grâce, un sens pratique de la plus grande valeur, la correction, la clarté et l'attrait du style.

Vous traitez successivement de la mission de la jeune fille, — des obstacles qui s'opposent à cette mission — des moyens qui la préparent. — Dans la troisième partie, après avoir parlé de la formation de la vie de la jeune fille par la piété, par le dévouement, par l'obéissance et la force, le travail et l'amabilité, vous insistez sur la formation de la vie pratique et sociale, par l'acquisition des connaissances usuelles : *la science du ménage, l'hygiène, les relations.*

Je vous remercie et je vous félicite d'avoir considéré ainsi par un côté utile et pratique la mission de la jeune fille, destinée à être une mère de famille, une maîtresse de maison et une ménagère. Il faut absolument réagir contre de funestes tendances qui méconnaissent la nature et la destinée de la femme, les enseignements de Dieu dans nos saintes écritures et les leçons d'une lamentable expérience. Que l'on forme des femmes studieuses et instruites selon leur capacité, leur situation et l'avenir qui les attend, je le désire et je le demande; mais qu'à la place de savantes, de *doctoresses, d'avocates*, et *de femmes journalistes et politiques* on prépare, je le répète, des mères de famille, des ménagères et des maîtresses de maison.

J'insisterai de nouveau sur ce sujet d'aussi haute importance dans une nouvelle étude sur *Trois Fléaux de la Classe ouvrière* que je publierai dès que l'accablement de mes occupations et de mon ministère me le permettra.

Recevez, Monsieur le Vicaire Général, avec mes remerciements et mes félicitations, l'assurance de mes sentiments bien dévoués en N. S.

† CHARLES FRANÇOIS,
Évêque de Nancy.

Nancy, le 15 Novembre 1899.

APPROBATION

DE

S. G. Mgr Philippe MEUNIER

ÉVÊQUE D'ÉVREUX

Cher Monsieur le Vicaire Général,

Votre plume est féconde, mais c'est votre longue expérience, comme votre esprit délicat et votre cœur si aimant et si bon qui dictent vos nombreux ouvrages et nous les font lire avec le plus vif intérêt, parfois avec émotion. *La Vie au Pensionnat* continue les autres écrits; vous y donnez à pleines mains de sérieuses leçons à ces enfants, petites et grandes, dont vous vous êtes fait l'éducateur pour leur apprendre la vie avec ses vertus et ses devoirs, et pour leur permettre d'acquérir un peu de bonheur dans l'avenir.

Je vous félicite avec mon cœur de vieil ami, et je souhaite que toutes les jeunes filles de nos pensionnats lisent avec fruit votre bon et beau livre.

Votre tout dévoué en N. S.

† PHILIPPE, *Evêque d'Evreux*.

Evreux, 8 février 1900.

RAPPORT DE L'EXAMINATEUR

A

Sa Grandeur Monseigneur l'Archevêque d'Avignon

Monseigneur,

Votre Grandeur a bien voulu me confier l'examen du nouvel ouvrage de l'auteur des *Paillettes d'Or : La Vie au Pensionnat, apprentissage de la vie dans le monde.*

Vous le croirez sans peine, Monseigneur, ce nouveau livre est digne en tous points de ses nombreux devanciers. Sans être téméraire on peut même affirmer qu'il les dépasse par l'ampleur de la conception, par la connaissance profonde du cœur humain, par le fini du style.

Il s'agissait, pour l'auteur, d'apprendre aux jeunes filles, élevées dans les pensionnats religieux, à profiter des précieuses leçons qui ont pour but de les former à leur mission future.

La thèse à développer était donc des plus actuelles et des plus intéressantes, ayant trait à ce que l'éducation a de plus vital pour la société, si nous en exceptons l'éducation sacerdotale.

Restait la mise en œuvre; elle est simple comme tout ce qui est vrai, complète comme tout ce qui est profondément étudié. Votre Grandeur peut en juger par le plan de l'ouvrage :

I. *Mission de la jeune fille.*
II. *Obstacles qui s'opposent à la mission de la jeune fille.*
III. *Moyens qui préparent la mission de la jeune fille.*

Tout un monde d'idées, découlant d'un principe vrai, et s'enchaînant avec ordre les unes les autres, germent de cette synthèse ample et naturelle tout à la fois.

S'agit-il, en premier lieu, de la mission réservée par la Providence à la jeune fille? L'éducateur expérimenté se révèle, et nous montre la femme chrétienne formant en elle, pour la répandre plus tard autour d'elle :

La vie de l'âme par la piété,
La vie du cœur par le dévouement,
La vie de volonté par le sacrifice,
La vie de famille par l'amabilité,
La vie matérielle par les connaissances usuelles et pratiques.

Est-il question, ensuite, des obstacles qui vont à l'encontre de cette noble mission? Le moraliste apparaît; et dans une doctrine abondante et sûre, il nous indique, un à un, les principaux défauts qui dérivent des inclinations mauvaises inhérentes à la nature humaine :

C'est la légèreté avec toutes ses nuances,
C'est l'orgueil à tous ses degrés,

— XVII —

C'est l'égoïsme avec ses laideurs,
C'est la paresse avec ses résultats dissolvants,
C'est le mauvais caractère avec ses formes diverses.

Quand au troisième et dernier chapitre qui traite des moyens de former la jeune fille à son importante mission, il m'a paru le mieux étudié et le plus substantiel. Il témoigne, à ne s'y point méprendre, de la vaste érudition et du zèle éclairé de l'auteur.

Là, nous voyons comment l'âme humaine trouve sa perfection et son bonheur dans une solide piété qu'alimentent la prière, l'esprit de foi, les Sacrements et l'enseignement religieux. Comment chacune de ses facultés se forme, au moyen d'une sage direction, par le travail, par l'obéissance et l'accomplissement du devoir.

Ainsi pourvue comme la femme forte, nous suivons la jeune fille au sortir du pensionnat, entretenant la vie dans la famille et dans la société par ses vertus et par son savoir pratique et usuel, non moins que par la distinction de ses manières.

Un appendice sur *la sainte Communion au Pensionnat* est bien à sa place à la fin d'un livre que résument ces deux mots : *Être utile.*

La sainte Eucharistie sagement distribuée n'est-elle pas la source du meilleur dévouement ?

Nul n'en sera étonné : il y a, çà et là, dans cet ouvrage des pages exquises, notamment celles qui traitent de la vie du cœur et de l'amabilité dans les relations sociales.

Peut-être, à une appréciation sincèrement favorable, pourrait-on indiquer un *desideratum,* celui de voir la pensée revêtir parfois un style d'une trempe légèrement plus forte, mais, chaque écrivain n'a-t'il pas sa manière qui est en harmonie avec son cœur? Et la manière d'écrire de l'auteur des *Paillettes d'Or* n'est-elle pas, depuis longtemps, appréciée?

Nous en sommes sûrs, ce livre sur *la Vie au Pensionnat* aura l'heureux sort de ses aînés; il sera d'une grande utilité aux jeunes filles, à leurs dignes maîtresses, aux mères chrétiennes et à tous ceux qui ont à cœur la solide formation de la jeunesse.

Veuillez agréer, Monseigneur, l'hommage du profond respect avec lequel, j'ai l'honneur d'être, de
   Votre Grandeur,
    le très humble et très dévoué serviteur,

      F. QUEYTAN
       chanoine.

Aux Directrices et aux Maîtresses

DES PENSIONNATS RELIGIEUX

C'est à vous, si dévouées aux enfants que Dieu vous a confiées, à vous que nous offrons humblement ce petit livre.

Il est écrit sans doute pour vos enfants, mais il ne pourra leur être réellement utile qu'autant qu'il leur sera

Présenté par vous,

et surtout,

Commenté par vous.

Ne craignez pas de leur lire les pages qui parlent de votre dévouement et du bien que vous pouvez leur faire, si elles sont dociles.

Ces pages leur apprendront à vous apprécier, à vous aimer, à aimer la maison dans laquelle, sous la direction de Dieu, vous vous donnez si complètement à elles.

Aimez ce petit livre; il sera si vous le voulez, un puissant auxiliaire pour votre dévouement de tous les jours.

A. S.

le 21 novembre, jour de l'entrée de la sainte Vierge
dans une maison de nos pensionnats religieux.

PRÉFACE

I

CE livre est pour vous, jeunes filles des pensionnats religieux.

Non pas aux premiers jours de votre entrée dans cette maison bénie — vous étiez trop jeunes et trop inexpérimentées pour le comprendre — mais à cette heure de votre vie, où admises dans ces classes qui prennent le nom de *première* et de *supérieure*, votre esprit qui s'est développé et qui se

— XXII —

développe tous les jours sous l'influence de la parole de vos maîtresses, cherche à se rendre compte de ce qui se fait autour de lui, au-dedans de lui, et essaie même de sonder ce que lui réserve la Providence.

A cette heure, où votre cœur qui, jusqu'à présent, s'est attaché simplement à des maîtresses qui l'aiment et à une maison où se trouve pour lui quelque chose de si bon, de si doux, de si attrayant — s'ouvre, comme la fleur qui a besoin d'un soleil plus chaud, à des désirs qui par moment l'agitent.

C'est pour cette heure de votre vie de pensionnaire que ce livre a été écrit.

Recevez-le, lisez-le, aimez-le ; il vous fera *apprécier* et votre pensionnat et vos maîtresses, il vous les fera aimer plus fortement parce que vous connaîtrez mieux ce que vous leur devez.

Il vous *rendra plus dociles* pour recevoir les leçons qui vous seront encore données, parce que vous en comprendrez mieux l'importance.

Il vous *viendra en aide* pour dominer en vous ces petites révoltes de l'amour-propre, ces petites lâchetés de la sensualité, ces découragements produits par un insuccès passager, ces désirs vagues qui viendront tournoyer comme des insectes importuns autour de votre imagination, de votre esprit et de votre cœur.

Il vous *rendra plus généreuses* pour vous prêter à ce travail de formation qui tous les jours, insensiblement mais sûrement, se fait en vous par les conseils, par les exemples, par les prières de vos maîtresses.

II

Aimez ce livre, enfants, aimez-le pendant vos dernières années du pensionnat ; aimez-le surtout après votre sortie.

Emportez-le avec vous ; qu'il reste votre ami intime et votre conseiller, il vous rappellera de doux souvenirs :

Souvenir de l'affection qu'on a eue pour vous,

Souvenir des soins qu'on vous a prodigués,
Souvenir des efforts que vous avez faits.

Et plus tard, oui plus tard, il vous servira de guide pour essayer à votre foyer la formation des âmes que le bon Dieu mettra autour de vous.

III

Laissez-nous transcrire ici les pages si profondes et si vraies d'un homme qui a écrit pour vous, jeunes filles, ce qu'il a appelé des *heures sérieuses*. (Ch. de Sainte Foi).

Elles sont graves, elles sont sérieuses, mais pleines de lumière. Votre âme, sous l'influence divine qui vous entoure, en comprendra la portée.

« En écrivant ces lignes et en considérant que les jeunes filles qui les lisent seront un jour à la tête d'une famille et prendront une part plus ou moins active à ce grand mouvement où se déroule le plan de la Providence, je me sens saisi d'une sorte de respect et de crainte et je prie Dieu de donner à mon esprit des pensées dignes de la grandeur du sujet que je traite.

« Qui que vous soyez, vous qui me lisez et méditez mes paroles, je vous regarde comme un être auguste et sacré, j'admire les grands desseins de Dieu sur vous et je le prie de vous faire partager l'estime et le respect souverain que votre condition m'impose...

« Une heure va venir, l'heure de votre sortie du pensionnat, l'heure où, libre encore de tout engagement, et riche des trésors de piété amassés dans votre âme, des trésors de dévouement amassés dans votre cœur, des trésors de savoir amassés dans votre intelligence, vous serez placée comme une reine sur le seuil de l'avenir qui s'ouvre devant vous, semblable à un temple spacieux.

« Riche de pieux souvenirs, de saintes espérances, de pensées divines et de mérites acquis par la pratique de la vertu et de la prière... vous serez à cet endroit de la vie où aboutissent et se croisent tous les chemins et tous les sentiers, et vous pourrez choisir celui qui vous plaît davantage, et lancer votre âme dans les voies du bien avec cette ardeur que domine la jeunesse.

« Mais quoi que vous fassiez, quelque parti que vous choisissiez, *vous allez engager avec vous l'avenir et le bonheur de plusieurs, peut-être même, d'une longue suite de générations.*

« Bonne ou mauvaise, mère de famille ou mère des pauvres, renfermée dans l'asile d'un cloître ou répandue dans le monde, *vous ne vous sauverez ni ne vous perdrez seule...* Les fruits de vos vertus ou de vos fautes nourriront, longtemps encore après vous, des êtres que Dieu voit dans sa prescience infinie et pour lesquels sa Providence vous implore. »

Il y aura, aux derniers jours de votre pensionnat, quelque chose d'analogue à ce qui se passa dans la cellule où se trouvait la Sainte Vierge au jour de l'Annonciation. — Il y aura *une vocation, un appel* de Dieu — Marie était prête à cet appel.

Préparez-vous donc.

— XXVII —

L'ange qui vint annoncer à Marie sa vocation, la trouva unie à Dieu ; que l'ange qui sera chargé de vous diriger dans votre vocation, quelle qu'elle soit, *le cloître* ou *le monde*, puisse dire de vous : *Dieu est avec elle.*

CHAPITRE PRÉLIMINAIRE

I

Nature et but du Pensionnat religieux

I

Le pensionnat religieux a pour but
de former l'âme, le cœur, la volonté, l'intelligence, le caractère.

LE pensionnat religieux est une maison préparée par Dieu pour y recevoir *des jeunes filles* qu'il veut — sous la direction de maîtresses spécialement préparées à cette œuvre et appelées là par un attrait particulier — former à devenir des femmes fortes et dévouées, qui soient :

Le soutien,
L'aide,

Le conseil,
La joie de la famille et de la société.

Pour ce but si beau et qui répond si bien aux aspirations généreuses de toute femme chrétienne, les maîtresses, choisies par Dieu, ont reçu la mission :

1. De faire pénétrer dans l'âme des enfants qui leur sont confiées, — pour germer, se développer, et, plus tard, s'épanouir et porter leurs fruits, — *les vertus* suivantes qui sont la richesse, l'ornement et la gloire des femmes :

> *La piété,*
> *La soumission,*
> *Le dévouement,*
> *La force,*
> *L'amour du travail,*
> *L'amabilité.*

Ces vertus sont des *semences* qui, nous le dirons plus loin — jetées dans l'âme avec précaution, avec tact, avec mesure, et soignées avec amour et avec persévérance — permettent au cœur, à la volonté, au caractère, à l'être tout entier, de donner tout ce que, selon la destinée que Dieu lui a faite, il peut et doit donner autour de lui.

2. D'enrichir leur intelligence — avec mesure sans doute, mais dans une large abondance qui remplit sans encombrer, qui éclaire sans éblouir, qui se répand sans fatigue — de tout ce que comprend le mot : *Savoir*.

Or, ce mot comprend :

Non seulement ce qui peut être nécessaire et utile à *la vie de famille*, cette vie matérielle résumée en grande partie par ce titre *science du ménage* en grand honneur au pensionnat et dont nous aurons à parler — et à *la vie sociale* qui établit en dehors de la famille des rapports d'amitié, de convenances, ou d'affaires ;

Mais, ce mot comprend encore ce qui donne *une direction* à la vie tout entière — apprend à la supporter, à la rendre féconde pour répandre autour d'elle la lumière qui éclaire et les conseils qui soutiennent, — complète le dévouement par le savoir-faire et sait même rendre la vie agréable.

C'est :

La Religion dans son histoire, dans ses dogmes, dans sa morale, dans son culte, dans son influence sur l'individu, sur la famille, sur la société ; — l'étude de la sainte Écriture et de l'histoire de l'Église.

Ce sont :

Les *Lettres*, dans ce qu'elles ont d'utile, même pour la vie de tous les jours — de grand, d'élevé, de formateur et de modérateur pour le jugement, l'imagination, le goût, « entourant l'esprit d'idées justes, de jouissances paisibles, d'espérances célestes et reliant ainsi tout ce qui est *beau* à tout ce qui est *bon*. »

C'est :

L'Histoire dans ce qu'elle renferme *d'intéressant* d'abord, puis *d'instructif*, puis *d'élevé* — ne présentant pas une froide nomenclature de dates et de faits, mais montrant l'action permanente de la Providence.

C'est :

La *Philosophie* dans ce qu'elle a de lumineux, de méthodique, de rationnel pour aider à connaître la vérité, à distinguer le vrai et le faux, à ne pas se laisser entraîner par de spécieux raisonnements, à donner à notre jugement plus de rectitude, à nos pensées plus de clarté, à nos actes plus de droiture et de fermeté.

Ce sont :

Les *Sciences physiques et naturelles* dans ce qu'elles ont d'attrayant et de pratique pour la vie de tous les jours ; — les *mathématiques* qui, indépendamment de leur côté utile, sont un puissant moyen pour accoutumer l'esprit à la réflexion.

Les *Beaux-arts* qui ne doivent pas être un *simple passe-temps*, mais un moyen d'élever l'âme, de la rapprocher de Dieu et de lui faire mieux comprendre, mieux apprécier et mieux sentir le *beau* et le *bien*.

3. Par *ce travail* dans les âmes, dans les cœurs, dans les esprits, dans les habitudes, par *ce savoir* donné, nous l'avons dit, *avec mesure*, le pensionnat religieux fait, des enfants qu'il abrite, non pas des femmes qui brillent, éblouissent, et passent comme des rayons qui se perdent, mais des femmes dont un seul mot résume la mission :

des femmes utiles.

II

Le pensionnat religieux donne à l'intelligence toutes les connaisances qui peuvent lui être utiles et même agréables.

1. Au pensionnat, la base de l'enseignement est cette parole de l'apôtre saint Paul aux Philippiens IV, 8 :

> Tout ce qui est vrai,
> Tout ce qui est pur,
> Tout ce qui est juste,
> Tout ce qui est saint,
> Tout ce qui est aimable,
> Tout ce qui fait une bonne réputation,
> Tout ce qui est humble.

Chaque maîtresse à qui Dieu a envoyé une enfant à soigner, à élever, à former, voit *un ordre* dans ces paroles de saint François de Sales : *Je voudrais que la femme pieuse fût toujours la mieux habillée de la compagnie, la mieux ornée de grâces, de bienséance, de dignité*, — paroles que le Saint disait seulement des grâces extérieures mais qu'une maîtresse habile applique à l'intelligence, au bon goût, aux études littéraires et scientifiques.

Elle voit un *ordre* encore, dans ce désir d'un prélat, Mgr d'Hulst :

« Je voudrais que les chrétiens fussent *les premiers* partout dans l'usage légitime des choses de ce monde :

Les premiers dans la science,

Les premiers dans l'art,

Les premiers par la culture de l'esprit, et par tout cet ensemble d'avantages auxquels se reconnaît la civilisation véritable. »

Les premiers ! Nous pouvons l'être en tout.

Est-ce que notre Dieu — le Dieu que nous servons — n'est pas *le Dieu des sciences?* Et s'il est avec nous, ne serons-nous pas la lumière du monde?

2. N'exagérons rien. L'ambition des pensionnats religieux n'est pas de faire de ces jeunes filles qui viennent étudier dans leurs murs, *des êtres à part*,

qui étonnent et qui dominent par leur savoir, mais :

Des femmes qui comprennent leur vocation et qui sachent la remplir,

Des femmes utiles à leur famille pour la former — pour la protéger — pour la rendre forte, heureuse, joyeuse, prospère,

Des femmes dévouées qui sachent compatir, consoler, relever, se sacrifier : « des femmes ayant la claire et totale vue de leur *mission*, de *leurs devoirs*, et de *leurs droits : mission* de faire le foyer et de le rendre agréable, — *devoir* de venir en aide à tous ceux que Dieu a placés auprès d'elles — *droit* de posséder leur âme dans la dignité de son origine et de sa destinée. »

Un vers de Molière, a dit Legouvé, semble définir tout ce que doit être l'enseignement de la jeune fille :

Je consens qu'une femme ait des clartés de tout.

Des clartés! On ne peut mieux dire et plus dire; car la clarté c'est ce qui épure, c'est ce qui guide, c'est ce qui charme, c'est ce qui réchauffe, c'est ce qui vivifie.

3. Le vrai rôle de la femme est celui *de la fleur* qui embaume et réjouit presque sans se montrer.

C'est celui *de la lumière* qui est partout, qui éclaire tout, mais qui n'éblouit jamais.

C'est celui *de l'air* qui entretient la vie, mais n'est jamais ni lassant, ni fatigant, ni encombrant.

La femme doit, suivant un mot du P. Olivaint, *donner le bon Dieu à tous ceux qui l'approchent* — or, le bon Dieu est le centre de tout ; du bon Dieu, rayonne tout bien.

De vous, jeunes filles, renfermées, à cette heure, dans les murs d'un pensionnat, mais destinées plus tard, à gouverner une maison — *de vous*, doit rayonner aussi tout ce qui peut contribuer au bien de la famille.

« Certes, dit Legouvé, aux paroles duquel nous adhérons pleinement, nul ne s'incline plus que moi avec respect devant ces fonctions de ménagère, subalternes en apparence, sublimes en réalité, car elles se résument en un mot : *penser aux autres.*

Mais ces fonctions comprennent-elles tous les devoirs de la femme ?

Être maîtresse de maison, être épouse et mère, est-ce seulement commander un dîner, gouverner les domestiques, veiller au bien-être matériel et à la santé de tous ? — C'est cela, sans doute, et nous ferons large part aux enseignements qui apprennent la vie matérielle ; — est-ce seulement encore prier, aimer, consoler ?

Non, c'est tout cela, mais c'est plus encore, c'est *guider et élever;* par conséquent, c'est *savoir.*

Sans *savoir*, pas de maîtresse de maison réellement utile.

Il ne s'agit pas, sans doute, en découvrant les lois de la nature à vos filles, d'en faire des astronomes et des physiciens, il s'agit de *tremper vigoureusement leur pensée par une instruction forte* pour les préparer à être au niveau de ceux avec qui elles auront à passer leur vie, et à diriger, à surveiller au moins les études de ceux qui leur seront confiés plus tard.

On énumère trop quelquefois les inconvénients de l'intruction, on met trop en oubli les périls mortels de l'ignorance. »

III

Le pensionnat religieux ne sépare jamais l'éducation de l'instruction.
Son but principal est de faire des saintes.

Au pensionnat, on ne sépare jamais l'éducation de l'instruction,

L'*éducation*, c'est-à-dire la formation de l'âme, du cœur, du caractère, de la volonté, des bonnes et belles manières,

L'*instruction*, c'est-à-dire la formation, l'illumination, l'enrichissement de l'intelligence et les enseignements de la vie pratique.

Pas une parole, pas un conseil, pas un enseignement, pas un reproche, pas un encouragement, qui n'ait, chacun, pour but la formation et l'élévation de l'être tout entier.

1. Mais avant tout, mais par-dessus tout, les maîtresses font figurer en tête de leur programme cette parole que saint Pierre Fourrier disait aux religieuses de Notre-Dame : *Votre but principal doit être d'enseigner aux enfants de gagner le ciel et de devenir des saintes.*

Avant tout, par-dessus tout, vos maîtresses, enfants, veulent mettre Dieu dans vos âmes, dans votre cœur, dans votre intelligence.

« Dieu! et avec lui, le sens et le goût du vrai, de l'honnête, du beau, du bien, du grand, la source vive dont parle Jésus-Christ, source toujours ouverte qui ne demande qu'à se dégager et à jaillir ; source de bons instincts, de bons désirs, d'impulsions fortes et de résolutions généreuses... Avec Dieu, est la vie de toutes les puissances de l'âme, la vie intellectuelle, la vie morale, la vie divine, une vie pleine large et profonde, intense et jaillissante. » (Vadon.)

Dieu, c'est le tout de l'âme, le tout du cœur, le tout de l'intelligence.

C'est Lui et Lui seul qui donne *la force* qui protège et qui défend — le *dévouement* qui soutient et relève — la *lumière* qui rassure et qui guide.

« Pour rendre à nos femmes françaises, les énergies de la vertu, a dit Jules Simon, il faut leur faire *aimer Dieu*.

« J'avoue en toute humilité que moi, philosophe, je n'ai rien trouvé de plus efficace... On nous prépare des écoles de filles savantes ; on y accumule l'algèbre, la chimie, l'histoire naturelle, même la politique et la philosophie, qu'aurons-nous avec ces écoles ? Des femmes prétentieuses, insupportables, pénétrées de leurs droits, et qui souvent, encore moins que celles de maintenant, ne sauront pas *se plier au devoir*.

« Donc, encore une fois, faites revenir la femme, par l'éducation, *à la religion et à l'amour de Dieu*. »

2. Voilà l'éducation telle qu'elle est comprise dans un pensionnat religieux.

C'est elle qui réalise le sens divin du mot *élever* appliqué à l'action d'une maîtresse sur l'âme d'une enfant. *Elever*, comporte une idée de grandeur et de déplacement. La main qui élève prend quelque chose qui est en bas pour le placer en haut, en haut plus près de Dieu, en haut plus près de la lumière qui éclaire, de la générosité qui donne, de la chaleur qui féconde.

C'est elle, qui lentement mais sûrement, donne à l'âme sa délicatesse, à l'esprit ses connaissances, à la volonté son énergie.

Elle, qui donne à l'instruction reçue ce quelque chose de divin qui lui permet d'être une lumière pour conduire à Dieu.

IV

Le pensionnat religieux a Dieu pour maître, pour directeur pour inspirateur.

Au pensionnat, le maître, le directeur, l'inspirateur de l'éducation et de l'instruction qui se donnent, *c'est Dieu*. Dieu, avant tous ceux qui officiellement portent ces noms, et pour lesquels on doit toujours avoir une grande déférence.

1. C'est Dieu qui dit aux maîtresses à l'heure où une enfant est placée sous leur direction :

Cette *âme* d'enfant, je vous la confie ; gardez-la pieuse, formez-la forte et énergique.

Cette intelligence d'enfant, je vous la confie ; achevez-la, enrichissez-la, illuminez-la de la vérité pour que non seulement elle la possède, mais pour qu'elle la donne aux autres.

Ce *cœur* d'enfant, je vous le confie ; rendez-le fort pour lutter, dévoué pour donner, généreux pour se sacrifier.

Pour ces enfants, priez, étudiez. Suivez, sans vous laisser entraîner, mais en les contrôlant et les adaptant au milieu dans lequel vous êtes placées, les *découvertes scientifiques* et *les progrès* de *l'esprit humain*. Entourez-vous de l'expérience de tous, même de ceux qui n'ont pas la lumière divine que vous avez. Soyez au courant *des méthodes nouvelles*, mais ne soyez pas trop avides de les adopter ; essayez-les avec mesure sous la direction de ceux à qui vous êtes soumises. Ne restez en arrière sur aucune branche de l'enseignement et soyez toujours prêtes à donner sur tout, mais avec modestie, une appréciation motivée.

2. C'est à Dieu que, chaque matin, les maîtresses viennent demander *la vérité* pour la donner — le *dévouement* pour aimer — le *savoir-faire* pour s'insinuer plus facilement dans les intelligences et dans les cœurs, — *la force* pour ne pas faiblir. C'est devant Dieu, qu'elles viennent renouveler leur promesse de se sacrifier.

C'est à Dieu que, chaque soir, elles viennent rendre compte de leur travail, de leurs succès, de leur déception quelquefois, de la joie et des peines aussi, que leur ont données leurs élèves.

V

Le pensionnat religieux a des maîtresses exclusivement et complètement dévouées aux enfants que Dieu leur a confiées.

1. Au pensionnat, les maîtresses ont toujours en vue *l'avenir* des enfants qui leur sont confiées.

Dès la première heure où vous leur fûtes amenées, elles ont senti ce qu'exprimait si bien Mgr Dupanloup: « J'éprouve une émotion indéfinissable à la vue de cette jeune créature qui, voyant s'éloigner d'elle ceux à qui elle devait la vie, tournait vers moi, avec inquiétude, des yeux souvent baignés de pleurs, et semblait attendre de mon regard et de ma parole le bonheur ou le malheur de cette vie nouvelle et la décision de sa destinée. »

Ce n'est pas pour avoir, auprès d'elles, des enfants qui, par leur sagesse et par leur savoir, leur rendent la vie agréable et douce — elles savent renoncer même, hélas! à la reconnaissance — c'est *pour vous,* pour *vous seules*, qu'elles sont là, qu'elles vivent là d'une vie plus pénible que vous ne le supposez.

Toujours identifiées avec les élèves, elles sont tout le jour au travail et en action pour elles ; exerçant leur vigilance sur le corps et sur l'âme, sur l'intelligence et sur le cœur, sur les qualités et sur les défauts.

Leur seule ambition et leur seul bonheur est de pouvoir dire à Dieu, après de longues années de travail : *Mon Dieu, nous leur avons appris à vous connaître, à vous servir, à vous aimer. Comptez sur elles, elles sauront vous rester fidèles, vous défendre ; et, à leur tour, vous faire connaître et vous faire aimer.*

De pouvoir dire aux familles : *Vous nous aviez donné des enfants à élever et à instruire ; nous vous rendons des jeunes filles qui feront votre joie et qui seront votre appui et votre consolation. Nous ne vous donnons pas des savantes quoiqu'elles vous rapportent des couronnes et des diplômes brillamment mérités, mais des jeunes filles à l'esprit droit, au jugement sain, au caractère aimable et qui, sous votre direction, seront capables de tenir et de diriger une maison.*

De pouvoir enfin vous dire, à vous, jeunes filles, en vous donnant le baiser d'adieu : *Allez, mes enfants, allez où Dieu vous appelle* — ajoutant ces paroles pleines d'une émotion qu'elles voudraient pouvoir contenir : *Si jamais vous avez besoin de nous, souvenez-vous qu'ici on vous aime toujours !*

2. Au pensionnat, les maîtresses comprennent, selon les belles paroles de Mgr de Cabrières, que leurs devoirs vis-à-vis des enfants se résument à trois : *les aimer, les aider, les défendre.*

« Les *aimer* d'abord, parce que le divin Maître les aimait, quand il disait avec tant de cœur : *Laissez venir à moi les petits enfants* — parce que rien n'est plus beau, plus séduisant que l'enfance et que l'adolescence, dans leur grâce naïve et leur pureté rayonnante ». Or, aimer pour elles, c'est servir, c'est se dévouer, c'est se donner.

« Les *aider* ensuite dans le développement et l'épanouissement de toutes leurs facultés, fleurs célestes et divines qui ont besoin de la rosée et de la lumière d'en haut : *Celui qui élève un petit enfant en mon nom,* disait le Sauveur, *m'élève moi-même.* Sublime mission de l'enseignement chrétien !

« Les *défendre* enfin dans leur *corps et leur santé,* dans leur *intelligence* faite pour la vérité, et dans *leur cœur* qui doit s'ouvrir à tous les nobles amours, à toutes les saintes tendresses de la famille, du devoir, de la vertu.

« L'enseignement qui n'est pas chrétien, demande le savant prélat, qu'a-t-il fait pour la *santé*, *l'intelligence* et le *cœur* de l'enfance et de la jeunesse ?

« La *santé ?* Il l'entoure des plus minutieuses précautions de l'hygiène, mais il oublie les dangers plus terribles qui font trembler les mères pour l'innocence de leurs enfants.

« *L'intelligence ?* Il ne prend pas garde qu'il y a des secrets qu'il faut réserver pour plus tard, de peur de flétrir les jeunes âmes ?

« Le *cœur ?* Il ne lui apprend pas ce qui l'élève, le grandit, le porte vers le ciel et vers Dieu. Il lui parle, comme naguère un libre-penseur à ses enfants, de tourner les regards vers des grands-pères et des aïeux qu'ils n'ont pas connus.

« Ah ! tout autre est l'enseignement catholique, qui nous fait voir Dieu lui-même dans la personne de nos chers enfants ! »

VI

Conclusion.

Une femme du monde, Mme de Marcey, dans son beau livre *de la vie de famille*, ayant à parler de la *culture de l'esprit sous l'influence religieuse*, écrit ces lignes que nous pouvons littéralement appliquer à nos pensionnats religieux.

« Vous nous croyez ennuyeux et ennuyés ; *venez et voyez !*

Vous nous croyez arriérés et ignorants, *venez et voyez !*

Vous dites : Peut-il sortir quelque chose de bon de Nazareth ? *Venez et voyez !*

Voyez combien *les esprits* sont cultivés chez nous — les *intelligences* élevées — les *principes* larges — les *lectures* choisies — les *conversations* variées.

Voyez combien l'austérité est personnelle et cachée, tandis que la grâce, l'abandon, l'intimité, les lumières honnêtes de la civilisation, sont pour ainsi dire, la fortune commune dans laquelle chacun puise et rapporte tour à tour.

Voyez comme nous nous tenons au courant de tout ce qu'il y a de pur, de réellement beau et de réellement utile, dans la littérature, dans les arts, dans la science — comme sous l'égide de la censure catholique qui nous préserve bien plus qu'elle ne nous prive — nous choisissons largement dans les lettres anciennes et dans les productions modernes.

Vous redoutez l'ennui pour nous : *venez et voyez !*

Vous nous jugez aveugles et resserrés : *venez et voyez !*

II

SENTIMENTS D'UNE JEUNE FILLE VIVANT DANS UN PENSIONNAT RELIGIEUX

Les sentiments d'une jeune fille vivant dans un pensionnant religieux, doivent être :

I

Pour Dieu.

Un *sentiment de reconnaissance* pour ce Père du ciel qui l'a amenée dans cette maison bénie où Lui, Dieu infini en puissance, infini en miséricorde, infini en lumière, est le Maître, l'inspirateur, le guide, le protecteur, où rien ne se fait sans Lui.

Un *sentiment de confiance* qui rendra moins pénible — aux premiers jours surtout — le souvenir de la famille dont elle est séparée et qui, petit à petit, lui fera comprendre que le Pensionnat est sa *seconde famille*.

Non certes, la jeune fille n'oubliera jamais ni son père, ni sa mère, ni ses frères, ni ses sœurs, ni la maison paternelle. Pour ceux-là, toujours, son affection sera la plus forte, la plus ardente, mais elle aimera aussi ses maîtresses, ses compagnes, son pensionnat, parce qu'elle se sentira aimée.

Un *sentiment de force* qui l'encouragera dans la lutte qu'elle aura à soutenir contre la lâcheté et le dégoût dans son travail, contre la dissipation ou la sensualité dans sa conduite.

II

Pour ses maîtresses.

Un *sentiment profond de respect, de soumission, d'estime,* fondé sur la connaissance qu'elle a de l'étendue de leur savoir, de l'élévation de leurs pensées, de leur expérience, de leur dévouement.

Elle sait que ses maîtresses, sont *formées* par de longues et fortes études, qu'elles continuent encore avec l'ardeur que donne le désir de faire du bien.

Guidées, pour leur méthode d'enseignement et pour la formation des caractères de leurs enfants, par l'expérience des compagnes qui vivent avec elles et qui ont passé de longues années à se dévouer comme elles se dévouent.

Encouragées et soutenues par des supérieurs qui ont à cœur de conserver la réputation de leur maison et de la maintenir au niveau des autres maisons d'éducation.

Tenues au courant de tout ce qui s'écrit sur l'enseignement et de tous les progrès historiques et scientifiques.

A ce sentiment de respect vient se joindre un *sentiment d'affection filiale,* parce qu'elle sent que ses maîtresses sont pour elle de secondes mères.

III

Pour ses compagnes.

Un *sentiment d'affectueuse amitié* qui ressemble à celui qu'elle éprouvait dans sa famille pour les sœurs et les amies que Dieu lui avait données.

Elle sent que les amitiés du Pensionnat sont plus fortes, plus constantes, plus douces, plus saintes, plus profitables que les amitiés du dehors.

Au pensionnat, l'amitié se forme vite... Il y a comme un *penchant naturel*, entraînant vers une compagne qui plaît, qui attire, qui attache sans qu'on puisse se rendre compte de ce qui en elle plaît et attire, mais ce penchant n'est pas l'amitié, et une affection qui ne reposerait que sur lui, ne serait pas bénie par le bon Dieu. — Elle ne serait profitable ni à l'âme, ni au cœur; elle rendrait égoïste, molle, lâche au devoir; elle serait la source de troubles, de déceptions, de punitions; et les maîtresses ne l'approuveraient jamais.

L'amitié, voulue et encouragée au pensionnat, est *l'union de deux âmes pour se rendre meilleures*.

L'âme qui est la demeure de Dieu, attire le cœur, garde le cœur, augmente la délicatesse du cœur, et lui montre ce qu'il y a de *charme* et d'*amabilité* dans cette union.

L'âme attire l'esprit, illumine l'esprit, lui fait comprendre ce qu'il y a de *bonheur* et *de profit* dans cette union.

Et alors, entre ces deux âmes, se forme *cette communauté de choses divines et humaines* qui forme l'amitié : communauté de piété, de joies, de douleurs, de projets, d'études, d'espérances... De là : force pour l'accomplissement du devoir — armes contre les affaissements et les découragements — soutien dans les épreuves — augmentation de bonheur — facilité même pour le travail — direction pour le bien. — « Mon amie, c'est ma conscience extérieure, disait une pensionnaire, je lis mon devoir dans sa vie. Si j'ai bien fait, ses yeux me le disent, je sens que jamais je n'aurais le courage de mal agir ou même de mal penser devant elle. »

Que de femmes, dans le monde, doivent, en grande partie, le calme de leur âme et la paix de leur conscience, aux sages conseils d'une amie qu'elles ont rencontrée aux jours de leur pensionnat et dont la main les soutient encore dans un âge plus avancé.

Nous parlerons encore de l'*amitié*, en nous occupant de la *vie du cœur*.

IV
Pour ses devoirs.

Un *sentiment de générosité* pour se mettre à l'œuvre dès que l'heure du travail est venue, et commencer le devoir imposé activement et joyeusement, malgré quelques répugnances naturelles, inévitables. Il faut agir ainsi :

Parce que *Dieu* le veut,

Parce que les *parents* le veulent,

Parce que le *devoir* qui se présente sous différentes formes : *leçons à apprendre, pages à composer, travail manuel à faire*,... est le moyen de se rendre forte, et, plus tard, de ne pas ployer sous des devoirs autrement pénibles et autrement obligatoires.

Parce que c'est le moyen de sanctifier sa vie et de la rendre utile, le moyen de se maintenir dans la joie et dans une atmosphère de gaieté sans laquelle la moindre contrariété devient pénible.

Rappelez-vous cette parole d'un maître, Monseigneur Dupanloup : Il n'est permis à aucune créature de laisser imprudemment s'épuiser l'huile de sa lampe, faute de l'entretenir et de la renouveler ; de laisser aussi s'éteindre la lumière qui doit d'abord l'*éclairer* elle-même, puis d'autres qu'elle, ne fût-ce que de petits enfants.

Soyez donc de fortes et vaillantes travailleuses.

V

Pour son pensionnat.

1. *Un sentiment de véritable affection.*

Un pensionnat religieux n'est pas une maison dans laquelle on va chercher ce qui est *utile à l'esprit*, comme on va chercher, dans un magasin abondamment pourvu, ce qui est utile à la vie matérielle ou à la vie élégante.

Il y a, certes, abondance de richesses intellectuelles : *histoire, science, littérature*, dans un pensionnat, mais il y a surtout *quelque chose de divin* qui pénétrant toutes ces richesses s'insinue avec elles dans l'esprit et dans le cœur, transforme l'enfant, et lui fait sentir qu'elle est dans *une maison paternelle*.

Et cette maison, la jeune fille l'aime comme elle aime celle où vivent son père et sa mère ; elle y vit heureuse ; elle s'y plaît ; elle ne la quitte, quand l'heure de partir est venue, que le cœur bien gros et les yeux pleins de larmes, se promettant d'y revenir bientôt... Et elle y revient, aux heures surtout où la peine, la douleur, les déceptions se font sentir.

Elle sait que, toujours, là elle sera consolée et fortifiée.

2. *Un sentiment de noble et sainte fierté*, qui la porte à faire estimer son pensionnat,

à se montrer digne de lui,

à prouver par sa bonne conduite, son instruction, ses connaissances des usages du monde, sa manière de causer, de juger, d'apprécier, que la maison où elle a été élevée est une maison où avec la piété et l'amour du devoir, règnent aussi la science, les arts d'agrément ; et que là, on donne à une jeune fille tout ce qui est de nature à la rendre utile et agréable.

3. *Un sentiment filial.*

C'est bien le nom qui convient à ce qu'éprouve la jeune fille pour cette maison bénie, à mesure qu'elle la connaît mieux ; et, dans le monde plus tard, elle aimera à dire avec une femme qui occupait une haute position et à qui on parlait de sa maison paternelle : *De laquelle parlez-vous? J'en ai deux : celle où je suis née et celle où j'ai été élevée; toutes deux me sont également chères; la seconde, plus peut-être que la première*

Une jeune fille élevée dans un pensionnat religieux, écrivait une femme du monde, ne saurait jamais être, dans l'avenir, absolument malheureuse.

L'enfant qui a été placée dans cette arche sainte, éprouvera toujours plus tard quand elle sera devenue femme, le besoin d'y chercher *un asile, un conseil* au moins; et toujours, elle y trouvera une *lumière* qui sera pour elle une direction.

Un couvent n'est pas une *maison sombre* que glace un silence perpétuel — ni une *école de mysticisme* dévorant les âmes — ni un *pensionnat* dont les études sont moins fortes à mesure qu'elles sont plus morales.

Un couvent est le second berceau de la jeune fille; elle y trouve des *mères* aussi, des mères prévoyantes et sages qui lui indiquent où se trouvent les pièges à éviter — des mères qui n'oublient jamais, pas plus que les mères de la famille — des mères qui laissent toujours ouvertes les portes de leur maison et de leur cœur, pour que, quelle que soit l'heure à laquelle vienne une pauvre abandonnée, elle puisse y entrer.

Le pensionnat chrétien ! écoutez ce qu'en disait Louis Veuillot :

« Là s'accomplit une des plus importantes et des plus hautes missions que se soient données les Ordres religieux. De pieuses femmes, recluses en ce lieu, s'y consacrent, sous l'œil du Souverain Maître, à la tâche humble et laborieuse de l'éducation. Pour remplir le saint devoir qu'elles s'imposaient librement, elles ont renoncé à la liberté, à la famille, au monde, à elles-mêmes, et, délivrées de ces chaînes dont tous les sentiments humains nous font chercher le poids, heureuses d'un sacrifice qui ne leur laisse plus dans la vie d'autre but, d'autre espérance ni d'autre gloire que le service de Dieu, elles offrent aux familles ce grand bienfait de l'éducation chrétienne que la religion catholique offre seule avec un dévouement si noble et de si puissantes garanties.

« La bénédiction céleste n'a jamais manqué à de pareilles entreprises ; elle est sur celle-ci.

« A l'abri de ces murs que les choses du siècle ne sauraient franchir, les jeunes personnes qu'on y amène trouvent tous les soins et toute la tendresse de la maison paternelle, moins les dangers qui s'y glissent trop souvent ; elles y apprennent, avec les talents qui seyent à la fortune, les fermes principes qui en font mépriser l'éclat ; en même temps qu'on les prépare à tenir une place élevée dans le monde, on les habitue, par des exemples continuels, à se plaire dans l'humilité de la prière et de la foi, à chercher le plaisir dans le travail, à diriger le travail vers le devoir. Là, pour la mère qu'elle a un moment quittée, une jeune fille retrouve une foule de mères, toutes attentives à orner son esprit de quelque charme, à fortifier son âme de quelque vertu ; là, deux cents jeunes compagnes l'attendent et l'aimeront comme une sœur ; elle rencontrera un père vigilant et tendre sans faiblesse au pied des autels où elle ira prier Dieu. Immense et chère famille dont les membres, dispersés plus tard, se tiendront toujours par les liens d'un souvenir plus fort que les évènements et prieront toujours les uns pour les autres, sur la terre et dans les cieux. »

III

Plan général du livre

1° Mission de la jeune fille.

2° Obstacles qui s'opposent à la mission de la jeune fille.

3° Moyens qui préparent la mission de la jeune fille.

CHAPITRE PREMIER

Mission de la Jeune Fille

La mission de toute jeune fille hors du pensionnat, soit que Dieu l'appelle à la vie religieuse, soit qu'il la laisse dans le monde, se résume en ce mot très simple, très lumineux, très pratique :

Etre utile.

Toujours, en tout, partout, en toutes choses — quelles que soient l'élévation de votre intelligence, l'étendue de votre savoir, la grandeur ou la médiocrité de votre fortune, quel que soit même l'état de votre santé :

Vous pouvez être utile.
Vous devez être utile.

C'est pour vous préparer à cette mission que tendent tous les soins qu'on vous prodigue et toutes les leçons qn'on vous donne au Pensionnat.

Nous allons :

1° *Vous dire ce qu'on entend par être utile.*

2° *Vous montrer que votre mission est d'être utile.*

3° *Vous indiquer ce qui doit être formé en vous pour accomplir votre mission d'être utile.*

I

Ce qu'on entend par être utile.

1. Etre utile, c'est en général se prêter simplement et dans la mesure que permettent le devoir et les convenances, à tout ce qui est bon, à tout ce qui peut être, pour les autres, un soulagement, un appui, une force, un conseil, une joie.

C'est ne voir, autour de soi, et surtout parmi ceux qu'on appelle *les siens*, aucune fatigue sans essayer de la partager et de l'alléger,

Aucun travail sans en prendre sa part,

Aucune entreprise sans s'offrir pour venir en aide selon sa force et sa capacité.

2. Etre utile, c'est être comme à la recherche de tout ce qui peut faire plaisir aux autres,

C'est s'oublier pour penser aux autres,

C'est sacrifier son temps, ses richesses, ses goûts, ses plaisirs pour soulager ceux qui sont dans le besoin.

3. Etre utile, c'est ne laisser autour de soi aucune *intelligence* sans lui donner un conseil, une lumière, une direction,

Aucun *cœur* sans lui donner un peu de consolation et un peu de bonheur,

Aucune *misère matérielle*, sans la secourir,

Aucune *infirmité de l'âme* ou *de l'esprit* sans la soulager et essayer de la guérir,

Aucun *être loin de Dieu* sans chercher à le ramener à Dieu.

C'est, comme le dit si bien l'apôtre S. Paul, *se faire toute à tous.*

IV

La jeune fille à la mission spéciale d'être utile.

Etre utile est le but de toute vie humaine, mais c'est spécialement le but de votre vie, jeunes filles; et c'est pour vous rendre capables de l'atteindre que vous êtes ici au Pensionnat.

C'est à vous que Dieu dit en créant la première femme : *Tu seras une aide,* c'est-à-dire un *soutien,* un *appui*, une *force pour l'homme*. Et dans sa bonté prévoyante, Dieu, pour remplir cette mission, vous a donné :

Plus de *perspicacité* pour voir, pour comprendre, pour deviner les peines cachées, les ennuis, les craintes, les embarras de ceux qui vivent avec vous.

Plus de *générosité* pour donner et pour vous donner sans réserve, sans arrière-pensée et même pour vous sacrifier.

Plus de *spontanéité* pour ne pas raisonner devant un acte héroïque qui se présente, et, comme par instinct, pour aller au devant de toute souffrance pour la soulager, de toute larme pour l'essuyer.

Plus même de *force physique* pour ne pas vous lasser d'un dévouement que vous croyez nécessaire, et plus de souplesse dans les membres pour vous prêter à tout. L'homme, a-t-on dit, sait mieux mourir peut-être, la femme sait mieux souffrir.

Plus *d'entraînement* pour attirer. La femme chrétienne au foyer, dit Mgr Mermillod, est *le sourire de Dieu*, et le sourire attire, il charme, il domine. Le Dante, ajoute le prélat, représente Béatrix le prenant par la main et le conduisant, à travers le Purgatoire, jusque dans l'enceinte du Paradis. Le monde moderne est un purgatoire. Vous, jeunes filles, vous devrez, plus tard et même à cette heure, *prendre la* main de ceux avec qui vous vivez, les conduire à travers les ombres et les souffrances et les faire monter jusqu'au ciel.

La voilà, votre mission sommairement indiquée.

III

Ce qui doit être formé en la jeune fille pour accomplir sa mission d'être utile.

Ce qui doit être formé en vous pour accomplir votre mission d'être utile, c'est :

1° La vie de *l'âme* — par la piété,

2° La vie du *cœur* — par le dévouement,

3° La vie de la *volonté* — par l'obéissance et par la force,

4° La vie de *l'intelligence* — par l'amour du travail,

5° La vie de *famille et de société* — par l'amabilité,

6° La vie *matérielle* — par les connaissances usuelles.

1. Cette formation doit commencer dès votre pensionnat, alors que vous êtes plus impressionnables et plus faciles à manier ; elle se perfectionnera dans la famille, mais ce perfectionnement sera d'autant plus complet que vous aurez reçu dans

votre enfance et dans votre jeunesse les enseignements et les exemples qui vous y auront préparées.

2. Cette formation, vous le voyez, embrasse votre être tout entier ; elle sera développée et précisée dans le *chapitre troisième* de ce livre qui vous dira comment vos maîtresses se prêtent à l'action divine pour la formation de ces différentes vies.

Nous allons ici vous indiquer jusqu'où doit s'étendre *votre mission*.

Vous devez être utiles :
>aux *âmes*,
>aux *intelligences*,
>aux *cœurs*,
>à *la vie matérielle*.

I. VOUS DEVEZ ÊTRE UTILES AUX AMES

Cette utilité a pour but :

de leur apprendre à connaître, à servir, à aimer Dieu,

de les garder fidèles à Dieu,

de les ramener à Dieu,

de leur faire goûter les douceurs du service de Dieu.

Véritable apostolat que cette mission.

C'est sans doute l'apostolat *direct* du prêtre, mais c'est le vôtre aussi, *même à cette heure*, jeunes filles; et vous devez commencer à l'exercer sous la direction de vos maîtresses :

1° *parmi vos compagnes*, au pensionnat,
2° *dans votre famille*, aux jours qui vous y ramènent momentanément et pendant les vacances.

Vous vous formerez ainsi à cette œuvre par excellence qui a nom *l'œuvre des âmes* et à laquelle vous devez vous dévouer quand, plus tard, le bon Dieu vous aura entourées d'êtres aimés sur lesquels vous aurez autorité.

1. Au pensionnat, *l'œuvre des âmes*, est facile, et les sacrifices qu'elle exige sont allégés par les encouragements des maîtresses et par la bonne amitié qui en résulte.

Nous vous indiquerons plus loin en quoi elle consiste et comment vous pouvez l'exercer.

2. Dans votre famille, *l'œuvre des âmes* est encore facile, tant que vous êtes jeunes. L'affection qu'on a pour vous, vous donne *une réelle autorité* sur votre père, sur votre mère, sur vos frères, sur vos domestiques. — Et si *Dieu* est avec vous, si la *piété*, telle que nous vous l'indiquerons, domine en vous, Dieu

se servira de ce que cette piété aura mis de bon dans votre cœur, d'agréable dans vos manières, d'aimable dans votre caractère pour le faire respecter et servir par tous ceux que vous aimez et qui vous aiment.

Laissez-nous reproduire ici une une page que vous avez lue déjà, mais qui vous montrera en action ce que peut, sur les âmes, une jeune fille pieuse :

La semeuse de lis

C'était la gracieuse appellation donnée à une jeune fille qui s'en allait dans la vie, résolue, confiante et joyeuse, *répandant le bon Dieu* comme la fleur répand son parfum, — comme la petite lampe rayonne sa lumière, — comme le foyer donne sa chaleur.

Elle avait seize ans et venait de quitter, pour rentrer dans sa famille, les murs bénis du pensionnat où, venue petite enfant, elle avait appris, plus que tout, *comment on aime le bon Dieu.*

Savoir aimer le bon Dieu, c'est la science qui peut remplacer toutes les autres ; c'est celle qui, seule, peut donner quelque valeur réelle à toutes les autres.

Le dernier jour de sa vie de pensionnat, pendant sa communion du matin, elle, jusque là si insouciante en apparence, se sentit vivement impressionnée ; et simplement, mais résolument, elle dit à Dieu : *Mon Dieu je fais le serment de vous gagner des âmes.*

Comment? Elle ne se le demanda pas. Que lui importait après tout? Dieu saura bien le lui dire.

*

Et comme réponse à sa généreuse parole, le prêtre, donnant aux élèves ses derniers conseils, leur disait :

« Allez, enfants, allez répandre autour de vous la semence divine que vous avez reçue ici.

Ne soyez pas de *ces fleurs artificielles* qui ne charment que les yeux : soyez *des fleurs vivantes, des fleurs du Paradis.* Pénétrez dans les âmes et laissez-y une part de ce qui est en vous : *une part du bon Dieu!*

Semez des lis autour de vous; et qu'en vous voyant on se sente attiré à la vertu, à la piété, au devoir ; *semez des roses* autour de vous; et qu'en vous voyant, on éprouve le besoin de se dévouer et de se donner... »

Et, tout bas, la jeune fille dit : *Je serai semeuse de lis.*

*

Le lendemain de son arrivée, elle demanda simplement à sa mère la permission *d'aller à la messe tous les matins.*

— A la messe? mais ce n'est pas dimanche, mon enfant.

— Maman, je serais si heureuse... Vous le voulez bien, n'est-ce pas?

— Mais...

— Merci, maman.

Et elle partit joyeuse; la vieille nourrice de sa mère avec qui, filialement, elle s'était entendue, l'accompagna. Et ce fut ainsi chaque matin ; et elle revenait si gaie, si empressée à faire plaisir, que sa mère se fut reprochée de la contrarier.

Elle allait faire provision de lis.

*

Le vendredi, on servit gras. Là, comme dans bon nombre de familles hélas ! on ne pensait plus à l'abstinence.

— Maman, je préférerais faire maigre.

— Mais, mon enfant, papa ne peut pas le faire, moi non plus, et toi, tu es faible.

— Moi ! Oh !... — Et se tournant vers son père : Papa, vous me feriez tant plaisir !

Et elle embrassa son père qui la regardait, les yeux pleins de larmes, des larmes de tendresse. Comment faire de la peine à cette enfant si bonne, si soumise, si empressée ?

Et à cause d'elle, on servit deux plats maigres tous les vendredis ; et le repas, ces jours-là, fut plus gai que de coutume.

La semence des lis commençait.

*

Aux premiers jours des veillées de l'hiver :

— Maman, croyez-vous qu'on fasse la prière, à l'office ?

— Je n'en sais vraiment rien, ma fille.

— Alors, je vais voir; vous le voulez, n'est-ce pas ?

Et la voilà, courant légère et souriante au milieu des domestiques rangés en cercle et causant autour de la cheminée :

— Nous allons, avant de nous coucher, faire ensemble une petite prière, bien courte.

Ce fut dit avec une grâce si charmante que pas un ne parut étonné : et puis, comment refuser à celle que tout le monde appelait *un ange,* qui était toujours bonne, toujours aimable pour tous ?

Elle fait une petite prière, dit un petit mot du bon Dieu ; et ajoute *un bonsoir* si reconnaissant, si gracieux que tout le monde fut charmé. Et elle revint le lendemain ; puis tous les soirs.

La semence des lis continuait.

*

Un mois après, au salon : — Oh ! si vous saviez, papa, comme on est gentil, là-bas, dans la cuisine, venez voir.

Et elle prend *papa* par la main et l'entraîne.

Il fut ému, cet homme du monde, ému et heureux de l'ascendant de sa fille. — Et il sortit, les larmes aux yeux.

* * *

Elle en est là de son succès, la petite semeuse de lis, mais elle veut *plus* encore.

Oh ! continue, aimable enfant, continue à aller chaque matin, pendant la messe et à la communion, renouveler ton serment *de gagner des âmes au bon Dieu.*

Continue à *semer des lis.*

Va, va, ton père et ta mère ne résisteront pas longtemps à ton influence, et ils remercieront tes maîtresses de *t'avoir appris par dessus tout à aimer le bon Dieu.*

3. Plus tard, vous trouverez, pour exercer votre apostolat et faire *l'œuvre des âmes*, des difficultés plus sérieuses que pendant les années de votre adolescence. C'est à les surmonter que vous devez vous préparez.

Vous trouverez :

Des âmes indifférentes. — A celles-là, il faudra faire connaître la vérité, la prouver, la faire aimer — et pour cela, agir avec calme, avec bonté, avec constance, quelquefois avec gaîté — sans brusquer jamais.

Des âmes inquiètes. — Il faudra les rassurer par les paroles si attrayantes et si miséricordieuses de Notre-Seigneur Jésus-Christ — les amener à fréquenter les Sacrements — leur inspirer une grande confiance à la sainte Vierge.

Des âmes égarées. — Il faudra aller à elles avec précaution et souvent sans le laisser apercevoir — les captiver par la douceur, par la bonté, le dévouement — attendre en priant. — Prier surtout.

C'est un travail qui ressemble à celui de l'eau tombant goutte à goutte sur la pierre dure, et finissant par la pénétrer.

Travail par *la prière* qui ne se décourage jamais. — Prier, c'est attirer Dieu en soi, c'est agir de concert avec Dieu.

Travail par *le sacrifice* qui s'offre à Dieu en expiation.

Travail par *l'exemple* qui a une influence dont on ne se rend pas assez compte — qui ne heurte pas, qui ne fait pas reproches, qui n'ennuie pas.

Travail par *le dévouement* continu — par *l'affection* toujours la même, par *la joie* habituelle qui montre le bonheur qu'on éprouve à servir le bon Dieu.

Lisez donc, avec paix et avec un désir ardent de devenir fortes et pieuses, ce que nous vous dirons, dans le troisième chapitre de ce livre, sur *la piété*.

Qui sait si un jour, enfants, si confiantes dans l'avenir, il ne se passera pas, autour de vous, cette scène que raconte, avec des larmes, une jeune fille écrivant ses souvenirs.

Sa mère est mourante ; elle l'a appelée près de son lit, et là, avec Dieu seul pour témoin, elle lui dit :

« O mon enfant, j'ai beaucoup souffert, mais je ne me plains pas de la part que le bon Dieu m'a faite.

« Ton père n'avait ni les mêmes idées religieuses, ni les mêmes sentiments que moi ; il ne m'a pas comprise au point de vue divin.

« Je me suis pliée à ses désirs autant que je l'ai pu... Le monde m'a vue brillante et parée, parce que lui, voulait me voir ainsi, tandis que j'aurais préféré la vie intime de la famille.

« Pour être heureuse en famille, mon enfant, il ne suffit pas de s'aimer ; *il faut croire et prier ensemble.* Lui, ne croyait pas, il ne priait pas... et ton frère a subi son influence.

« J'ai essayé de ramener au bon Dieu ces âmes tant aimées ; j'ai bien souffert pour elles et je meurs avant d'avoir pu achever ma tâche.

« O ma fille, ma fille bien-aimée, je te la lègue ; voue ton existence tout entière à la mission qu'il ne m'a pas été donné d'accomplir.

« Donne-toi, sacrifie-toi ; s'il le faut, deviens victime ; je te suivrai des yeux et je te soutiendrai.

« O ma fille, ma fille, mène au ciel ton père et ton frère.

« Me promets-tu de tout sacrifier pour le salut de leur âme ? »

— *Je vous le jure!* répondit la fille en couvrant de baisers la main froide de sa mère.

4. On ne comprend pas assez *l'œuvre des âmes.* On comprend le cœur qui souffre, le corps qui saigne, l'esprit qui ignore — on comprend à peine l'âme qui vit loin de Dieu et qui va se damner!

O mon enfant, demandez à Dieu *l'amour des âmes.*

II. VOUS DEVEZ ÊTRE UTILES AUX INTELLIGENCES

Vous ne voyez que d'une manière vague comment, plus tard, vous pourrez être utiles aux intelligences, parce que vous ne prévoyez pas la nécessité de *donner des leçons*.

1. En dehors de la noble mission *d'institutrice* à laquelle vous pourrez ne pas être appelée, Dieu, un jour, — ou dans la maison paternelle, alors que vous aurez quitté le pensionnat, vous entourera de petits frères et de petites sœurs — ou dans une autre maison qui, plus tard, sera complètement la vôtre, Dieu fera épanouir de *petites intelligences*, autour de vous.

Ce monde d'enfants, vous devez — plus que toute autre et même exclusivement à toute autre, — vous devez avec tact, avec patience, avec amabilité, avec prudence, l'initier à la vie, et le pénétrer, en quelque sorte goutte à goutte, *de la vérité*.

Croyez-vous que cette tâche soit facile à une intelligence qui n'a pas été formée, et qui n'a pas amassé et surtout conservé et mûri, dans la paix et le recueillement, les connaissances que dans sa jeunesse on a essayé de faire pénétrer en elle? Croyez-vous que si, pendant votre pensionnat, vous ne vous êtes pas *appliquée à l'étude*, vous serez capable de cette œuvre toute divine?

2. Et en dehors des intelligences d'enfants à former, n'aurez-vous pas, dans votre famille, des êtres aimés à ramener à Dieu ?

Votre mission *sur les âmes* dont nous venons de parler ne demande pas seulement la prière et le dévouement, elle demande aussi la *connaissance approfondie de la vérité*, et le savoir-faire pour la faire saisir et la faire aimer.

Pour cela, il ne suffit pas de savoir par cœur quelques formules du catéchisme ; il faut savoir raisonner ce qu'on a appris — il faut comprendre combien sont lumineuses, conformes à la raison, appuyées de preuves inébranlables, fécondes, même pour le bien matériel, les vérités de la foi.

Oui, mon enfant, vous devrez, plus tard, être, plus que vous ne pouvez le prévoir, une *éducatrice*, surtout au point de vue religieux. Nous vous parlerons plus loin de l'étude de la religion ; simplement ici nous vous disons :

Ecoutez avec attention, rédigez avec soin les explications raisonnées qui vous sont données sur la doctrine catholique.

Apprenez à répondre avec précision, avec force, avec esprit, à ce qu'on appelle les *objections contre la religion*. C'est plus facile qu'on ne suppose au premier abord, parce que ces objections sont plus *parleuses* que *raisonnées*, plus *éblouissantes* que *fortes*.

Ne sortez pas du pensionnat sans vous sentir *fermes dans la foi*, préparées et résolues à l'exposer, à la prouver, à la défendre, *complètement armées*, comme le demande l'apôtre S. Pierre, *pour garantir la vie de Jésus-Christ dans les cœurs* (1. Pierre iii.)

3. Vous devez encore être *un attrait* pour retenir au foyer de la famille et le faire aimer.

Un attrait — le mot le dit — est ce qui attire, ce qui charme, ce qui retient; mais à la condition qu'il offrira *toujours quelque chose de nouveau*. Or, c'est de l'intelligence unie au cœur, comme d'une source à peu près intarissable, que rayonne cet *attrait*.

Ce que doit être l'intelligence, comment elle se forme et s'enrichit, nous le dirons plus loin; il s'agit ici d'indiquer qu'elle ne doit pas seulement être *meublée*, encore moins *chargée* et *encombrée*, mais qu'elle doit être *ornée*.

Un ornement n'est pas absolument nécessaire à un appartement par exemple, mais il le complète, il l'embellit; et on s'y plaît; on y vient volontiers; on y passe de douces heures; on s'y repose; et le travail qu'on y fait est en quelque sorte plus facile.

Une intelligence *ornée* est celle qui, en dehors des connaissances nécessaires à la vie de société, a su se perfectionner, à un degré sans doute plus ou moins élevé, dans ce qu'on appelle les *arts d'agrément*

— « l'une des plus miséricordieuses largesses laissées par Dieu à l'homme, après et malgré la chute originelle » — les arts d'agrément sont « un vestige précieux de la première grandeur d'intelligence de l'homme et de sa noble passion pour tout ce qui est beau. »

Une intelligence ornée est celle qui, d'abord, *a des clartés de tout*, nous l'avons dit, et qui ensuite sait faire rayonner ces clartés autour d'elle. La *clarté* n'éblouit pas, elle épure, elle guide, elle charme, elle réchauffe, elle vivifie. — L'intelligence ornée *lit* avec intérêt, *raconte* avec aisance, *répond* avec à propos, sait donner à la pensée qu'elle veut faire pénétrer dans l'âme, la vie qui la fait sentir et la fait comprendre.

Lisez avec soin ce que nous dirons, au chapitre troisième, sur la manière dont on s'occupe à former *la vie de votre intelligence*.

III. VOUS DEVEZ ÊTRE UTILE AUX CŒURS

Etre utile aux cœurs, vous le sentez, c'est la part la plus douce et la plus attrayante de votre mission ; et vous êtes prête, il vous le semble, prête à tout pour la remplir.

Il est beau cet enthousiasme, mais prenez garde.

1. Etre utile aux cœurs n'est pas précisément ce que votre imagination et votre sensibilité vous font entrevoir. Ce n'est pas vivre d'une vie toute d'affection, toute de démonstration.

Etre utile aux cœurs,

C'est les garder de tout ce qui pourrait les affaiblir, leur ôter leur vaillance et leur énergie. — Vous ne voyez, peut-être, dans le cœur, que *ce qui aime*, mais savez-vous qu'aimer c'est se dévouer, et se dévouer c'est s'oublier soi-même pour les autres, c'est résister à l'égoïsme qui cherche sa jouissance, c'est ne jamais chercher directement ce qui nous plaît et moins encore ce qui nous donne des émotions.

Etre utile aux cœurs,

C'est les fortifier dans le devoir, leur apprendre à tout sacrifier pour aimer le devoir, c'est-à-dire le remplir avec courage, avec suite, avec générosité.

Etre utile aux cœurs,

C'est les soutenir dans leurs faiblesses, les relever dans leurs chutes, les consoler dans leurs peines; c'est les maintenir toujours au niveau de Dieu.

2. La science du cœur est plus utile que la science de l'esprit et elle est plus difficile à acquérir.

Plus loin, nous vous apprendrons ce que vous devez faire pour donner aux cœurs des autres la paix, la joie, la force, quand nous vous montrerons la manière dont vos maîtresses s'appliquent à former votre cœur à vous.

Nous vous recommandons, à cette heure, la *docilité* pour accepter tout ce qui vous est dit,— la *force* pour ne pas vous laisser aller au mécontentement et à la bouderie,

Ne murmurez pas, n'accusez pas vos maîtresses de dureté, de manque de dévouement,

Parce qu'elles vous auront contrariées dans vos affections d'enfant,

Parce qu'elles vous auront arrêtées dans un élan de générosité qui n'était qu'un effet de votre sensibilité exaltée,

Parce qu'elles vous auront refusé une caresse que vous demandiez avec trop d'ardeur et que vous n'aviez pas méritée,

Parce qu'elles vous auront séparées d'une compagne avec laquelle vous alliez trop souvent, dédaignant vos autres compagnes — ou que elles vous auront interdit une lecture qui excitait trop votre sensibilité...

Le cœur se forme surtout par *les sacrifices qu'il fait au devoir*, nous vous le dirons plus tard; et accepter généreusement, en silence au moins, une contrariété et un reproche, c'est l'apprentissage du sacrifice.

IV. VOUS DEVEZ ÊTRE UTILE A LA VIE MATÉRIELLE

Cette vie est la mise en action des connaissances nécessaires dans les différentes positions matérielles de l'existence.

Ces connaissances doivent s'étendre sur ce qui regarde :

1° *La santé* qui est — on l'a dit spirituellement — l'*unité qui fait valoir tous les zéros de la vie*, et qui comprend avec l'*hygiène* ou l'art de conserver et de protéger la santé, l'art de *soigner les malades*.

2° *Le bon ordre et le bien-être de la vie de famille* qui se résument dans la *science du ménage*.

Nous en parlerons dans le troisième chapitre.

Disons seulement ici qu'une femme qui ne sait pas *un peu d'hygiène* et *un peu de médecine*, une femme qui ne sait pas mettre autour d'elle, au point de vue matériel, un peu d'*attrait*, qui n'est pas, dans l'acception la plus générale du mot, *un peu ménagère*, est une femme *incomplète*.

Elle a beau avoir été douée par Dieu de ce qui *plaît*, elle a beau avoir reçu *une instruction brillante*... elle deviendra peu à peu *inutile* et quelquefois *encombrante*, comme ces tableaux de prix qui coûtent cher — qui ornent un salon — qu'on admire les premiers jours avec un charme qui semble ne devoir jamais cesser, mais auxquels on s'accoutume vite, et que petit à petit on regarde à peine... ils n'y sont plus qu'un vain ornement.

Conclusion de ce chapitre.

Jeunes filles, vous devez au pensionnat — pendant les années heureuses que la bonté de Dieu vous y laisse — acquérir les *trois forces* que Dieu veut trouver vivantes et agissantes dans toute femme chrétienne :

Une *force de formation*. — Il faut donc que vous vous laissiez former vous-même et que vous appreniez, par la manière dont on aura agi avec vous, ce que vous devez faire pour former les autres.

Une *force d'éducation* afin de montrer aux autres le chemin qu'il faut suivre pour aller à Dieu et les efforts nécessaires pour lutter dans la vie. — Il faut donc vous laisser guider, et être dociles aux enseignements qui vous sont donnés.

Une *force de résurrection*. — Et vous l'aurez en vous si vous restez *pieuses* comme on vous apprendra à l'être, parce que alors vous aurez en vous *Jésus-Christ qui est la vie*.

Le chapitre suivant énumérant quelques-uns des défauts qu'il faut combattre, détruire, affaiblir au moins, pour préparer votre âme aux vertus qui doivent la perfectionner, vous paraîtra peut-être un peu long et un peu minutieux ; mettez à le lire la bonne volonté et la générosité qui indiquent en vous le désir ardent de devenir meilleures.

Il vous sera utile, plus peut-être pour votre vie après le pensionnat, qu'à cette heure où vous avez déjà dominé en partie la plupart de ces défauts.

CHAPITRE DEUXIÈME

Obstacles a la mission de la jeune fille

I

Existence et nature de ces obstacles : Inclinations mauvaises.

Un obstacle, c'est tout ce qui s'oppose à la réalisation d'un projet.

Le *projet* de vos maîtresses, le *but* de leurs efforts et du travail que, par l'ordre de Dieu, elles ont entrepris, est de faire de vous :

De fortes, de zélées, de vaillantes chrétiennes, c'est-à-dire des âmes que Notre-Seigneur Jésus-Christ anime de sa lumière, de son esprit, de son cœur ; des âmes en qui Il réside, en qui et par qui Il vit, Il se communique, réalisant ainsi cette parole de son Évangile : *Je suis le tronc, vous êtes les branches.*

Des femmes qui plus tard soient à même de former, de soutenir, de diriger, de sanctifier une famille.

Or, contre ce projet si beau, si grand, si divin, il existe des obstacles,

  1° *au dedans de vous.*
  2° *au dehors de vous.*

I. OBSTACLES AU DEDANS DE VOUS

Ils sont produits par *les germes mauvais* que le péché originel a laissés en nous tous — alors même que le Baptême a effacé ce péché — et qui grandissent et envahissent l'âme, comme, dans un champ, grandissent et, petit à petit, envahissent le terrain, *les germes* des plantes vénéneuses qu'on y aurait portés.

Ces *germes mauvais* portent le nom d'*inclinations mauvaises*, et ces inclinations ou penchants, si elles ne sont pas retenues par la volonté, et peu à peu affaiblies si non complètement détruites, produisent en nous *des défauts.*

Et ces défauts, si, à leur tour, ils ne sont pas réprimés, peuvent être la source de ces actes qui rendent une âme coupable et qu'on appelle *habitudes mauvaises* ou *péchés*.

Les inclinations mauvaises ou penchants ne sont pas *des fautes* en elles-mêmes ; elles ne deviennent *fautes*, c'est-à-dire *péchés* plus ou moins graves, qu'autant que, volontairement, nous nous laissons aller aux actes intérieurs ou extérieurs vers lesquels elles nous portent.

Voyez ce qui se passe en vous :

1. Devant *un ordre* qui vous contrarie, devant *un accident* qui retarde ou empêche une partie de plaisir longtemps attendue, n'éprouvez-vous pas comme un accès plus ou moins accentué de *révolte ?*

C'est l'effet d'une inclination à la désobéissance, à l'insoumission, à l'indépendance, qui produira, si elle n'est pas réprimée : *le mauvais caractère.*

2. Devant un *devoir intellectuel* qui vous paraît difficile au premier abord, n'avez-vous pas, au moment de chercher comment vous pourriez *le faire*, entendu murmurer au fond de votre âme : *Je ne sais pas, je ne puis pas ?* et n'avez-vous pas été portées à ne pas l'entreprendre ?

C'est l'effet d'une inclination à la lâcheté, à la paresse qui produira, si elle n'est pas réprimée :

Pour votre intelligence *l'ignorance*, pour votre conduite *le désœuvrement* et, peu à peu, *la vie coupable.*

3. Devant *un travail imposé*, au moment où vous appelait une fête, — n'osant pas faire entendre cette parole de révolte : *Je ne veux pas*, — n'avez-vous pas dit en vous-même : *Tout-à-l'heure*, — *demain*, — *une autre fois ?* et, s'il y a eu obligation de faire ce travail, n'y avez-vous pas apporté une négligence qui vous a attiré des reproches ?

C'est l'effet d'une inclination à la sensualité, qui produira, si elle n'est pas réprimée, le manque d'énergie, le manque d'ordre, sources de vices nombreux.

II. OBSTACLES AU DEHORS DE VOUS

Ils sont produits par *la malice du démon*, esprit mauvais, jaloux, haineux, qui ne pouvant nuire directement à Dieu, emploie tout ce qu'il a d'intelligence, de puissance et de méchanceté, pour nuire aux âmes qui sont les enfants de Dieu.

Tout lui est bon pour entretenir, exciter, développer ces inclinations mauvaises qu'il voit en nous et qui nous portent à la nonchalance, à la paresse, à l'égoïsme, à la vanité, à la jalousie, à la sensualité, à la désobéissance.

1. Ce sont *des paroles* qu'il nous fait entendre — les *unes* blâmant l'autorité, l'accusant d'être trop

sévère, trop exigeante, trop minutieuse — les *autres*, nous troublant par ce qu'elles ont de mystérieux et qui éveillent en nous le désir de savoir ce qu'il serait si bon d'ignorer — les *autres* encore excitant notre vanité et notre désir de plaire.

2. Ce sont *des livres* qu'il nous fait rencontrer comme par hasard — simples feuilles de journaux, dessins artistiques, revues amusantes ou scientifiques... qui pour *notre âme* et pour *notre cœur*, sont une source de troubles et de vagues désirs, et pour *notre esprit* une source de doutes qui lui font repousser comme inutiles, ou comme impossibles à observer, ou comme méprisables, les leçons des maîtresses et surtout les enseignements de la foi.

3. Ce sont *des exemples* qui entraînent à l'indiscipline, à la dissipation, à l'indépendance.

O mon enfant, écoutez ce conseil de l'expérience :

« Tout ce qui tombe dans une âme, aux premiers jours de la jeunesse, va jusqu'au fond et en pénètre, pour ainsi dire, la substance.

« Rien d'aussi frêle et d'aussi délicat qu'*un être* au moment où il se forme.

« Cette *pensée* acceptée est peut-être le premier anneau d'une chaîne de pensées et d'images qui feront le tourment de votre conscience et le désespoir de votre vie.

« Ce *sentiment* que vous laissez voltiger dans votre cœur sans défiance et sans précaution, c'est peut-être le germe d'une inépuisable moisson de craintes, de remords, de chagrins.

« Ce *regard imprudent*, c'est peut-être la première étincelle d'un incendie qui consumera plus tard vos plus belles espérances. (Ch. Sainte-Foi)

Voilà les obstacles que rencontrent vos maîtresses dans la formation de votre âme, de votre cœur, de votre intelligence, de votre volonté.

Obstacles d'autant plus difficiles à détruire qu'ils sont dissimulés par vous — aimés par vous — défendus par vous.

Obstacles qui ne peuvent être surmontés que par une lutte incessante, lutte qui doit se faire en même temps et par vos maîtresses et par vous.

Apportez donc aux pages qui suivent une attention particulière et demandez à Dieu de vous en faire comprendre toute l'importance.

II

Effets produits par le développement de nos inclinations mauvaises.

1. Le premier effet produit par l'action du démon, développant nos inclinations mauvaises, est *la méfiance pour ceux qui ont mission de veiller sur nous.*

La *méfiance* nous rend timides et embarrassés avec eux, nous qui autrefois vivions près d'eux, si confiants.

Elle nous porte à les fuir, nous qui autrefois allions à eux avec tant d'empressement et d'amour.

Elle affaiblit la soumission que nous leur devons et qui autrefois nous rendait si heureux.

Elle excite nos soupçons contre eux ; nous les montre exigeants, tyranniques, ne comprenant ni les aspirations de notre cœur ni les besoins de notre nature, et nous fait vivre dans un perpétuel murmure plus ou moins accentué.

2. Le second effet produit par cette action du démon est de nous faire *rechercher la solitude et trouver bonne la tristesse de l'âme.*

C'est alors que se réalise cette parole de Jésus-Christ : *Malheur à celui qui est seul.* Il n'a personne pour le soutenir ; personne pour le relever s'il tombe ; personne pour lui indiquer ce qu'il doit faire.

Et cette autre parole des saints :

La tristesse est l'atmosphère dans laquelle vit et travaille le démon.

La tristesse est comme un jour sans lumière ou avec une lueur froide et terne. On y est mal, on y travaille mal, on se laisse aller à la torpeur et à la paresse ; et l'esprit et le cœur, dans l'inaction et la lâcheté, se remplissent facilement de pensées mauvaises, comme l'eau qui croupit se remplit facilement d'insectes malfaisants.

3. Le troisième effet de cette action du démon est *d'aigrir le caractère;* elle rend susceptible à la moindre observation, soupçonneux, laissant croire qu'on nous observe, qu'on nous juge mal... et justifie, par ces pensées, toutes nos désobéissances et tous nos caprices.

4. Le quatrième effet, et le plus terrible de cette action du démon, c'est qu'elle *nous fait fuir la prière*... Et alors, alors surtout, rien d'étonnant que le mal envahisse notre être tout entier.

On fuit Dieu comme le fuyaient Adam et Eve ; on a peur de Dieu... et on rencontre le démon ; et peu à peu, le démon prend la place de Dieu ; il devient l'ami de l'âme coupable.

III

Moyens de détruire ou au moins d'affaiblir les effets de nos inclinations mauvaises.

1. Un enfant *livré à lui-même* ne peut empêcher ses inclinations mauvaises de lui faire sentir leur puissance tyrannique.

Il pourra bien, à mesure que la raison et le sentiment de l'honneur grandiront en lui-même, atténuer par des efforts soutenus, quelques-uns des *défauts* auxquels elles l'entraîneront comme malgré lui : il pourra bien, quelquefois, cacher ou diminuer ces défauts aux yeux de ceux avec qui il vit, mais il se sentira toujours dominé, et, certainement, plus d'une fois, il aura à rougir de sa conduite.

2. Un enfant peut, non pas peut-être détruire entièrement ses défauts, mais les affaiblir de manière à ne pas être dominé par eux :

A l'aide de la prière, exposant à Dieu sa faiblesse, son désir de bien faire et lui demandant son secours. Dieu a promis d'être toujours avec celui qui l'appelle, surtout quand on va à Lui, guidé, protégé, présenté par la très sainte Vierge Marie, cette Mère aimante de l'enfant Jésus, mère si pleine de pitié, de compassion, de tendresse, pour les enfants qui veulent ressembler à Jésus.

A l'aide des sacrements, dont nous parlerons plus loin, qui apportent dans l'âme la grâce de Dieu et lui permettent de résister, et de se relever, si elle vient à tomber.

Oh! que Dieu a été bon d'instituer le *sacrement de Pénitence* qui pardonne, qui rend à l'âme sa pureté première, et le *sacrement de l'Eucharistie* qui met en nous la puissance de Notre Seigneur Jésus-Christ. Celui qui *se confesse* avec générosité et désir sincère de devenir meilleur, celui qui *communie* avec la pensée qu'il va recevoir Jésus-Christ et qu'avec lui, il sera fort, celui-là, sentira diminuer la puissance de ses inclinations mauvaises, le nombre et la gravité de ses défauts, et surtout, il ne vivra pas dans le péché.

Comment font-elles donc, ces pauvres âmes qui désirent vivre dans la paix, dans le dévouement, dans le devoir, et s'éloignent des sacrements ?

A l'aide *d'un ami dévoué* qui s'attache à lui comme à un enfant bien-aimé de Dieu, qui le surveille, l'avertit, le punit même pour que la crainte de la punition lui donne la force de se vaincre et peu à peu le raffermit dans le devoir ; un ami qu'il écoute avec le désir sincère de devenir meilleur.

Pour vous, jeunes filles du pensionnat, cette amie si nécessaire à votre perfection, ce guide, ce protecteur, ce surveillant, ce soutien, cet être dévoué qui ne craint pas de vous faire de la peine pour vous rendre meilleures, et se résigne même à exciter contre elle vos murmures ; cette amie, c'est *la maîtresse* à qui vos parents vous ont confiées. Soyez dociles, soyez aimantes, soyez reconnaissantes.

5. Ces *secours divins* sont efficaces par eux-mêmes sans doute, mais ils demandent, pour produire leur effet sur une âme, *le concours de la volonté*.

Non pas une volonté lâche, molle, intermittente, produite par la sensibilité ou l'enthousiasme, mais une volonté forte, active, généreuse, persévérante — nous en parlerons plus loin — une volonté décidée *à aller jusqu'au bout* quoi qu'il puisse lui en coûter.

Une volonté qui ne s'excuse pas, en disant :

Je n'ai pas de défauts — Ce n'est pas vrai !

Je ne les connais pas — Ce n'est pas vrai !

Il ne font tort à personne — Ce n'est pas vrai !

Ils sont trop enracinés — Ce n'est pas vrai !

Je ne puis les détruire — Ce n'est pas vrai !

Il m'en coûterait trop — Ce n'est pas vrai. Il vous en coûtera beaucoup ; mais n'oubliez pas que vous ne serez pas seules dans votre lutte ; et que celui qui refuse de combattre parce qu'il craint la lutte, est *un lâche*.

Voulez-vous mériter ce nom ?

IV

Principaux défauts produits par les inclinations mauvaises non réprimées.

Nous n'avons pas à mettre ici la liste de tous les défauts qui peuvent naître de nos inclinations mauvaises non réprimées.

Elle serait longue.

Les inclinations mauvaises sont des semences fécondes, et il n'est aucune d'elles qui n'engendre de nombreux enfants.

Nous indiquerons seulement *les défauts* qui sont un obstacle plus direct à l'acquisition et à la pratique des *vertus* que nous avons énoncées dès la première page, et que le pensionnat a pour but de faire naître et de développer, afin de vous préparer à votre mission.

Ce sont :
1. La *légèreté* — obstacle à la piété.
2. L'*orgueil* — obstacle à la soumission.
3. L'*égoïsme* — obstacle au dévouement.
4. La *paresse* — obstacle à la force, à la constance, à l'amour du travail.
5. Le *mauvais caractère* — obstacle à l'amabilité.

Nous ne les considérerons que dans leurs effets sur l'enfance et l'adolescence, alors que ces inclinations sont encore faciles à dominer.

I. LA LÉGÉRETÉ

OBSTACLE A LA PIÉTÉ

I

La légéreté est un état de l'esprit qui porte l'enfant :

à ne se fixer à rien,
à n'écouter qu'à demi ce qu'on lui dit,

à trouver long et fatigant ce qui exige un peu de fixité matérielle,

à ne trouver de l'attrait qu'à ce qui l'amuse. — Ce qui est sérieux et demande un peu d'attention, le lasse dès le premier instant, et l'enfant léger montre cette lassitude par sa tenue lâche et son air mécontent.

à ne voir : *dans la prière* qu'un exercice qui le tient comme enchaîné et, par conséquent, lui est désagréable — *dans les choses de Dieu* que ce qui est extérieur ; de là, manque de respect et de tenue dans l'église ; de là, des dévotions superficielles, mais pas de piété.

II

Cette légéreté se montre dans *l'être* tout entier de l'enfant : dans son air, dans ses paroles, dans le ton de sa voix, dans ses manières.

Sa démarche est sautillante, et l'ensemble de sa personne est dans un mouvement perpétuel.

Sa tête tourne au moindre bruit.

On dirait que son corps est sous l'impression d'une espèce d'électricité.

L'enfant légère semble ne pas savoir marcher ; elle est toujours précipitée plus encore que pressée.

Sa *parole* est prompte, rarement en rapport avec ce qu'on lui dit et surtout avec ce qu'on lui demande

— de là, des bévues qui portent souvent à rire d'elle.

Ses *manières* manquent ordinairement de politesse et de tact ; elle ne veut pas faire de la peine à personne, elle n'en fait pas réellement parce que on l'aime, et qu'on l'excuse par bonté, espérant toujours qu'elle se corrigera, mais *elle fait rarement plaisir.*

III

Cette légéreté produit nécessairement l'*inattention* pour les leçons données en classe.

L'enfant légère paraît écouter, mais son esprit est loin, bien loin. — Interrogée, elle est toujours comme surprise ; et elle rougit, elle balbutie, et ne répond *bien* que par hasard.

Si elle a bonne mémoire, elle retient quelques mots, quelques phrases, quelques dates, mais c'est tout ; elle est incapable de faire le moindre récit intéressant — et ses devoirs écrits ne sont réussis que de loin en loin. — Aussi grandit-elle dans un *état d'ignorance* qui plus tard sera, pour elle, une source de désagréments, d'humiliations, et qui l'empêchera de remplir les devoirs que Dieu lui imposera.

De là : des *grondées* à peu près continuelles de la part de ses maîtresses et de ses parents — De là : *manque d'estime* de la part de ses compagnes.

On ne la repousse pas, parce qu'elle est peut-être *agréable en récréation — serviable en beaucoup de choses*, mais on n'a pour elle aucune estime réelle, et elle ne fait aucun bien au pensionnat.

On ne pense à elle que pour sourire — et vite, on l'oubliera.

IV

Cette légèreté produit la *dissipation* qui l'accoutume à ne distinguer que superficiellement *ce qui est bien de ce qui est mal* — à ne faire presque aucun cas ni d'une observation, ni d'un reproche.

Elle empêche l'enfant de comprendre la nécessité d'apporter un peu *de paix* à l'étude — un peu *de préparation* aux Sacrements — un peu *de soin* à mettre de l'ordre sur elle et autour d'elle.

V

Cette légèreté, aux premières années de l'enfance, semble n'être que dans *l'esprit*, elle envahit peu à peu *le cœur*.

Et là, les résultats sont bien autrement graves.

Le cœur est le sanctuaire où résident et se développent les sentiments qui donnent la direction à notre vie :

Sentiments de respect, de soumission, d'amour pour Dieu,

Sentiments de respect, de soumission, d'amour pour les parents et les maîtresses,

Sentiments de bonté, de dévouement, de générosité, de sacrifices, de compassion, pour ceux qui nous entourent,

Sentiments de paix, de force, de constance dans les évènements de la vie.

Un cœur dominé par la légéreté est un cœur dans lequel *toutes choses* passent, impressionnent quelquefois vivement, mais disparaissent sans que le bon sens et la raison puissent les examiner, les garder ou les repousser selon qu'elles sont ou ne sont pas conformes à la volonté de Dieu.

Un cœur léger est un cœur vide — il s'imagine être aimant, reconnaissant, dévoué parce qu'il éprouve quelque jouissance à faire ou à recevoir une caresse, à donner ou à recevoir quelque chose... mais s'il s'agit du plus petit sacrifice, de supporter une peine, de se gêner pour être utile, de se priver pour venir en aide à quelqu'un, de se montrer reconnaissant par une bonne manière — il ne pensera pas à le faire, il n'en verra pas même la nécessité.

Pour lui, les mots *sacrifice, privation, dérangement, reconnaissance* sont à peu près vides de sens.

VI

Cette légéreté, cette inattention, cette dissipation non réprimées dans l'enfance et la jeunesse, ont pour résultat final : *La vie inutile*.

Au pensionnat, l'enfant légère n'a rien appris.

Son esprit et son cœur sont restés vides de ce qui, dans les desseins de Dieu, devait faire d'eux *des trésors* dans lesquels auraient pu puiser tous ceux que Dieu aurait placés autour d'elle.

Trésor de conseil, — trésor de consolation, — trésor d'activité pour le travail — trésor de prévoyance — trésor de dévouement et de sacrifice...

Elle n'a emporté du pensionnat que *des futilités* : désir d'être libre — désir de paraître, de briller, d'être adulée — désir de jouir de la vie.

Elle ne sert à rien.

Rien *au bon Dieu* qui ne peut se servir d'elle ni pour empêcher le mal, ni pour le réparer, ni pour donner le bon exemple, ni pour faire par elle la moindre petite bonne action.

Rien *à sa famille* à qui elle ne peut donner ni un secours — ni un appui — ni un conseil — ni une consolation — ni un soulagement — ni une joie vraie — ou si elle donne, elle ne le fait qu'imparfaitement.

Rien *à elle-même :*
ni à son *âme :* elle ne prie pas,
ni à son *esprit :* elle ne réfléchit pas,
ni à son *cœur :* elle ne se dévoue pas.

Sa seule préoccupation est sa toilette, son repos, son plaisir.

Ces paroles semblent exagérées; elles ne le sont pas en réalité.

La jeune fille qui n'a pas, *par la piété* comme nous le dirons, mis Dieu avec elle — qui ne garde pas Dieu avec elle — qui n'agit pas avec Dieu et sous le regard de Dieu, sera comme une feuille qui peut être plus ou moins colorée, mais qui n'a pas de fixité et que le moindre souffle emporte.

C'est par *la piété* que l'esprit et le cœur perdent la frivolité qui les rend *inutiles.*

II. L'ORGUEIL

OBSTACLE A L'OBÉISSANCE

L'orgueil — ce mot qui représente un *état d'âme haïssable à Dieu et aux hommes,* dit la sainte Ecriture, n'est pas peut-être le nom que mérite, aux premiers jours de l'enfance, cette *inclination mauvaise* que Fénélon se contente d'appeler *vanité.* Elle nous pousse à vouloir paraître plus que les autres, à vouloir être placés au dessus des autres — à parler plus souvent et plus haut que les autres pour faire parade de plus de savoir — à jalouser même les personnes qui vivent avec vous et à repousser, comme instinctivement, celles qui par leur âge, leur intelligence ou leur timidité, sont ou paraissent être au dessous de nous.

Nous laissons cependant ce mot *d'orgueil* parce que c'est bien *lui* qui, dès vos premières années, gâte vos belles qualités, enfants que Dieu a faits si gracieux et si aimables, et vous, jeunes filles, à qui Dieu a donné tant de bonté, tant de dévouement, tant de générosité.

I

L'orgueil, aux premiers jours, produit dans le caractère : la *bouderie* et *l'entêtement*, puis, petit à petit, c'est le *murmure* contre tout ordre qui contrarie.

L'orgueil devient la source de ces mille petits travers qu'on appelle *vanités*, c'est-à-dire *futilités*, et dont le moindre inconvénient est de rendre ridicule, souvent insupportable.

L'orgueil ne s'arrête pas à ces défauts qui peuvent n'être, au début du moins, que superficiels. Il s'enracine dans l'esprit, dans l'âme, dans le cœur; et là, chères enfants, qu'ils sont désastreux les ravages qu'il cause !

L'orgueil produit : la *bouderie*, l'*entêtement*, le *murmure*, les *petites vanités*, la *dissimulation*, la *jalousie*.

Un mot sur chacun de ces *enfants de l'orgueil*, comme les appellent les Saints.

1. La bouderie.

La bouderie est un état de l'âme qui la resserre, la ferme en quelque sorte comme le froid resserre et ferme une fleur, ne laissant voir d'elle qu'une enveloppe sèche et désagréable.

La bouderie rembrunit le visage, l'enlaidit, le rend grimaçant.

On a été froissé, on a été humilié, et on veut *faire voir* à tous que ce froissement et cette humiliation ont été injustes.

L'enfant boudeuse se tient à l'écart, et affecte de trouver mauvais, laid, désagréable, tout ce qu'on dit et tout ce qu'on fait.

Elle ne répond pas, ou répond d'une manière maussade — repousse les prévenances — refuse même de prendre sa nourriture.

Elle s'imagine être remarquée. Elle est tout simplement méprisée et dédaignée.

2. *L'entêtement.*

C'est la bouderie en permanence, la bouderie dans ce qu'elle a de plus laid et de plus tenace.

L'enfant *entêtée* s'obstine à ne rien répondre aux questions posées par la maîtresse — à n'obéir à aucun ordre donné — à faire l'opposé de ce qui lui est commandé — et elle laisse venir sur ses lèvres un pli dédaigneux et moqueur qui semble dire : *Vous ne me ferez pas plier.* Ne faut-il pas qu'elle paraisse *savoir* plus que les autres, mieux que les autres, *valoir* plus que les autres ?

La bouderie comme l'entêtement sont à charge à tout le monde ; on les supporte un jour peut-être, puis on se lasse et on *abandonne* la pauvre enfant… qui se voyant *comptée à peu près pour rien*, finit, après bien des combats intérieurs, par se soumettre et par obéir.

Plus tard, dans les familles, ces défauts peuvent avoir de graves conséquences.

3. *Le murmure*

C'est l'état d'un caractère mécontent parce qu'il voit qu'*on ne pense pas* comme lui et qu'*on n'agit pas* comme il voudrait ; il est convaincu que lui seul pense bien et agit bien. — Le murmure trouve à redire à tout ce qui est fait et à tout ce qui est dit — ordinairement à voix basse avec des paroles à peine entendues, souvent aussi à haute voix de manière à entraîner dans une espèce de révolte les compagnes plus faibles.

L'orgueil empêche d'accepter simplement et résolument un *ordre* donné, un *conseil* indiqué, un *devoir* imposé. A un ordre il murmure : *On ne sait pas ce qu'on dit*; à un conseil : *il est ridicule*; à un devoir : *il est impossible à faire*.

Comment une jeune fille qui ne sait pas soumettre son esprit, peut-elle s'attendre à être tant soit peu estimée, aimée et à vivre heureuse ?

4. *Les petites vanités*

Il serait charmant, le tableau qui représenterait les mille petites *vanités* ou mieux *ridiculités* que fait germer l'orgueil sur tout l'extérieur d'une jeune fille.

Vanité dans la manière de se parer, toujours affectée et toujours à peu près ridicule — dans la manière de se tenir, de marcher, de se présenter.

Vanité dans la manière d'accentuer ses phrases — dans l'emploi perpétuel des pronoms *je* et *moi* qui les commencent toutes et dans l'affectation de se mettre toujours en scène.

Vanité dans le talent de ramener perpétuellement la conversation sur ce qu'elle a fait, ce qu'elle a dit, ce qu'elle veut faire.

Vanité dans la suffisance de son savoir qui l'autorise à parler de tout, à répondre sur tout, à raisonner sur tout, à vouloir prédominer sur tout.

Vanité mesquine dans le besoin d'être en possession permanente d'un *miroir*, dissimulé dans les poches ou dans le bureau, et sur lequel, à toute occasion, elle jette un regard.

5. *La dissimulation*

La dissimulation est le résultat de l'opinion que l'orgueilleuse a d'elle-même, d'être *irréprochable*, alors même et surtout, lorsqu'elle se sent en faute.

La dissimulation est le penchant qui porte à prendre des détours :

Pour ne pas avouer ce qu'on a fait quand il faudrait l'avouer, de peur d'être réprimandée et humiliée ; on crée des excuses, on modifie les faits, on va jusqu'à laisser soupçonner les autres.

Pour ne pas dire ce qu'on pense quand il faudrait le dire, parce qu'on s'attirerait une humiliation. *L'art de réussir dans le monde est*, dit-on, *l'art de dissimuler;* c'est hideux. Allons droit, allons avec franchise au risque d'être blâmé, mais avouons nos fautes, nos oublis, nos projets coupables, avec la ferme volonté de les réparer... et l'humiliation de cet aveu sera une gloire pour nous.

La dissimulation, si elle n'est pas combattue avec énergie et constance, produit, à mesure qu'elle s'acclimate dans l'âme, ce qu'il y a de plus vil, même au point de vue humain :

> Le *mensonge* dans les paroles,
> La *fourberie* dans la conduite,
> L'*hypocrisie* dans les actions.

6. La jalousie.

La jalousie, — un des plus tristes et des plus humiliants fruits de l'orgueil, — est une tristesse que nous éprouvons à la vue *du bien* qui arrive aux autres ; il nous semble que *ce bien* nous était dû et qu'on nous l'enlève ; c'est encore une joie maligne que nous éprouvons quand les autres souffrent de quelque douleur morale ou physique.

Oh ! comme la sainte Ecriture a raison d'appeler ce vice un *ver rongeur* qui dévore lentement l'âme et la tient dans un état perpétuel de souffrance, un *poison* qui la tue... Oh ! comme au simple point de vue humain, la jalousie est un vice détestable, un vice qui rend malheureux !

L'orgueil qui, au premier abord, n'est qu'un simple désir de paraître, d'être estimé, d'être aimé, finit par laisser dans l'âme la volonté de paraître plus que tous les autres, et même d'être estimé et aimé *tout seul*. C'est la jalousie qui pour arriver à ses fins cherche à nuire aux autres à les empêcher de réussir — à les rabaisser dans l'estime générale, employant de méchantes paroles, des critiques, des railleries, des médisances, des calomnies.

Toute personne qui brille, qui domine, qui est appréciée, louée, est pour *la jalouse* un sujet de peine et de torture... Elle voit en elle un obstacle à ses désirs, à ses projets, à son ambition.

La jalousie ne se guérit pas par des moyens humains ; il faut la prière, il faut la confession sincère, il faut la sainte Communion ; il faut des efforts encouragés et soutenus par une amitié forte et divine, celle de vos maîtres au pensionnat.

II

L'orgueil, on le voit, est un défaut des plus difficiles à corriger. C'est qu'il se montre en tout, il se mêle à tout ; il semble faire partie nécessaire de notre nature. Il se montre dans la bonne opinion qu'on a de soi-même — dans l'attache à ses idées qui, pense-t-on, sont toujours les meilleures, les plus justes, les seules acceptables — dans l'habitude de s'excuser — dans une extrême susceptibilité qui se révolte au moindre manque d'égards, qui se blesse d'un sourire, d'une parole ou d'un geste insignifiants — qui prend de mauvaise grâce la plus légère et la plus délicate observation.

Vous parviendrez, au pensionnat, à affaiblir l'orgueil, si avec les secours divins dont nous venons de parler spécialement pour la jalousie, vous vous appliquez à vivre sous la dépendance affectueuse de vos maîtresses, mais dépendance complète, absolue — si vous écoutez leurs avis sans chercher à les contrôler — si vous agissez en tout, avec droiture, simplicité, franchise — si vous acceptez généreusement un reproche — si vous parvenez à étouffer un murmure — si surtout le bon Dieu vous fait la grâce d'être convaincue que vous avez toujours besoin d'un avis, d'un conseil, d'un appui, d'une direction.

L'orgueil est avant tout plein de suffisance et il se sent toujours capable d'agir seul.

III

Ne confondons pas l'orgueil :

1. Avec l'*émulation*, c'est-à-dire avec le *désir qu'on éprouve de surpasser les autres, en faisant mieux qu'elles.*

Ce sentiment, dans certaines limites, et selon l'intention qui ne doit jamais être ni *méprisante* ni *dédaigneuse* pour celles qui font moins bien que nous — ni *jalouse* pour celles qui nous surpassent — est un sentiment légitime.

Il donne plus d'énergie à la volonté qui cherche le bien — plus de constance dans les efforts qu'exige le travail — et, dans une classe, elle donne la vie, l'entrain ; elle est, en partie, le principe de la joie qui doit être l'atmosphère habituelle de l'enfance.

L'émulation doit être encouragée et guidée par une sage et prudente direction... Fiez-vous à l'expérience de vos maîtresses.

2. Avec *le plaisir intérieur et la joie* qui se manifestent au dehors par un rayonnement sur le visage, après un *succès mérité* et publiquement reconnu et proclamé — après *un devoir* auquel on s'est appliqué — après surtout un *sacrifice* fait généreusement et vaillamment.

Ce plaisir, cette joie, cette satisfaction, c'est le témoignage de notre conscience, récompense que Dieu nous donne sur la terre, comme faible avant-goût de la récompense qu'il nous réserve au Paradis.

Acceptons-la pleinement cette joie ; elle est bénie de Dieu ; elle est un attrait pour l'accomplissement de nos devoirs.

3. Avec *le sentiment de notre dignité personnelle.*

Ce n'est pas *orgueil* que de savoir et de sentir qu'on est capable de bien faire, pourvu qu'on reste *pieux*.

C'est un stimulant pour lutter contre la paresse et la sensualité.

C'est un puissant motif d'être reconnaissants envers Dieu et de le servir avec plus de fidélité.

C'est une force pour nous garder purs et pour résister à l'attrait des choses basses et vulgaires.

« Mademoiselle, disait un jour une dame assez peu retenue, et qui, de la part de la jeune fille devant qui elle parlait avec légèreté, venait de recevoir une leçon, — Mademoiselle, *vous êtes bien orgueilleuse.*

— Vous vous trompez, Madame, répondit simplement la jeune fille : *je ne suis que fière.*

La fierté n'est pas l'orgueil ; elle peut dans une âme se rencontrer avec l'humilité et elle donne une plus grande valeur à cette vertu.

Savoir ce qu'on vaut devant le bon Dieu, et savoir ce dont on est capable avec la grâce divine, est une grande grâce. Les petits esprits montent plus difficilement jusqu'à Dieu.

4. L'orgueil n'est pas non plus cet instinct du beau et du bon goût inné dans toute jeune fille et que la piété conserve, modère et dirige — instinct qui lui

fait choisir pour *ses vêtements*, pour *la forme à leur donner*, pour *la manière de les porter* et *les ornements à ajouter*, ce qui s'harmonise le mieux avec son âge, sa position, son tempérament.

Chercher à être bien mise, à se montrer toujours dans une élégante simplicité, n'est pas de l'orgueil, c'est du bon goût.

L'*orgueil* se pare pour attirer les regards, pour être plus richement et plus coquettement vêtue que les autres ;

Le *bon goût* se pare parce qu'il sent que *c'est mieux ainsi* ; il sait bien qu'il sera vu, mais il n'y songe pas et ne s'en préoccupe pas.

III. L'ÉGOÏSME

OBSTACLE AU DÉVOUEMENT

I

L'égoïsme est la tendance à rapporter tout à soi.

Ce penchant se trouve plus ou moins chez tous les enfants.

L'enfant *veut* tout ce qui lui plaît,

L'enfant veut avoir *tout seul* tout ce qui lui plaît,

L'enfant veut avoir *tout de suite* tout ce qui lui plaît,

L'enfant se met peu en peine de déranger, de contrarier, de faire souffrir, pourvu qu'il ait ce qui lui plaît.

L'enfant crie, reste rancunier, boudeur s'il n'a pas ce qui lui plaît, sans se mettre en peine si on peut le lui procurer.

L'enfant croit que tout le monde doit être à son service, n'a qu'à penser à lui, à s'occuper de lui, à travailler pour lui.

Voilà l'instinct — chacun de nous le retrouve plus ou moins au fond de son être.

Et si cet instinct n'est pas combattu, s'il n'est pas réprimé, s'il n'est pas dominé, si surtout, il n'est pas remplacé par cet *instinct divin* que nous a donné le baptême et que la mère et les maîtresses chrétiennes ont mission de développer, il peut se montrer moins à l'extérieur, à mesure que vient l'âge et que retient la crainte, mais il est toujours le même au fond du cœur.

Et il le rétrécit, il le dessèche, il l'endurcit.

L'enfant égoïste n'aime pas, il ne peut pas aimer, il ne sait pas aimer,

Et s'il fait quelques démonstrations affectueuses, c'est dans le but de *recevoir*.

Bossuet a dit cette belle parole souvent citée, toujours admirée : *Quand Dieu créa l'homme, il mit tout d'abord dans son cœur la bonté.* — On peut dire avec autant de vérité : *Quand le démon est maître de l'homme par le péché, il met tout d'abord dans son cœur l'égoïsme.*

II

Si, mes enfants, vous ne retrouvez pas en vous toutes ces tendances égoïstes, si surtout elles ne vous dominent pas et si vous sentez, quand elles se manifestent, une peine réelle à les voir en vous, bénissez la fermeté de vos parents ; je dirai même, bénissez ce que plus d'une fois vous avez appelé leur manque de complaisance et leur dureté de cœur.

C'est parce qu'ils vous ont fait pleurer, en vous refusant ce que vous exigiez impérieusement ; c'est parce que ils ont été fermes et constants dans leur refus, que vous avez compris qu'il fallait être moins exigeantes.

Mais l'égoïsme ne disparaît jamais complètement pas plus que l'orgueil, — et à votre âge, pour le dompter, il est besoin d'une main *plus ferme, plus constante*, et laissez-moi dire le vrai mot, *plus divine* encore que celle de vos parents.

Ne vous révoltez donc pas contre les leçons, les reproches, les punitions de vos maîtresses — et pour vous aider dans cet esprit de soumission que nous vous demandons, écoutez quels sont les résultats de l'égoïsme quand il domine dans une âme.

III

L'égoïsme a pour résultat :

1. Le *despotisme* qui exige avec empire. Dans un âge plus avancé, l'enfant égoïste devient le tourment de sa famille.

2. Le *manque de respect* pour tous ceux que l'enfant doit respecter.
L'enfant égoïste demande impérieusement — répond impertinemment — se conduit grossièrement.

3. La *sécheresse du cœur* qui ne saura jamais se priver pour faire plaisir et pour être utile. — Le cœur se sentira ému sans doute devant une douleur qui se montrera poignante, mais il ne saura ni consoler, ni soulager. On ne console pas, on ne soulage pas sans le sacrifice et sans le *don de soi*.
Or, nous le dirons, par le dévouement, on sort de soi — par l'égoïsme on rentre en soi.
Par le dévouement, on cherche à donner tout ce qu'on a, à amasser pour donner — par l'égoïsme on amasse mais pour conserver et pour entasser en soi.
La devise de l'égoïsme est celle-ci :
Moi pour personne, tous pour moi.

4. *L'affaiblissement de la volonté* qui s'est accoutumée à ne rien se refuser, à ne rien se voir refuser, et qui devient incapable de s'imposer soit une peine soit une privation.

IV

L'égoïsme *se corrige* :

Par l'habitude de s'imposer de petits sacrifices, de remporter sur soi de petites victoires, de s'obliger à de petites générosités. — Et tous les jours, au pensionnat, se présente, *inspirée* par les maîtresses, quelquefois et avec raison, *exigée* par elles, l'occasion de ces sacrifices, de ces victoires, de ces générosités.

Par la lecture fréquente de traits de dévouement, d'oubli de soi, d'héroïsme qui se rencontrent à chaque page, dans l'histoire des peuples, et surtout dans la *vie des saints*. Parmi ces vies édifiantes, aimez celles qui redisent les actions de jeunes filles élevées comme vous par des maîtresses pieuses et saintes. Elles sont nombreuses ; et la bibliothèque de tout pensionnat religieux renferme plusieurs volumes où ont été recueillies ces édifiantes biographies.

Remarquez-le bien, toutes celles qui ont laissé de si doux souvenirs dans les maisons où se fit leur éducation, étaient, avant tout, des *âmes pieuses* et *des cœurs profondément dévoués.*

L'égoïsme est le défaut qu'il faut combattre à tout prix et jusqu'à la fin.

L'égoïsme est ce qu'il y a de plus opposé à la destinée de la jeune fille — la destinée de la femme est le dévouement et l'amour du sacrifice.

IV. LA PARESSE

OBSTACLE A LA FORCE, A LA CONSTANCE ET A L'AMOUR DU TRAVAIL

I

La paresse est l'état d'une âme que tout travail, dès qu'il n'apporte pas un peu de jouissance, *fatigue* et *ennuie*.

Et de *ce poids* moral et physique qui semble écraser tout son être,

De *cette fatigue* qui ôte à ses facultés et aux membres de son corps toute énergie, et en quelque sorte toute vie,

Et de *cet ennui* qui l'enveloppe comme d'un nuage, — naissent.

Au point de vue humain :

La *mélancolie* — la *mollesse* — le *désordre* — la *sensualité* et les *vices* qu'elle entraîne.

Au point de vue divin :
La *tiédeur* d'abord,
Puis *l'état habituel de péché.*

II

Elles sont bien graves ces paroles ; et il ne semble pas à la petite enfant ni même à la jeune fille que *ce charme si doux* qu'elle éprouve :
A ne rien faire,
A faire le moins qu'elle peut,
A faire, sans goût et sans application, le devoir imposé,
Puisse avoir des conséquences si terribles.

L'enfant se tranquillise, se rassure, se justifie en disant : *je ne fais point de mal*, comme si ce n'était pas un mal de ne faire aucun bien, de ne pas employer à quelque chose d'utile *le temps* et *les ressources* que Dieu lui donne.

Mais, mon enfant, pendant que vous *ne faites rien* et que, nonchalante, vous laissez votre esprit, votre imagination, votre cœur, vos sens, dans l'inaction, le démon vient semer.

Dans votre esprit : des pensées de murmure, des futilités, des désirs de plaire.

Dans votre imagination : des images attrayantes, amusantes, sensuelles.

Dans votre cœur : des affections douces d'abord, peu à peu coupables.

Dans vos sens : des désirs de jouissances peu convenables.

Et ces semences grandiront, se développeront, et envahiront votre être tout entier — et si un jour, poussée par le remords, la crainte de Dieu, la grâce divine, vous voulez réagir contre cet encombrement du mal, que de difficultés vous éprouverez !

Ecoutez mon enfant :

Jésus-Christ a dit d'un arbre qui ne portait point de fruit : *Coupez-le et jetez-le au feu.* Cet arbre, ce serait vous.

Jésus-Christ a dit d'un enfant à qui il avait prêté comme à vous, pour les faire fructifier, une intelligence, un cœur, des membres — ce que l'Evangile appelle *des talents* — et qui les avait laissés dans l'inaction : *Qu'on jette ce méchant serviteur là où éternellement il y a des pleurs et des grincements de dents.* — Ce méchant serviteur, ce serait vous.

III

Nous allons rapidement indiquer les suites de la paresse :

1. *La mélancolie,* état de l'âme qui ne trouve de goût à rien, qui ne se réjouit de rien, qui ne sait

pas voir le dévouement qu'on lui témoigne, qui cherche à être seule parce que tout l'ennuie — qui, dans ses lectures, n'aime que ce qui est triste, et qui, parmi ses pensées, n'admet volontiers que celles qui nourrissent ses besoins de tristesse.

La mélancolie est à peu près ignorée dans l'enfance, à peine éprouvée dans la première jeunesse, aussi ne faisons-nous que l'énoncer — C'est, vers la quinzième ou la seizième année, qu'elle se fait sentir, et qu'elle commence ce qu'on a appelé son *travail de dissolution dans les âmes.*

2. *La mollesse*, état d'un être qui sent tous ses membres comme paralysés et qui ne les met en activité que pour s'amuser. L'enfant paresseuse aime à rester au lit et ne se lève qu'avec beaucoup de peine et après un temps plus ou moins long de luttes sans énergie — elle ne voudrait jamais aller en classe et c'est avec un air dégoûté qu'elle s'y trouve — elle feuillette avec lenteur les livres qu'elle doit étudier; elle n'est jamais prête à commencer un devoir; il lui manque toujours quelque chose; et si quelquefois le devoir donné est fini, il n'est jamais appliqué.

Cette mollesse se montre dans la tenue de l'enfant, quand elle marche, quand elle parle, quand elle est assise, quand elle prie, partout. — Et à la chapelle, son manque de respect scandalise.

3. *Le manque d'ordre.* — L'ordre qui consiste, en général, à mettre chaque chose à sa place, et à faire chaque chose en son temps, suppose une certaine puissance de volonté et d'énergie.

Il n'y a ni volonté ni énergie, chez l'enfant paresseuse.

Aussi, voyez *sur elle et dans sa toilette* : négligence des soins les plus élémentaires, jusqu'aux soins de *la propreté* que saint François de Sales ne craint point d'honorer du nom de *demi-vertu*, tant il en estimait l'importance. Négligence dans la manière d'agencer ses vêtements; et alors même que la vanité l'inspire, sa toilette se ressent toujours de sa paresse; elle manque habituellement de goût.

Négligence dans les objets qui sont à son usage : bureau en désordre, livres, cahiers, matériel de classe, tout est dans un affreux pêle-mêle. Les livres sont ou déchirés ou écornés — les cahiers décousus et tachés d'encre.

Négligence dans le vestiaire... négligence partout.

Partout désordre ; et dans les pensées et dans les désirs et dans l'imagination et dans l'âme ; or, celui qui habite dans le trouble, c'est le démon.

Plus tard, si l'extérieur de la toilette est plus coquettement harmonisé, l'intérieur de la maison sera dans le désordre.

Désordre dans les dépenses, dans les achats faits par fantaisie ou autrement, désordre dans les soins qu'on devrait donner et dans la surveillance qu'on devrait apporter.

« J'ai vu le champ du paresseux, dit le Sage, et il n'y avait que des ronces et des épines, et les animaux malfaisants y pullulaient. »

4. *La sensualité.*

C'est là où aboutit fatalement la paresse.

La sensualité, dans son sens le plus large, est la facilité à se laisser entraîner par toutes les exigences de ce qu'il y a en nous de matériel, de terrestre, disons le mot quoiqu'il fasse rougir, d'*animal.*

La vie sensuelle est la vie de l'animal ; lui, ne vit que pour contenter ses sens. Il dort, il mange, il ne fait rien, il cherche à se satisfaire en tout, à se débarrasser de tout ce qui le gêne.

Pauvre enfant! Il vous semble à cette heure, que ces paroles sont exagérées; non, elles ne le sont pas. Et, il en est dans le monde, qui par suite de leur paresse, de leur oisiveté, de leur mollesse, de leur manque d'ordre contracté dès leur enfance, en sont venus, peu à peu, à voir la ruine et le vide *autour d'eux* : ruine de leur fortune, ruine de leur intelligence, ruine de leur relation. — Et, ce qui est plus triste encore, la ruine et le vide dans leur âme de ce qui en faisait la beauté, la grandeur et de ce qui leur permettait d'appeler Dieu leur père: la ruine et la perte de leur innocence.

Ecoutez donc vos maîtresses, mon enfant ; ne vous révoltez pas contre une punition dont vous ne voyez pas le résultat réel, ni contre une parole un peu vive qui vous excite au travail.

IV

Un mot seulement de *la tiédeur* dans laquelle entraîne nécessairement la paresse.

La tiédeur est cet état maladif de l'âme qui produit en elle ce que *l'anémie* produit dans le corps, lui ôtant sa force, sa vigueur, son énergie ; et la laissant, pour les choses de Dieu : *prières, lectures de piété, petits efforts pour pratiquer un acte de générosité, et accomplir un devoir qui coûte un peu.....* dans une complète indifférence.

La tiédeur déshonore Dieu ; l'âme tiède ne sert Dieu qu'avec lâcheté, n'obéit à Dieu que par contrainte ; elle ne s'aperçoit même pas qu'elle s'éloigne peu à peu de Dieu et qu'elle l'oublie.

La tiédeur laisse l'âme envahie par une foule de petits défauts qui la salissent, la pénètrent, la déforment, l'exposent à toutes sortes de tentations et l'entraînent à une vie coupable.

V. LE MAUVAIS CARACTÈRE

OBSTACLE A L'AMABILITÉ

I

Le caractère en général, c'est ce qui, d'une manière spéciale, distingue une personne d'une autre dans leurs rapports mutuels.

Le caractère, c'est la manière d'être d'une personne, sa manière de sentir, de penser, de juger... se montrant au dehors, dans sa conversation, dans ses réponses, dans sa tenue.

C'est par le caractère surtout qu'on plaît ou qu'on déplaît.

C'est du caractère que dépend le bonheur ou le malheur de la vie.

C'est par le caractère qu'on rend heureux ou malheureux ceux qui nous entourent.

Un bon caractère plaît tout de suite, attire, attache ; un mot résume l'effet qu'il produit :

Il rend aimable.

Nous verrons plus loin en quoi consiste *l'amabilité*.

Un mauvais caractère déplaît, repousse, éloigne.

Le mauvais caractère ressemble à ces enveloppes rugueuses, ou même pointues et acérées qui entourent certains fruits, excellents en eux-mêmes, mais qu'on rejette parce qu'il faut trop de précautions pour seulement les toucher.

Un bon cœur peut quelquefois être entouré d'un mauvais caractère, mais si le cœur est réellement bon, et surtout s'il est pieux, il finit par dominer presque entièrement ce que ce caractère a de pénible à supporter. — La piété, a dit gracieusement un Saint, est comme le miel dans lequel on plonge les fruits âcres; il les pénètre petit à petit et leur donne sa saveur.

Le mauvais caractère est un composé de *susceptibilité*, d'*irritabilité*, de *jalousie*, de *caprices*, de *bouderie*, de *taquinerie*, de *moquerie*, d'*esprit brouillon*, d'*impolitesse*.

Tous ces défauts sont plus ou moins dans l'enfant qui a mauvais caractère, mais à des degrés différents. Un ou plusieurs de ces défauts *dominent* habituellement. — Il vous est difficile à vous de connaître le défaut qui vous domine; demandez-le à vos maîtresses, ou plus simplement, voyez *les manquements* qui, le plus souvent, vous attirent des punitions.

II

Passons rapidement en revue les *défauts de caractère* qui se montrent plus habituellement parmi vous. Cette simple indication vous fera peut-être prendre la résolution ferme et énergique de laisser toute liberté à vos maîtresses, pour *redresser* en vous ce qui va de travers et pour *retrancher* sans pitié ce qui gâte votre cœur et vous rendrait si pénible à tous.

En principe, le mauvais caractère est *mécontent;* mécontent de tout, mécontent de tous, mécontent toujours.

1. Il est *susceptible* et ne peut supporter la moindre contrariété. On dirait que tout son être *n'est qu'une plaie* que le moindre attouchement fait frémir, et il crie; s'il ne crie pas, il grimace — s'il ne crie pas à haute voix, il murmure ; il se plaint de ce qu'on lui donne et de ce qu'on ne lui donne pas — de ce qu'on lui dit ou de ce qu'on ne lui dit pas — de ce qu'on fait aux autres... de tout.

2. Il est *irritable* et devient facilement *irascible* conservant de la rancune et désirant se venger. Heureusement sa légèreté lui fait vite oublier ses premières impressions. Il voit, presque dans tout ce qu'on lui fait, le désir de le contrarier ; il se fâche pour un refus, une plaisanterie, un oubli involontaire.

3. Il est *jaloux* quand il voit ceux avec qui il vit, estimés, loués, préférés ou qu'il lui semble en être ainsi ; et il a toujours une parole aigre, piquante, dédaigneuse, et pour l'élève applaudie et pour la maîtresse qui la loue.

4. Il est *capricieux* n'agissant habituellement que par boutade — s'appliquant à un devoir ou le négligeant sans autre raison que *le goût ou le dégoût* qu'il éprouve subitement. Il est par moment plein d'ardeur et d'entrain; et, tout à coup, il passe de longs moments à regarder vaguement autour de lui.

5. Il est, encore, pour les autres *moqueur* et *sans pitié*. — Il est à la piste de toutes les bévues, de tous les travers, de tous les oublis, de toutes les fautes, et il les fait ressortir avec une joie maligne; — il n'est ému ni de la peine qu'il occasionne, ni quelquefois des larmes qu'il fait couler.

6. A ce manque de charité, il ajoute une faute plus grave et dont il ne se rend pas compte. Il devient peu à peu ce que, dans les maisons d'éducation, on appelle une *peste*... c'est-à-dire un être méchant qui va semer la *discorde* entre ceux qui vivent en bonne amitié, la *révolte* contre l'autorité, le *mécontentement* dans l'esprit de tous — esprit *brouillon*, esprit *frondeur*, esprit *critique*, esprit du *démon*.

En résumé, le mauvais caractère produit ce type d'enfants, de jeunes filles, et, plus tard dans le monde, de personnes qu'on désigne sous le nom de *mal élevées* et de *grossières*, et qu'on évite le plus qu'on peut.

III

Laissez donc à vos maîtresses toute liberté pour détruire les défauts qui sont en vous, que vous voyez certainement, mais dont peut-être vous ne soupçonnez pas la gravité.

Nous vous parlerons plus loin *de la politesse*. Nous croyons utile, à cette heure, de vous indiquer l'étymologie de ce mot : il vient du verbe *polir*.

Or, cette expression, *polir*, signifie l'action d'enlever d'un corps matériel, à l'aide d'un instrument plus ou moins tranchant ou plus ou moins dur, ce que ce corps a de *rugueux*, de *laid*, de *défectueux*, de *déplaisant à l'œil*; et ce *polissage* ne se fait pas sans que le corps, soumis à ce travail, n'éprouve, s'il est sensible, une douloureuse impression.

Vous ne serez polie, c'est-à-dire aimable qu'à la condition :

Qu'on *enlèvera* ce qu'il y a en vous d'exubérant.

Qu'on *redressera* ce qu'il y a en vous de courbe, de défectueux, de tortueux.

Qu'on *émoussera* ce qu'il y a en vous de piquant qui déchire, qui blesse.

Qu'on *stimulera* ce qu'il y a en vous de lâche et de mou.

Qu'on *brisera* ces obstacles qui enveloppant votre cœur l'empêchent d'être généreux et qui, pressurant votre esprit, l'empêchent d'être simple.

Qu'on arrachera enfin, jusqu'à la racine, le germe de tout ce qui aigrit votre caractère, et rend vos paroles hautaines et malveillantes.

Ce travail de *perfectionnement* ne peut se faire avec succès qu'autant que vous serez *dociles*.

*

Faut-il ajouter à ces pages, une page pleine de tristesse sur le *scandale* qui peut quelquefois se donner dans les pensionnats?

Quand on vit avec d'autres — écrit un prêtre qui a passé de longues années au milieu des enfants — nul n'a le droit de se dire : *je n'agis que pour moi; je ne porterai que le poids de mes fautes.* Tout péché public a des conséquences qui s'étendent et se prolongent quelquefois jusqu'à l'éternité.

« Rien n'est délicat et sensible comme une âme d'enfant, ajoute l'abbé Tissier dans son beau livre: *La parole de l'Evangile au collège.* Il y a des fleurs qui se ferment quand on les touche, craintives gardiennes de leur beauté, puis se rouvrent plus brillantes quand le soleil revient. Les cœurs jeunes sont plus beaux que les fleurs, mais ils ne retrouvent pas comme elles leur parure perdue. L'impression du mal se fait en eux rapide comme la foudre, elle est indélébile. »

Il peut y avoir au pensionnat :

Le scandale de l'*indépendance* qui accoutume à la réponse impolie d'abord, puis à l'indiscipline, puis à la révolte au moins intérieure.

« Rien ne détruit aussi sûrement l'œuvre de l'éducation que l'indépendance, cette conseillère perfide. Pour être élevé il faut être docile, il faut se laisser conduire, se laisser pétrir. L'âme a besoin d'être passée au moule de l'obéissance. » Malheur à l'enfant qui détourne une de ses compagnes de la soumission due à ses maîtresses!

Le scandale plus pernicieux *des paroles* qui s'insinuent douces, flatteuses, attrayantes, à demi sensuelles, laissant dans l'âme des pensées et des images qu'elle sent le besoin de cacher. « Milton, le grand poète de la chute originelle, représente au paradis terrestre le premier homme endormi, et Satan qui est là, dans l'ombre à ses côtés; il approche du visage d'Adam sa face hideuse, lui souffle, de ses lèvres souillées, la pensée du mal et lui en instille le venin. »

Le scandale de l'*action* qui entraîne comme irrésistiblement et d'autant plus vite, que les exemples viennent de compagnes plus avancées dans leurs études.

« Figurez-vous, conclut l'abbé Tissier, que vous êtes dans l'atelier d'un peintre ou d'un sculpteur. De tous côtés sont là éparses, au hasard de l'inspiration, posées un peu partout, des toiles ébauchées, des maquettes inachevées, portant déjà dans la grossièreté des premiers traits, l'empreinte du génie. Ces statues seront des chefs-d'œuvre ; elles immortaliseront le nom de l'artiste. Avec quelles précautions et quelles recommandations pressantes il vous conduit dans sa galerie. C'est l'amour de sa vie. N'y touchez pas ; ne tendez pas la main ; prenez garde en vous retournant de briser quelque chose. Vous feriez évanouir l'œuvre de tous ses jours.

« Vous êtes, enfants, dans une galerie autrement belle, autrement pleine d'espérance que celle d'un artiste vulgaire. Les maisons d'éducation sont un atelier divin.

Toutes ces jeunes âmes sont des ébauches destinées à la gloire éternelle. Elles en portent déjà le signe. Ah ! n'effacez pas par vos scandales, par vos tendances, par vos actions, par votre conduite l'empreinte céleste qui les a marquées. Elles sont belles, elles sont pures, elles sont fortes, elles sont vivantes. Ne brisez pas leur harmonie, ne flétrissez pas leur beauté, ne brisez par leurs efforts, ne les tuez pas.

« Songez, songez aux anges qui les accompagnent, qui les protègent, qui vous voient et se feront leurs vengeurs: Avec les maîtresses qui sont là près de vous, soyez toujours, — et vous en serez éternellement bénies, — soyez leurs seconds anges gardiens. »

CHAPITRE TROISIÈME

Moyens qui préparent au pensionnat la mission de la jeune fille

Le moyen employé au pensionnat pour vous former à la mission que Dieu vous destine est *la semence et la pratique des vertus* que nous avons indiquées dans nos premières pages.

Ces vertus sont en quelque sorte l'*aliment de votre vie*. — Elles seules vous donnent le désir, la force, le savoir-faire qui vous permettront de ne pas passer inutiles sur la terre, de ne pas vivre désœuvrées, à charge à vous-mêmes et aux autres, et, surtout, coupables devant Dieu.

Votre âme a besoin de *piété*.
Votre cœur a besoin de *dévouement*.
Votre volonté a besoin d'*obéissance* et de *force*.

Votre intelligence a besoin de *travail*.

Votre vie en famille a besoin d'*amabilité*.

Votre vie matérielle a besoin de ces diverses connaissances comprises dans ce qu'on appelle la *science du ménage*.

C'est :

De la *nature* de ces vertus,

De leur *nécessité* pour votre bonheur, pour le bonheur des vôtres et pour votre salut,

De la *formation de votre vie*, par l'acquisition, l'amour et la pratique de ces vertus, dont nous allons parler dans ce chapitre.

Nous dirons :

1° La préparation qu'exige l'acquisition de ces vertus.

2° La formation de votre vie par chacune de ces vertus.

I

Préparation qu'exige l'acquisition des vertus.

Ce que fait le cultivateur pour la terre qu'il doit ensemencer, l'éducateur doit le faire pour l'enfant qu'il doit élever.

1. Le cultivateur prépare la terre en la défrichant, c'est-à-dire en arrachant les mauvaises herbes qui la gâteraient, et en enlevant les pierres qui l'encombreraient; l'éducateur a ce même travail à faire. C'est la *correction des défauts* dont nous avons parlé.

Correction qui demande *un travail* de tous les jours et de toutes les heures — une *vigilance* que rien ne ralentit — un *tact* et une *délicatesse* que rien n'affaiblit — une *constance* enfin que ne peut lasser ni la fatigue ni l'insuccès.

Nous indiquons seulement ce travail, spécial aux maîtresses, pour montrer aux enfants avec quel dévouement, avec quel zèle et au prix de quel renoncement, leurs maîtresses se consacrent à leur éducation.

2. Le cultivateur prépare encore la terre en lui donnant :

L'*eau* qui la rend facile à être pénétrée par la semence,

La *chaleur* qui augmente sa force,

L'*aliment* qui lui permet d'être féconde.

L'éducateur prépare l'enfant à recevoir la semence des vertus :

Par la *prière*,

Par *les Sacrements*,

Par l'*enseignement religieux*.

I. LA PRIÈRE

1. La prière *ouvre l'âme* devant Dieu, appelle Dieu — et Dieu descend ; or, Dieu dans l'âme, c'est le beau, c'est la justice, c'est le dévouement.

L'enfant ne se rend pas compte de ce qui se passe en lui, mais quand sous la direction de sa maîtresse, il a joint ses petites mains, et, les yeux baissés, devant l'image de Jésus dans la crèche ou de Jésus sur la croix ou de la sainte Vierge tenant dans ses bras son petit enfant, il dit un *Notre Père*, un *Je vous salue Marie*, ou simplement prononce ces suaves paroles : *Mon Dieu, je vous aime de tout mon cœur, de toute mon âme, de toutes mes forces et par-dessus toutes choses*, — il se fait un magnifique travail d'embellissement et de préparation dans son âme, dans son esprit et dans son cœur.

2. La prière *éclaire l'âme*. Celui qui prie voit mieux.

L'enfant, par l'effet de la grâce de Dieu qui habite en lui et que chaque prière rend plus abondante et en quelque sorte plus lumineuse, acquiert une puissance étonnante pour saisir les choses de Dieu.

Il ne comprend pas, à ses premières années, tout ce qu'on lui dit de Dieu, tout ce qu'il dit lui-même en parlant à Dieu ; mais il voit, il sent, il apprécie à sa manière, il aime le bon Dieu — et, plus tard, il aura un merveilleux attrait pour l'étude de la religion.

3. La prière *arrête la précipitation et favorise la réflexion*.

L'enfant à qui on aura dit qu'il ne faut pas entrer dans l'église, la maison du bon Dieu, comme on entre dans une maison ordinaire — l'enfant qu'on aura fait marcher posément en entrant dans le lieu de la prière — à qui, près du bon Dieu, on aura parlé à demi-voix et avec recueillement — l'enfant qu'on aura appliqué à dire *lentement* sa prière, saura plus tard lire, étudier, travailler sans précipitation. On lui fera comprendre que, pendant le travail, comme pendant la prière, il est encore — quoique d'une manière différente, — sous le regard de Dieu.

4. La prière est la *sauvegarde de l'ordre et de la joie intérieure*. Elle ramène au devoir et à la paix, s'il y a quelques oublis.

L'enfant qu'on aura conduit près du bon Dieu, chaque fois que son père ou sa mère auront quelques peines — chaque fois qu'il aura lui-même besoin de quelque chose — chaque fois qu'il aura fait une faute un peu grave pour en obtenir le pardon —

cet enfant s'accoutumera à sentir que Dieu peut tout, que de Dieu dépend tout ; et plus tard, il veillera sur lui pour ne pas déplaire à Dieu, et il ira à Dieu pour être protégé, pour être pardonné, pour être aidé dans ses entreprises.

II. LES SACREMENTS

Les sacrements sont une force pour l'âme.

C'est Dieu venant plus directement dans cette âme, surtout par l'Eucharistie.

Ah ! l'Eucharistie, la sainte Communion, la vie avec Dieu pour rester avec lui, travailler avec lui, souffrir avec lui, — comme, au pensionnat, on cherche à faire comprendre et apprécier la puissance de cette *union avec Jésus-Christ*, comme on prépare avec bonheur et avec un soin maternel à cette action si grande, si sainte, si perfectionnante, la plus grande, la plus sainte, la plus perfectionnante de toute la vie !

Comme on engage à s'approcher souvent de la Sainte Table ! [1]

Et le sacrement de Pénitence, la Confession ! comme on sait, au pensionnat, montrer à l'enfant,

---

[1] Voir à la fin du volume la *Communion quotidienne dans le pensionnat.*

dès l'heure où s'ouvre son intelligence, ce qu'elle a de grand, de purifiant, de fortifiant, de lumineux pour toutes les circonstances de la vie et pour tous les états où peut se trouver une âme !

Comme on apprend à l'enfant *à voir le bon Dieu* dans ce prêtre qui, pieusement et paternellement, écoute l'aveu de nos fautes, nous encourage toujours, nous pardonne toujours, et toujours nous fait retourner à notre devoir, plus désireux de bien faire et plus forts pour dominer les tentations.

1. L'âme qui reçoit pieusement les sacrements, *pourra faire des chutes ;* elles ne seront pas si profondes qu'elles le seraient, et leur conséquence ne sera pas si désastreuse. — Dieu la relèvera.

2. L'âme *aura des déceptions ;* elles l'ébranleront peut-être, elles pourront lui occasionner un moment de défaillance, mais, aidée par les sacrements, elles ne l'accableront pas — Dieu la soutiendra.

3. L'âme *rencontrera des obstacles,* ce seront des oppositions, des tentations, des malveillances, des tromperies... ils lui paraîtront insurmontables au premier abord ; mais aidée par les sacrements, elle les surmontera ou les supportera avec plus de vigueur, plus de savoir-faire, plus de constance — Dieu l'aidera.

Nous parlerons encore de la Communion et de la Confession.

III. L'ENSEIGNEMENT RELIGIEUX

L'enseignement religieux est la *sauvegarde de la prière, des sacrements*, et par conséquent de la formation de l'âme, du cœur, de la volonté, de l'intelligence.

I

L'enseignement religieux *montre* la nécessité de prier non pas seulement comme *un attrait*, mais comme *un devoir*, et un moyen de mettre Dieu dans sa vie.

Sans doute, il faut *attirer* l'enfant à Dieu, à Jésus-Christ, à la Sainte Vierge, en lui faisant sentir tout ce qu'il y a de doux, de beau, de bon, d'attrayant, de consolant, de joyeux, dans les rapports de son âme et de son cœur avec l'âme et le cœur de *ces êtres divins* qu'il ne voit pas — mais dont l'image qui est là sous ses yeux lui révèle la beauté, la tendresse, la bonté inépuisable.

Mais ce sentiment, ou il s'affaiblit vite sous l'impression des choses matérielles, ou il envahit si complètement l'âme et le cœur, que l'enfant, en grandissant, n'aime Dieu que par *sensibilité;* et quand cette sensibilité ne lui fait plus éprouver les douceurs qui le charmaient, il laisse Dieu, il laisse ses prières, il laisse ses devoirs.

1. L'enseignement religieux dans ce qu'il a de *vrai*, d'*exact*, de *fort*, de *raisonnable*, fait comprendre l'obligation d'*obéir à Dieu*, d'*obéir à l'Église*, de *faire son devoir toujours*, alors même que, en agissant, on n'éprouve ni joie ni consolation.

2. L'enseignement religieux montre la manière de prier avec le cœur, c'est-à-dire apportant à tous nos rapports avec Dieu *le respect* que demande sa présence, — *la confiance* que fait naître sa bonté infinie, — *l'amour* qu'excitent en nous sa patience à nous écouter et sa générosité à nous donner.

Sans *le cœur*, la prière peut sans doute n'être pas hypocrite, mais elle est souvent un acte fait par habitude et par routine, un acte à peu près nul.

Oh! quand on connaît Dieu, quand on sait ce que Jésus-Christ *est pour nous, a fait pour nous, demande de nous*, comme on le prie avec respect, avec confiance, avec amour!

II

L'enseignement religieux donne :

A *l'intelligence*, la lumière divine qui la dirige dans la recherche du vrai — qui l'éclaire dans la connaissance nette et précise de ses devoirs — qui la fortifie contre les attaques de ceux qui voudraient ébranler sa croyance ou la détourner de ses devoirs. Lumière qui l'empêche de s'égarer sur tout ce qui est nécessaire, et de se tromper sur tout ce qui est utile.

Il donne à *l'imagination*, la vie et l'épanouissement qui lui font sentir avec plus de charme tout ce qui est beau dans la nature et dans les arts. L'imagination, dans un milieu divin, voit le beau avec plus de clarté, le saisit avec plus de rapidité, en est impressionnée avec plus de délicatesse.

Il donne *au cœur*, la paix dans l'activité et le désir de se dévouer à toutes les œuvres utiles, et de se consacrer à toutes les faiblesses et à toutes les pauvretés.

L'enseignement chrétien impose :

Pour modèle, Jésus-Christ, *dans sa vie cachée*, travaillant loin des regards au bonheur des siens et, *dans sa vie publique*, se sacrifiant pour le salut de tous.

Pour règle de conduite, les paroles de Jésus-Christ si lumineuses et si précises.

Pour *mobile*, l'espérance du ciel.

Ne serait-il pas utile de rapporter ici les paroles d'un de nos vénérés Pontifes, qui se trouvant à Aix en Savoie, en 1845, fut appelé près du lit où se mourait la fille du général Bertrand, ce fidèle compagnon de l'empereur Napoléon ?

Le prélat étonné de la piété forte et généreuse de la mourante, lui demanda simplement : Mais qui donc, ma fille, vous a inspiré des sentiments religieux si élevés ?

Mademoiselle Bertrand répondit :

« Après Dieu, Monseigneur, c'est *l'Empereur*.

J'étais à Sainte Hélène avec ma famille, (j'avais dix ans) l'empereur me dit : « Mon enfant, tu es belle ; dans peu d'années tu le seras davantage. Avec ces agréments extérieurs, que de dangers t'attendent dans le monde ! Que deviendras-tu, si tu n'es pas prémunie, fortifiée par la religion ?

« Mais qui te l'enseignera ? Ton père n'en a point, ta mère moins encore. Eh bien ! je remplacerai, moi, l'un et l'autre ; viens me trouver demain, je te donnerai une première leçon. »

Plusieurs fois par semaine, pendant deux ans, je me rendis avec mon catéchisme chez l'empereur. Il me le faisait réciter et me l'expliquait.

Au bout de ce temps (j'avais alors douze ou treize ans) l'empereur me dit :

« Maintenant, mon enfant, tu es, je crois, assez instruite sur la religion ; je vais faire venir de France un prêtre qui te préparera à ta première communion et qui me disposera à mourir. »

Ne sentez-vous pas que dans une âme bien préparée par un sérieux enseignement religieux, une maîtresse peut avec confiance jeter cette *semence de vertus* qui doit faire d'elle, la femme dévouée réclamée par la famille et la société ?

La piété, mon enfant, ne suffit pas à tout. *Elle est utile à tout*, a dit saint Paul ; l'apôtre n'a pas dit qu'elle suffisait à tout. On vous a vanté *la foi du charbonnier*, cette foi qui *accepte tout* sans autre preuve que l'autorité du prêtre qui l'enseigne, de l'évêque qui enseigne le prêtre, et du pape qui enseigne l'évêque — foi admirable qui, dans la simplicité du charbonnier, est, sans qu'il s'en rende compte, fondée sur ce qu'il y a de plus rationnel.

Elle est certes excellente pour le charbonnier, dit Mgr Dadolle, mais vous qui êtes autre chose, vous qui avez d'autres devoirs, des devoirs envers Dieu que n'honore guère la piété sans doctrine, vous devez être *prête* à rendre raison de votre foi, à l'*honorer* par de fortes vertus que ne remplacent pas les pratiques d'une dévotion inconsciente, — souvent à la *défendre*, et toujours à la faire *rayonner* de votre âme sur la famille, sur la société et sur l'Eglise.

II

FORMATION DE LA VIE PAR LES VERTUS

ARTICLE PREMIER

Formation de la vie de l'âme par la Piété.

La vie de l'âme qui fait de nous des créatures destinées au bonheur éternel du Paradis nous a été donnée au Baptême.

A cette heure bénie, Dieu est venu habiter en nous, et c'est sa vie divine qui est devenue la vie de notre âme.

La piété est le lien qui attache notre âme à Dieu, c'est le lien qui unit Dieu à notre âme.

La piété maintient en nous cette vie divine, elle la fait en quelque sorte grandir ; elle la fortifie, elle la fait épanouir en bonnes pensées, en bons désirs, en actes de tendresse, d'obéissance, de fidélité, de dévouement.

1. La piété est pour l'âme :

Ce qu'est la *sève* pour la plante :

    Elle la fait grandir.
    Elle la soutient.
    Elle la fait fleurir.

2. Ce qu'est *le soleil* pour le fruit :
   Il le colore.
   Il le mûrit.
   Il fait de lui la ressource de la famille.

3. Ce qu'est *l'abri* pour la fleur délicate que flétrirait l'orage : il la met à couvert.

4. Ce qu'est *l'arbre* puissant et fort pour la tige frêle qui a besoin d'appui. Il lui permet de grandir sans craindre l'orage et de porter plus abondants ses fleurs et ses fruits.

5. Ce qu'est *la source* pour le ruisseau qui doit couler dans la plaine et la féconder.

II. La piété rayonne de l'âme sur l'être tout entier.
Elle est pour l'esprit : une habitude de *lumière*.
Pour la conscience, une habitude de *droiture*.
Pour la volonté, une habitude de *sacrifice*.
Pour le cœur, une habitude de *ferveur*.
Pour l'extérieur même, une habitude de *paix*, de *bonté*, *d'amabilité*.

Nous allons indiquer :
1° La nature de la piété.
2° Les effets de la piété.
3° Les caractères de la piété.
4° Le développement et la manifestation de la piété.

5° Les résultats, pour toute la vie, de la piété.

Ne vous étonnez pas de nous voir insister sur la *piété*.

Si vous avez le bonheur de la laisser pénétrer en vous — dominer en vous — prendre en quelque sorte possession de votre être — le bonheur de votre vie est assuré. Les peines, les douleurs, les épreuves vous trouveront toujours *fortes*, le devoir vous trouvera toujours *généreuses*.

I. NATURE DE LA PIÉTÉ

1. La piété est en général le sentiment qui nous porte à vivre avec Dieu comme on vit avec sa mère.

On pense volontiers à elle.

On est heureux près d'elle — à sa vue — à son souvenir.

On essaye de la contenter en faisant ce qui lui plaît.

On évite de lui faire de la peine.

On compte toujours sur son dévouement, sur sa bonté, sur son indulgence.

Pour son Dieu et pour sa mère, ce sont les mêmes sentiments qu'éprouve le cœur.

Pour *la mère*, ils sont plus sentis peut-être, parce qu'ils impressionnent les sens, mais pour Dieu, ils sont *plus forts* et *plus puissants*. — Le mot de *piété* s'applique à nos rapports avec Dieu et avec la famille, on dit la *piété filiale*.

2. La piété nous met en rapport habituel et intime avec Dieu.

On *vit* avec Lui sans gêne, sans contrainte, sans raideur.

On *travaille* sous son regard, avec son aide, avec la pensée qu'on lui fait plaisir.

On *supporte*, avec la pensée qu'il est là près de nous, les contrariétés, les épreuves, les peines, les déceptions, non sans douleur, mais sans murmure et sans dépit.

On *jouit* avec plus d'abandon et plus de bonheur, sans satiété et sans remords — de toutes les joies que procurent l'âge, la position, la fortune, l'intelligence, le cœur.

On est souvent comme dans un *festin perpétuel* qui excite en nous la reconnaissance pour ces bienfaits, que Dieu ne nous doit pas, mais qu'il nous donne dans son amour de père.

3. La piété est un *don du Saint-Esprit*, don entièrement gratuit sans doute, mais qui n'est jamais refusé à l'âme qui le demande pour se garder plus sainte, et que communique spécialement le sacrement de Confirmation.

C'est le Saint-Esprit qui met la piété dans l'âme ; Lui qui la conserve, Lui qui la développe dans toute sa puissance.

C'est par l'effet de ce don que l'âme, qui applique son *attention* à écouter les inspirations du Saint-Esprit — sa *fidélité* à les suivre et ses *efforts* à repousser tout ce qui l'attirerait loin du devoir — *sent l'attrait de Dieu* et se porte au service de Dieu avec conviction, avec générosité, avec amour.

Quand le Saint-Esprit a montré à une âme la grandeur et la majesté de Dieu, la toute-puissance de Dieu, l'infinie bonté de Dieu — comment est-il possible à cette âme de ne pas se soumettre pleinement, généreusement, affectueusement?

Non, une âme en qui vit la piété, ne se laisse ni troubler ni ébranler par des pensées qui affaibliraient la fermeté de sa foi : elle connaît trop la puissance et la véracité de Dieu.

Non, une âme en qui vit la piété, ne se laisse pas aller *à une pensée de murmure* : elle aime trop le bon Dieu.

Non, une âme en qui vit la piété, ne se *méfie* jamais de Dieu, ne doute jamais de Dieu : elle a trop confiance en Dieu.

Le mot *dévotion* a le même sens que le mot *piété*.

Il exprime que la piété est un *dévouement* complet à Dieu et au service de Dieu — un *attachement intime* à Dieu — une *dépendance absolue et volontaire* de Dieu — la disposition d'esprit et de cœur à se soumettre à toutes les volontés de Dieu, à prévenir ses désirs, à embrasser ses intérêts, à tout sacrifier pour lui.

II. EFFETS DE LA PIÉTÉ

Les effets de la piété sont nombreux. — Rien de consolant et de fortifiant comme le simple exposé de ces effets :

1° Dans nos rapports avec Dieu.
2° Dans nos rapports de famille.
3° Dans nos rapports personnels.
4° Dans la décision de notre vocation.

1. Effets de la piété dans nos rapports avec Dieu.

Par la piété :

1. Dieu est *mieux connu;* et l'intelligence :

Accepte avec bonheur tout ce qui lui est dit de la puissance de Dieu, de sa bonté, de sa justice.

Voit avec netteté, la vérité sur ces choses si grandes et si saintes : *l'âme, le ciel, la providence, le devoir.*

Trouve un charme tout spécial à ce qui lui parle de Dieu, de Jésus-Christ, de l'Eglise, de la sainte

Vierge Marie, mère de Dieu — à tout ce qui la ramène à Dieu et à Jésus-Christ. — *Elle comprend* avec plus de délicatesse les beautés de la nature, les grandeurs de l'art, les harmonies de la parole. Elle saisit sans effort, sans recherche, tout ce qui la charme et la ramène à Dieu, en qui elle voit la source de toute beauté.

2. Dieu est *mieux obéi* — et de la part de l'enfant pieux, c'est :

L'obéissance de l'*ange ;* empressée, heureuse, contente.

L'obéissance de l'*enfant :* aimante et joyeuse.

L'obéissance du *serviteur :* dévouée et fidèle.

L'obéissance, toujours douce, toujours calme, toujours sûre d'être récompensée.

3. Dieu est *mieux aimé :*
>Aimé comme un père,
>Aimé comme un ami,
>Aimé comme un consolateur,
>Aimé comme un conseiller,
>Aimé comme un rémunérateur.

4. Dieu est mieux *honoré :*

Par le *culte de la famille* qui le regardant comme le chef, le protecteur, le pourvoyeur, le prie avec amour.

Par le *culte public* qui ne laisse passer aucune occasion de témoigner son respect à Dieu, et de montrer son obéissance aux lois de l'Eglise.

Par *le culte privé* intérieur et extérieur, qui dans l'intimité, soit dans la solitude d'une chambre, soit devant le Très Saint Sacrement, manifeste à Dieu sa reconnaissance et son amour.

2. *Effet de la piété dans nos rapports de famille.*

Par la piété :

1. L'*enfant* est *plus affectueux* dans sa manière de parler, de caresser, de demander.

Il est *plus soumis* pour imiter l'enfant Jésus — et ses parents, il les respecte, il a confiance en eux : *Maman l'a dit*, c'est la parole qui règle tout; *maman le veut*, c'est la loi qu'il ne viole jamais.

2. La *jeune fille* est *plus aimable*.

La piété lui donne un *sourire* plus gracieux et plus franc — un *regard* plus doux, plus simple, plus ouvert.

Une *parole* plus harmonieuse parce qu'elle sort d'un cœur heureux et paisible.

Une *activité* plus prompte et plus constante, plus contenue, mais sans empressement.

Un *savoir-faire* plus ingénieux et sans prétention.

3. La *mère* est *plus clairvoyante* et *plus attentive* :

Elle devine les besoins de l'âme, du cœur, même ceux que réclame la santé.

Elle prévoit les dangers qui menacent à toute heure le corps, l'âme, le cœur.

Elle a la *lumière* de Dieu.

La mère est *plus ferme* pour retenir dans le devoir ceux qui vivent auprès d'elle,

Pour corriger sans impatience et sans amertume,

Pour ramener ceux qui sont ou éloignés ou égarés,

Elle a le *savoir-faire* de Dieu.

La mère est *plus forte* pour supporter toujours, pour se dévouer toujours, pour recommencer toujours.

Elle a la *constance* de Dieu.

« Il est d'expérience que quelque éprouvées que soient les *femmes pieuses*, elles sont beaucoup moins à plaindre que les autres ; il existe pour elles *un refuge* où elles sont toujours sûres de trouver un appui. Les femmes que l'idée de *Providence* ne soutient pas, tendent les bras dans le vide ; les autres, au contraire, puisent dans les pensées religieuses le baume qui calme les agitations, apaise les anxiétés, et entr'ouvre ce coin du ciel où vont toutes les espérances. » (Rozan.)

4. Le *père* est plus juste en toutes choses, il voit mieux, il juge mieux, il donne mieux.

Il est plus assidu au travail, plus calme, plus clairvoyant.

Il est maître dans sa famille dont il est *la providence,* et comme Dieu, parce que Dieu est avec lui, il pourvoit à tout, il protège tous ceux qui l'entourent.

5. *Le vieillard* est plus résigné et plus patient — plus calme à la pensée d'aller à Dieu qu'il aime — plus conciliant pour apaiser les mécontentements inévitables, même entre les gens qui s'aiment bien.

La piété dans la famille fait resplendir le foyer de la lumière douce, pénétrante, apaisante qui resplendissait dans la maison de Nayareth.

La piété fait régner l'ordre — l'union des cœurs — l'amour du travail, l'esprit de paix.

3. Effet de la piété dans nos rapports personnels.

La piété nous donne :

1. *La certitude de la foi :*

On croit *sans hésiter;* on croit par le cœur plus encore que par l'esprit, et le cœur entraîne toujours l'esprit.

On croit, et on sent le bonheur de croire, ce bonheur tant regretté par ceux qui, après une enfance et une première jeunesse pieuse et croyante, s'étant laissés envahir par les passions, ont perdu cette foi qui les rendait si heureux, et se sont écrié avec des larmes amères : *Oh! qui me rendra la foi de mon enfance et la foi de ma mère!*

Ce bonheur qui exclut tout doute, toute crainte, qui accompagne tout le long de la vie, et montre toujours lumineuse et toujours ouverte, la porte du ciel.

2. *La paix du cœur :*

La piété porte le cœur à aimer, à se dévouer; et le cœur, sous cette impulsion, aime et se dévoue. N'est-ce pas la paix?

La piété montre au cœur, Dieu fidèle, Dieu aimant, Dieu rendant au centuple tout ce qu'on a fait pour lui et pour les autres. N'est-ce pas la paix?

3. *L'amitié de Dieu*, c'est-à-dire :

Les prévenances de Dieu qui donne plus abondamment — qui écoute plus affectueusement — qui garde plus paternellement.

La familiarité de Dieu qui se communique plus intimement pendant la prière et à la Sainte Communion, devenant pour l'âme pieuse: un repos, un bonheur, une consolation, une lumière.

L'accueil plus paternel de Dieu à l'heure de la mort.

4. *Les mérites pour l'éternité :*
La piété multiplie ces mérites

En nous rendant plus soumis, plus patients, plus doux, plus laborieux, plus dévoués, plus résignés.

En nous portant à faire plus généreusement les sacrifices qu'exigent *notre cœur* pour se conserver pur, et notre *volonté* pour accomplir tous nos devoirs et résister à l'entraînement des sens.

5. *Les consolations* dont plus tard nous aurons tant besoin, à cet âge de la vie où viennent les inquiétudes, les peines, les tristesses.

On ose à peine, au pensionnat, parler *des peines de la vie*, elles sont si loin et ce qu'elles présentent à l'esprit est si vague ! Et cependant, vous aussi, si joyeuses à cette heure et si insouciantes, vous verrez tomber vos illusions, petit à petit. *La séparation, les maladies, la mort* feront l'isolement autour de vous.

Vous comprendrez et, plus tôt que vous ne le pensez, le sens de ces mots qui vous laissent encore indifférentes : *ingratitudes, inconstances, déceptions, malheurs matériels...*

Ah ! si vous n'êtes pas *pieuse*, si dès votre jeunesse vous n'avez pas compris le besoin et pris l'habitude de *vivre avec Dieu, de servir fidèlement Dieu, de recourir en tout à Dieu, de compter sur Dieu plus que sur tout et sur tous...* ah! mon enfant, que vous serez malheureuse!

4. *Effets de la piété sur la vocation.*

Ce mot de *vocation* ne peut vous laisser indifférentes, quelles que soient la légéreté de votre caractère et l'insouciance de votre nature.

Vous savez bien que vous ne resterez pas toujours *enfants;* vous savez bien qu'une heure viendra — et elle vient avec une rapidité effrayante — où il vous sera dit par votre père, par votre mère, par votre conscience elle-même :

Que veux-tu faire ?

Vous avez beau retarder la réponse à cette question, il faudra bien que vous la donniez; et vous comprenez, quoique un peu vaguement encore, que de cette réponse dépend votre bonheur sur la terre et souvent aussi votre bonheur dans l'éternité.

Si vous n'êtes pas éclairée par Dieu, guidée par Dieu, soutenue pas Dieu, comment oserez-vous prendre une décision ?

La *vocation*, le mot lui-même le dit, c'est *l'appel de Dieu demandant à une créature humaine de le servir dans telle ou telle position.*

La vocation ne dépend pas seulement du *goût* prononcé qu'on a pour une position ou pour une personne, ni des *intérêts* matériels et du *bien-être* qu'offre telle position ; le goût, l'attrait, les avantages de fortune, ne sont pas à dédaigner, mais ils ne doivent pas *être décisifs*.

La vocation est avant tout un *appel divin*. Il est donc nécessaire à cet âge où un *avenir* se présentera à vous :

1. *De demander à Dieu de vous faire connaître sa volonté.*

Demande franche et sans arrière-pensée.

Demande non passagère mais constante, qui se continue jusqu'à ce qu'une décision soit prise, et qui se complète par des actes pieux et par des actes généreux ╪ *Communions, bonnes œuvres...*

Demande, dans laquelle il n'est pas défendu d'exposer à Dieu son attrait, ses répugnances... mais qui s'achève toujours par cette parole de Jésus-Christ : *Non pas ce que je veux, ô mon Dieu, mais ce que vous voulez.*

2. *D'exposer simplement au guide de votre conscience tout ce qui se passe en vous au sujet de votre vocation.*

Vos *goûts* pour un état de vie plutôt que pour un autre.

Vos *aptitudes* pour remplir tel devoir plutôt que tel autre.

Vos *impressions* chaque fois que se présente à votre esprit la pensée de la vie religieuse ou la pensée de la vie de famille.

Les *obstacles* ou les *appuis* que vous rencontrez dans votre famille et les raisons qui vous sont données pour retarder votre décision ou pour s'y opposer.

3. *De ne pas précipiter votre décision, à moins de cas particuliers dont ordinairement vous n'êtes pas juges.*

Hélas! on va vite, bien vite, trop vite, pour décider un engagement qui enchaîne pour la vie entière et qui, pour le mariage, est irrévocable dès que la parole est donnée devant le prêtre.

Heureuses les jeunes filles qui trouvent près d'une mère pieuse et dévouée, une conseillère, une amie, à qui elles peuvent tout dire, sûres d'être écoutées avec affection, d'être éclairées au point de vue de la foi, et d'être dirigées en toutes choses !

Heureuses encore, les jeunes filles qui ont conservé *leurs relations d'enfant* avec leurs maîtresses du pensionnat. — Elles ne sont pas dans le monde ces religieuses dévouées, mais elles connaissent le monde; et leurs conseils ont souvent des lumières qui étonnent. Ne craignez pas qu'elles vous attirent au couvent; elles respecteront toujours votre liberté, et ce sera toujours sous le regard de Dieu qu'elles vous donneront leur avis.

Voyez si après ces réflexions vous ne sentez pas la vérité de ces paroles de S. François de Sales :

« La dévotion (ou *la piété*, c'est même chose), est la douceur des douceurs, la reine des vertus.

« Si la charité est un *lait*, la dévotion en est la *crème*.

« Si la charité est une *plante*, la dévotion en est *la fleur*.

« Si la charité est une *pierre précieuse*, la dévotion en est l'*éclat*.

« Si la charité est un *baume*, la dévotion en est l'*odeur*, l'odeur de suavité qui réjouit les anges. »

III. CARACTÈRES DE LA PIÉTÉ

1. *Ce que la piété doit être*

La piété vraie, la piété méritoire, ne se manifeste pas dans les choses extraordinaires.

Elle est *intérieure, cachée, tranquille;* elle est *simple;* elle est le *devoir* de chaque jour, de chaque heure, de chaque instant, fait pour Dieu et avec Dieu.

1. Elle est *intérieure*. La piété est produite dans l'âme par le Saint-Esprit, c'est donc au-dedans de nous, c'est dans l'intime de notre âme, qu'elle doit exister, s'épanouir, et de là, rayonner.

La piété, c'est, nous l'avons dit, la tendance à s'unir à Dieu, à vivre avec Dieu, à être heureux près de Dieu — or, Dieu est tout spécialement dans l'âme et c'est là que s'établit ce *doux commerce* entre Dieu et nous.

Si elle est intérieure elle sera *sincère*, elle sera *franche*, n'ayant d'autre but que celui de plaire au bon Dieu.

II. La piété ne peut pas rester seulement *intérieure*, elle rayonne au dehors. Elle doit se montrer :

1. *Simple* c'est-à-dire sans affectation, sans embarras, sans parade. — Elle se répand sans bruit, comme se répandent la lumière et la chaleur :

Dans *ses paroles* qui sont douces, prudentes, aimables.

Dans *ses actes* ordinaires, qui sont toujours en rapport avec le devoir, la politesse, l'amitié.

Dans *son maintien* qui est agréable et digne.

Dans *sa mise* qui ne se distingue que par le bon goût et la propreté.

Dans tous *ses rapports*, qui sont charitables, attrayants, ne montrant rien de rude ni d'affecté.

La piété ne se fait pas remarquer ; elle donne seulement à tout l'extérieur une grâce, une paix, une douceur qui fait plaisir.

2. **Ferme et constante dans l'accomplissement de ses devoirs.**

Devoirs envers Dieu. Elle *obéit* en tout ce qu'il commande ou fait commander. La parole, le conseil, l'ordre d'une maîtresse, sont la parole, le conseil, l'ordre de Dieu. — Elle *accepte* de Dieu sans murmure les contrariétés ou les peines qui se rencontrent dans sa vie. Elle évite tout ce qui peut ternir la pureté de son âme.

Devoirs envers les maîtresses. Elle est soumise et aimante. — Elle se met au travail avec générosité et avec joie, surmontant l'ennui qui de temps en temps se fait sentir, et acceptant paisiblement, quoique vivement sentis, un manque de succès ou même un reproche.

Devoirs envers les compagnes. Elle est gaie, rieuse, entraînante dans les jeux — excusant, supportant, avec un semblant d'indifférence qui rend les petits sacrifices plus méritoires.

3. *Aimable.* — Nous insisterons plus loin sur l'amabilité, une des vertus dont la direction du Pensionnat tend surtout à apprendre la pratique.

II. *Ce que la piété ne doit pas être.*

La piété ne doit pas être :

1. *Trop extérieure*, c'est-à-dire empressée pour embrasser toutes les pratiques de piété indiquées

dans les livres — ou faire avec une activité fébrile les pratiques acceptées ou conseillées.

2. *Raide, scrupuleuse*, ne voulant rien retrancher d'un acte de piété, même pour pratiquer un acte de complaisance et de charité — s'inquiétant parce que on a été empêché de prier par un ordre donné.

3. *Singulière*, se distinguant des autres, se plaisant à faire ou plus ou autrement que les autres.

4. *Capricieuse*, agissant par boutade — remplissant toute une journée d'exercices de piété, puis pendant une semaine, faisant à peine ce qui est prescrit.

5. *Jalouse* surtout, voulant faire tel acte de piété parce que d'autres le font — méprisant celles qui ne pensent pas à faire ou qui ne font pas, parce que après tout, elle n'y sont pas obligées, les actes généreux qui se présentent.

6. Nous ne parlons pas de *la piété hypocrite*. Nous la croyons à peine possible. Ce serait trop laid et trop coupable.

7. La piété ne doit pas être une piété d'*imagination*, ne se trouvant à l'aise et ne pouvant se manifester

que dans une chapelle délicatement ou somptueusement ornée, au milieu de l'éclat des lumières, des parfums des fleurs ou de l'harmonie des chants.

Non pas qu'il ne faille rien concéder à l'imagination, mais ce qu'on fait pour elle doit être réglé et dirigé par la sagesse.

La piété cherche l'*union avec Dieu*, la *vie avec Dieu*; que lui importe, après tout, qu'entre elle et Dieu se trouvent des fleurs ou des chants; elle préférerait le silence.

8. La piété ne doit pas être *une piété routinière*, faisant telle prière, tel exercice de dévotion, assistant à telle fête parce que *c'est l'usage*, parce *qu'on a toujours fait ainsi*.

Sans doute, il faut de la régularité dans la piété, mais pas de routine; la piété routinière ne nourrit pas l'âme; elle la laisse dans l'indifférence; elle éteint tout élan.

9. Redoutez, dit Mgr Mermillod, redoutez une religion de surface, une piété formaliste, un christianisme de superficie que l'on prend comme un vêtement revêtu le jour des cendres pour le rejeter à l'*Alleluia* pascal. Ainsi comprise, la piété serait un vêtement bien porté, mais non ce qu'elle doit être, un sacrifice.

III. *Ce qu'est la piété d'après saint Paul.*

La piété doit avoir les *caractères* que saint Paul assigne à la charité — la piété n'est-elle pas la charité répandue dans les âmes par le saint Esprit lui-même.

Les voici simplement énoncés. A l'aide de ces quelques indications, il sera facile de connaître ce que le bon Dieu veut de vous.

La piété est *patiente*. Elle inspire le courage de supporter non seulement les grandes épreuves de la vie mais encore — ce qui est plus difficile peut-être — les difficultés qui se rencontrent dans la vie de chaque jour.

Elle est *douce*, se montrant affable à tout le monde — un peu timide peut-être — manquant quelquefois d'initiative mais toujours bonne, souriante, serviable.

Elle *supporte tout* non pas sans sentir vivement la contrariété, mais sans laisser volontairement paraître ce qu'elle éprouve, et surtout sans divulguer les défauts des autres et les peines qu'on lui a faites.

Elle *souffre* tout sans murmure et surtout sans la pensée acceptée de la moindre vengeance.

Elle *croit* ce qu'on lui dit, avec prudence; elle accepte une opinion opposée à la sienne, sans ces discussions qui aigrissent le caractère et blessent la charité.

Elle n'est point *envieuse*, et jamais ce qui est donné aux autres: *éloges, récompenses*, ne devient pour elle un tourment.

Elle n'est point *téméraire*, voulant toujours avoir raison, se croyant au-dessus des autres, cherchant à imposer sa manière de voir.

Elle n'est point *arrogante* ni envers ses petites compagnes, ni surtout envers ses supérieurs. — S'il lui échappe une parole un peu vive ou un peu impérieuse elle sait vite réparer ce manque de bonté et d'humilité.

Elle n'est point *ambitieuse*; elle cherche sans doute, à bien faire, à mieux faire tous les jours, mais son but n'est pas précisément de dépasser les autres ni surtout de leur faire sentir sa supériorité. — Elle travaille, elle s'applique parce que le bon Dieu le veut et parce que ses parents le veulent; elle est simplement heureuse de réussir.

Elle n'est point *égoïste* ne s'occupant que de soi, ne pensant qu'à soi — Elle fait volontiers part aux autres de ce qu'elle a, de ce qu'elle sait — et cela sans affectation et sans parade.

Elle n'est point *susceptible*, se fâchant d'une parole échappée à la vivacité ou à la mauvaise humeur d'une compagne — ni d'un reproche, alors même qu'il ne lui semble pas complètement mérité.

Elle ne *se réjouit* pas de l'insuccès de ses compagnes — elle ne s'attriste pas des progrès que font celles qui travaillent avec elle.

La voilà bien *la piété*, cette piété qui est *utile à tout* et aux biens de l'éternité et aux biens de la vie présente !

Heureuse l'enfant qui, aux premiers jours de sa vie, en fait sa compagne assidue et se laisse guider par elle.

IV. DÉVELOPPEMENT ET ALIMENTATION DE LA PIÉTÉ

Il faut faire vivre Jésus-Christ dans l'âme.

Il faut que la vie de Jésus enfant et de Jésus adolescent se manifeste dans la vie de l'enfant et de l'adolescent.

Il faut que les pensées de Jésus pénètrent vos pensées, que les désirs de Jésus soient vos désirs.

Or les pensées de Jésus, les désirs de Jésus, la vie tout entière de Jésus tendaient :

A accepter la volonté de Dieu,
A se mettre au service de Dieu,
A faire connaître Dieu,
A défendre Dieu.

Ces pensées vous semblent bien graves, et vous en comprenez difficilement l'importance.

Vos maîtresses la comprennent ; elles voient ce que plus tard le bon Dieu fera de vous, si pendant votre éducation, vous avez laissé Jésus vivre, grandir, se développer en vous ; et c'est à cette mission divine qu'elles vous préparent en faisant de vous des *enfants pieuses*.

Ecoutez-les ; et docilement suivez leurs leçons.

1. Vos maîtresses remplissent votre âme de *pensées pieuses*, et comme à votre insu, vous vous trouvez dans une atmosphère toute divine. Elles veulent que la pensée de Dieu qui est partout, qui voit tout, qui sait tout, qui est mêlée à tout ce que vous faites et à tout ce qui vous arrive, à votre travail, à vos jeux, à vos petites douleurs, à vos petites joies — de Dieu toujours près de vous pour vous aider, vous défendre, vous consoler — vous soit non seulement familière mais en quelque sorte indispensable. Elles veulent que cette pensée soit pour vous ce qu'est le parfum odorant et purifiant qui est répandu dans une chambre ; il ne se voit pas, mais fait éprouver un sentiment de bien-être, et éloigne la contagion qui pourrait y régner.

Voilà pourquoi, dès le matin, au moment où elles viennent vous éveiller, elles vous font entendre, avant toute autre parole, *le nom du bon Dieu* et elles vous font dire : *Mon Dieu ! je vous aime, je vous donne mon cœur.*

Et cette pensée de Dieu et ce don de votre cœur à Dieu, elles vous demandent de les renouveler : aux premières heures de votre travail, et chaque fois que vous commencez une œuvre nouvelle.

Elles veulent qu'en tête de chacun de vos devoirs vous écriviez quelques paroles *du saint Evangile*, et que ce livre divin soit pour vous le plus aimé le plus apprécié de vos livres. — Elles vous le font aimer comme elles vous feraient aimer une *lettre écrite* par votre mère retenue loin de vous et qui vous *écrirait*, vous donnant des conseils, vous disant ce qu'elle a fait pour vous, et ce qu'elle attend de vous.

2. Vos maîtresses vous accoutument doucement, dès vos premières années, à aimer et à pratiquer *de pieuses dévotions* qui vous familiarisent avec la présence de Dieu et qui deviennent *comme une fortune spirituelle* pour toute votre vie.

C'est la *dévotion à l'Enfant Jésus* [1] qu'elles vous montrent :

Priant comme vous avez à prier,
Travaillant comme vous avez à travailler,
Obéissant comme vous avez à obéir,
Jouant comme vous avez à jouer,
Souffrant comme vous avez à souffrir.

Et que, doucement et affectueusement, elles vous portent à imiter cet Enfant divin. [1]

C'est *la dévotion à la sainte Vierge* mère de l'enfant Jésus et la mère aussi de votre âme.

---

[1] Permettez-nous de vous recommander la lecture du livre intitulé : *Jésus enfant et adolescent, modèle de l'enfance et de l'adolescence.*

Si vous le lisez avec paix, vous connaîtrez mieux Jésus, vous aimerez mieux Jésus et vous chercherez à imiter Jésus.

La sainte Vierge qui a pour votre cœur, pour votre intelligence, pour votre caractère, toute la sollicitude et tous les soins que votre mère a pour votre bien-être.

Et, comme votre mère, et plus qu'elle encore, quoique vous le sentiez moins vivement, la sainte Vierge vous aime, vous protège, vous veut bonne, aimable, instruite ; vous vient en aide dans les efforts que vous faites ; inspire à vos maîtresses ce qu'elles doivent faire pour vous.

Aimez donc beaucoup la très sainte Vierge. Que *son nom* soit souvent sur vos lèvres ; que *son souvenir* fasse tressaillir votre cœur ; que *sa vie* soit le modèle de la vôtre ; que *votre devise* soit celle de toute enfant de Marie : *Tout par Marie, tout pour Marie, tout avec Marie !*

C'est *la dévotion à la sainte Eucharistie* devant laquelle vos maîtresses vous conduisent souvent, vous recommandant un profond sentiment de respect devant ce tabernacle, où Jésus-Christ demeure vivant, vous attendant, vous suivant du regard, heureux de vous voir, de vous entendre lui dire que vous l'aimez de tout votre cœur. Elles veulent que, dans la chapelle, vous marchiez plus lentement, vous vous teniez toujours dans une grande réserve, vous ne vous dissipiez pas, vous ne parliez qu'à demi-voix, quand c'est nécessaire.

Puis, quand vient l'âge de la première communion, comme elles vous y préparent avec amour ; comme elles montrent une sollicitude qui vous étonne quelquefois, mais que vous comprendrez plus tard quand vous aurez l'heureuse habitude de la communion fréquente.

C'est *le crucifix* qu'elles vous font souvent baiser avec respect et amour, qu'elles vous recommandent de porter sur vous, uni à la médaille de la sainte Vierge, et, plus tard, de lui donner, dans votre chambre, la place d'honneur.

Ah! plus tard, vous serez heureuse de comprendre ce que vous dira Jésus sur la croix, et de répondre à cet appel que vous ne comprenez pas, à cette heure :

> Vous qui pleurez, venez à ce Dieu, car il pleure ;
> Vous qui souffrez, venez à Lui, car il guérit ;
> Vous qui tremblez, venez à Lui, car il sourit ;
> Vous qui passez, venez à Lui, car il demeure.

Et si vous voulez que votre dévotion soit forte et féconde, et qu'elle ressemble à ces sols vigoureux qui donnent leur sève à nos grands chênes, confiez-la au *Sacré-Cœur*.

Le cœur de Jésus est un trésor toujours ouvert, toujours inépuisable.

Lui, qui a tant aimé les âmes, fera de vous des apôtres.

Lui, qui a tant de fois pardonné, fera de vous des cœurs compatissants et généreux.

Lui, qui a tant souffert, fera de vous des cœurs forts et vaillants.

La communion du premier vendredi de chaque mois, indépendamment des communions ordinaires, devrait être une occasion pour renouveler votre *consécration* personnelle au Sacré-Cœur de Jésus et pour lui offrir le cœur de tous ceux qui vous sont chers.

C'est encore la dévotion à *l'Ange gardien,* la dévotion aimée des enfants qui voient en lui un frère, un ami, un compagnon aimable, avec lequel ils veulent toujours prier, travailler, se récréer.

3. Vos maîtresses vous montreront la *fréquentation des Sacrements* comme la source de tous biens, de toute force, de tout dévouement. Elles vous feront voir dans le prêtre à qui en est confiée l'administration, le *vrai représentant de Notre Seigneur Jésus-Christ.* Elles vous demanderont, pour lui, le respect, la confiance, la soumission que vous auriez pour Jésus-Christ lui-même, s'il venait au milieu de vous.

Le *Sacrement de Pénitence, la sainte Eucharistie,* voilà les deux grands moyens pour unir notre âme à l'âme de Jésus-Christ et pour vivre de la vie de ce divin Sauveur.

La Confession

Le prêtre, dans cet humble confessionnal est un *prédicateur*, un *directeur*, un *médecin*, un *père*, un *ami dévoué*.

Prédicateur, il ne parle pas avec la solennité de la chaire, mais sous le regard de Dieu ; et, on peut le dire, sous l'inspiration spéciale de Dieu, il *instruit*, il *exhorte*, il *excite*, il *relève*, il *console*.

Là sa parole est plus *directe*; elle n'est que pour l'âme à qui elle s'adresse; tout autre qui l'entendrait, ne comprendrait que le sens matériel, le sens intime lui échapperait.

Elle est plus *pénétrante*; elle est presque forcément écoutée, et l'âme est plus préparée à la recevoir. Sous l'influence divine qui enveloppe ce petit sanctuaire du confessionnal, elle s'ouvre presque à son insu. Elle n'entend pas seulement, elle comprend, elle se nourrit de ce qui lui est dit comme la poitrine se nourrit de l'air qui pénètre en elle.

Directeur, il n'exhorte pas seulement, il n'instruit pas seulement, il montre comment l'instruction donnée doit être mise en action. Il dit à cette âme qui est là, âme inexpérimentée, âme timide, âme faible, il lui dit ce qu'il faut craindre, ce qu'elle doit faire, comment elle doit résister, combattre, se relever.

Il encourage *les efforts* déjà faits, *les essais* qu'on a tentés et qui n'ont réussi peut-être que pour quelques heures ; il assigne une époque pour revenir à tel jour, à telle heure ; il sera encore là pour écouter, pour juger, pour réconforter.

Médecin, il indique à chaque âme le remède particulier qui lui est nécessaire à elle, pour tel défaut, et telle chute. Il lui montre comment il faut l'appliquer énergiquement, comment il ne faut jamais se décourager, comment il faut recommencer encore et toujours.

Père, il ordonne ; *mère*, — il est mère aussi, — il supplie.

Père, il pardonne ; mère, il aime.

Père, il soutient ; mère, il sèche les larmes.

Père, il encourage ; mère, il pleure avec son enfant.

Ami dévoué. Pas de dévouement plus sincère, plus vrai, plus éclairé que le dévouement du confesseur. Même au point de vue humain, le confesseur a une puissance étonnante pour nous relever, pour nous encourager, pour nous soutenir, nous aider à lutter.

La confession, c'est l'amitié, dans tout ce qu'elle a de grand, de fort, de dévoué, de saint, de divin ; c'est l'amitié, directement inspirée et soutenue par

Dieu ; l'amitié qui s'attache avant tout et par-dessus tout à l'*âme* qu'elle s'efforce de rendre digne d'être l'enfant de Dieu.

Mais pour trouver tout cela dans le prêtre, il faut — à travers la personne matérielle, celle qui frappe les sens, — il faut voir Jésus-Christ; il faut que pour l'âme, le prêtre soit un être en quelque sorte *transparent*.

L'enfant qui *écoute* le bon Dieu en écoutant le prêtre — qui *promet* au bon Dieu en promettant au prêtre — qui sent *pénétrer en lui* le pardon et la force de Dieu au moment où le prêtre l'absout, celui-là deviendra certainement et bientôt un être fort, généreux, dévoué, un être dont Dieu se servira pour son œuvre.

La sainte Communion

La confession suffirait seule pour nous rendre saints, forts, généreux. La sainte Communion, quand elle vient s'ajouter aux grâces reçues par l'absolution, comme elle grandit et surnaturalise tout notre être !

C'est bien elle qui fait de nous d'autres Jésus-Christ.

La confession nous a préparés ; elle a pour ainsi dire ouvert notre âme à Jésus-Christ, et le voici qui vient en nous par la communion.

O mon enfant, que c'est beau, que c'est bon, que c'est grand, cette venue de Jésus-Christ!

L'âme de Jésus s'unit à votre âme,
Le cœur de Jésus s'unit à votre cœur,
L'intelligence de Jésus-Christ à votre intelligence,
La mémoire de Jésus-Christ à votre mémoire,
L'activité de Jésus s'unit à votre activité,
La force de Jésus s'unit à votre force.

Et, si vous êtes dociles, vous serez, sur la terre, autant que votre pauvre nature pourra vous le permettre, vous serez d'autres Jésus-Christ.

« La sainte Communion, dit Msr de Ségur, nous transforme en Jésus-Christ.

Elle ne rend pas impeccables, mais elle augmente l'amour du bien et la détestation du mal.

Elle augmente et ravive la foi,
Elle nous donne le sens de la piété,
Elle nous facilite la prière,
Elle augmente en nous la grâce sanctifiante et nous facilite la pratique des vertus.

Elle nous fortifie contre les tentations surtout contre celles de la chair et nous donne l'horreur de tout ce qui est indécent, impur, déshonnête. La chasteté est le fruit de la communion; et là, l'innocence trouve son préservatif et son rempart.

Une âme qui communie dignement, disait le bon curé d'Ars, n'est bientôt plus reconnaissable... tant elle est obéissante, aimable et joyeuse! »

V. RÉSULTAT POUR LA VIE ENTIÈRE DE L'ESPRIT DE PIÉTÉ.

De tout ce qui vous a été dit au Pensionnat,
De la direction qu'on vous a donnée,
Des lectures fortes et élevées qu'on vous a commentées et fait apprécier,
Des habitudes pieuses qu'on vous a fait contracter,
Des actes de vertus qu'on vous a demandés et que vous avez pratiqués,
Il vous restera, plus ou moins développé sans doute, mais vrai, mais réel, mais difficile à s'effacer complètement, ce qu'on appelle *l'esprit de foi*, source de la *vie de foi*.

1. L'esprit de foi est un sentiment qui se compose de la *crainte de Dieu*, maître souverain et juge impartial — de *la confiance en la protection de Dieu* — de la *conviction en l'action de Dieu sur chacun de nous* — du *désir d'obéir à Dieu*... et qui influe sur toutes les actions de la vie.

Heureuse l'âme en qui règne et domine l'*esprit de foi*. Il s'est formé, petit à petit et jour par jour, par les saintes habitudes du pensionnat chrétien.

2. L'*esprit de foi* est devant l'âme comme un *verre divin* à travers lequel elle voit simplement, sans

fatigue, sans ennui, sans préoccupation, *Dieu en tout et partout.*

L'esprit de foi donne à nos idées, à nos jugements, à nos affections, à nos tendances, à nos goûts, à nos habitudes, quelque chose de plus délicat.

Il nous fait voir toutes choses à leur vrai point de vue, c'est-à-dire, dans leur rapport avec la volonté de Dieu, la gloire de Dieu, le salut de notre âme.

Il nous pousse instinctivement à *recourir à Dieu* chaque fois qu'une difficulté se présente — à *nous recommander à Dieu* pendant que nous agissons — à *nous reposer sur Dieu* quand nous nous sentons envahis par le trouble ou par l'inquiétude — *à attendre* en tout *le secours de Dieu*, et à *toujours essayer* ce qui nous est commandé par le devoir de l'heure présente, assurés que nous serons aidés par Dieu.

L'esprit de foi donne à la vie tout un rayonnement qu'elle n'a pas par elle-même. Ecoutez cette page adressée par Mgr de Ségur à un adolescent qui entrait dans la vie :

« L'esprit de foi ranimera à tout instant ta volonté défaillante ; il te montrera le ciel et l'éternité.

Il te rappellera que Jésus est là, avec toi, pour consoler tes tristesses — pour soutenir ta faiblesse — pour sanctifier tout ce que tu fais et tout ce que tu souffres.

Il suppléera à ce qui te manque, et tu feras bravement ton devoir.

Il te rendra infatigable dans la prière et dans le service du bon Dieu — tu seras patient dans l'épreuve et tes journées seront pleines de mérites devant Dieu. »

3. L'esprit de foi vous fera dominer *le respect humain* et *l'entraînement de la vie mondaine.*

1. *Le respect humain.* — On a dit que les *hommes* seuls étaient assez faibles et assez lâches pour se laisser dominer par un sourire moqueur ou par une parole dédaigneuse et que les *femmes* étaient trop fières pour s'abaisser jusque là et devenir ainsi esclaves.

C'est vrai, nous le croyons ; et elles sont rares les femmes qui, par respect humain, rougissent d'accomplir leurs grands devoirs religieux.

Mais, il n'est pas rare de voir des femmes pieuses et régulières se laisser lentement entraîner à l'abandon de leurs pratiques de piété pour ne pas, disent-elles, se singulariser dans leur famille et dans leur entourage.

C'est l'assistance quotidienne à la sainte Messe, quand un devoir ne les retient pas à la maison, qu'elles abandonnent.

C'est la répugnance à lire, à garder, à apprécier telle *revue* mondaine, tel *journal* irréligieux, qu'elles sentent diminuer.

C'est le travail quotidien qu'elles s'étaient imposé pendant un certain temps, qu'elles ne font plus.

C'est l'assiduité aux réunions paroissiales dont elles se dispensent peu à peu, c'est la facile acceptation de toutes les fêtes mondaines, qui, aux premiers jours, leur semblaient dangereuses.

On redoute les mots de *scrupuleuse*, d'*exagérée*... et on se met, petit à petit, au niveau d'une certaine mondanité.

L'*esprit de foi* vous maintiendra dans vos bonnes résolutions. — Il vous fera comprendre que vous êtes avant tout, la *servante de Dieu*, et apprécier ce qu'il y a de beau et ce qu'il y a de grand dans ce titre que portait avec tant de bonheur et de gloire la très sainte Vierge Marie.

2. *L'entraînement de la vie mondaine.* — Il faut une véritable force de caractère et un profond sentiment de piété pour ne pas prendre peu à peu les sentiments et les allures du monde au milieu duquel on est obligé de vivre.

C'est *la toilette* qui ne se borne pas à être fraîche, élégante, de bon goût, mais qui devient coquette. On le connaît vite quand se prolonge le temps passé devant le miroir.

Ce sont *les lectures* qui finissent par être un peu légères.

Ce sont *les conversations* qui se montrent, non pas seulement spirituelles, agréables, mais qui deviennent un peu méchantes, même quelquefois un peu sensuelles.

L'esprit de foi maintiendra en vous le sentiment du respect personnel — l'obligation de donner le bon exemple — l'énergie nécessaire pour vous conserver fidèle aux promesses tant de fois faites à Dieu, promesses si généreuses et si sincères.

ARTICLE SECOND

Formation de la vie du cœur par le dévouement

I. NATURE DE LA VIE DU CŒUR

La vie du cœur consiste à *recevoir* et à *donner*, comme la vie de la poitrine consiste à *aspirer* et à *respirer;* à recevoir *l'affection*, à donner *l'affection*.

Cet acte perpétuel du cœur s'appelle *être aimé et aimer*.

Quand l'air reçu par la poitrine est *pur*, et que la poitrine elle-même est *saine*, elle éprouve à recevoir cet air et à le laisser s'échapper, un bien-être matériel qui la maintient dans une paisible jouissance et qui permet à tout l'être humain de remplir le but de sa vie.

Quand le cœur est sain, c'est-à-dire *pur*, et quand l'amour qu'il reçoit est pur — alors l'amour qu'il donne lui-même est pur aussi; — et en lui, et autour de lui, par l'effet de cet amour reçu et donné, règne une atmosphère de paix, de joie, de force, de générosité.

La piété, mon enfant, conservera votre cœur pur ; et l'amour que vous avez déjà reçu dans votre famille, et celui, plus divin, que vous recevez au Pensionnat vous apprendront à aimer.

Vous comprendrez alors cette parole de la sainte Ecriture ; *C'est du cœur que procède la vie.*

Du cœur, sortent comme de leur source, les pensées, les désirs, les affections.

Du cœur, sortent l'*impulsion* qui porte à agir et *la force* qui soutient pendant l'action, contre la fatigue, la lassitude, le découragement.

Du cœur, vient encore *la parole affectueuse* qui sèche les larmes, quand le dévouement n'a trouvé qu'indifférence ou ingratitude.

C'est le cœur qui attire vers tel travail, incline vers telle personne, vers telle relation...

Oh! quand le cœur est pur, quand il est bon, quand il est généreux, comme la vie entière est pure, bonne, généreuse !

Laissez-nous donc *cultiver* votre cœur — Laissez-nous le rendre semblable, autant qu'il peut l'être dans sa petitesse et dans sa faiblesse, au cœur divin de Jésus-Christ que rien ne lasse, que rien n'affaiblit, que rien n'arrête dans son désir de faire du bien.

Quand on dit d'un enfant : *Il a bon cœur*, on en fait le plus bel éloge. On apprécie dignement quelqu'un qui se dévoue pour la vérité et pour la vertu en l'appelant *un homme de cœur*. Eh ! bien, voilà ce que nous voulons qu'on dise de vous, enfants élevés dans nos pensionnats chrétiens : *Ces enfants sont des cœurs bons, fermes, généreux.*

II. ÉLÉMENTS DE LA VIE DU CŒUR

Pour atteindre ce but, trois choses sont nécessaires :

1. Conserver la pureté de votre cœur afin de le rendre plus impressionnable à l'affection que Dieu vous témoigne et à celle qu'il veut qu'on vous donne.

2. Recevoir dans votre cœur l'affection sainte qui lui est témoignée, afin de lui apprendre à lui-même comment il doit aimer.

3. Donner autour de vous, sous le regard maternel de vos maîtresses, toute l'affection que vous sentez le besoin de donner.

1. *La pureté conservée*

1 La pureté est l'état d'une âme dans laquelle,

> Un ange peut contempler son image
> Comme dans l'onde d'un ruisseau.

Disons mieux et disons plus vrai :

C'est l'état d'une âme dans laquelle Dieu voit la splendeur de son être.

Créée à l'image de Dieu, l'âme pure garde cette ressemblance divine dans toute sa beauté, dans tout son attrait, dans toute sa gloire.

Et Dieu se plaît en cette âme qui l'attire comme l'enfant attire sa mère ; et Dieu habite en elle et Dieu se communique à elle, et par un effet nécessaire de cette habitation et de cette affection de Dieu, le cœur pur ne *peut s'empêcher d'aimer* — Dieu est amour, il est amour lui aussi.

On ne peut comprendre le pouvoir d'une âme pure sur le bon Dieu, dit le saint curé d'Ars ; ce n'est pas elle qui fait la volonté de Dieu, c'est Dieu qui fait sa volonté — Une âme pure, ajoute le saint prêtre, est auprès de Dieu, comme un enfant auprès de sa mère ; il la caresse, il l'embrasse, il est bien avec elle ; et sa mère lui rend ses caresses et ses embrassements.

Oh! comme il se fait avec paix et avec joie ce doux *apprentissage du dévouement* par ce commerce affectueux entre Dieu et l'âme pure!

Etonnez-vous que les *enfants* aiment tant, et que, plus tard, les *saints* montrent leur amour par un dévouement que nul obstacle n'affaiblit; c'est Dieu qui leur apprend à aimer, ou mieux, c'est Dieu qui aime par eux.

2. Le Baptême a donné à l'âme cette pureté source de l'affection et du dévouement.

Mais que de soins pour la conserver! Quelle vigilance de la part de ceux à qui Dieu a confié cette âme si délicate, si inexpérimentée, si exposée.

Oh! bien plus que la fleur, elle a à redouter des ennemis que le Baptême n'a pas détruits au-dedans d'elle : ces *germes mauvais* dont nous avons parlé et qui n'attendent qu'une occasion pour faire à l'âme ce que le ver fait à la fleur.

Elle a à redouter *les influences malsaines du dehors* dont elle ne comprend ni la puissance ni la malveillance.

Chères âmes d'enfants, oh! que vous avez besoin d'être protégées et d'être aimées !

2° *L'affection reçue*

Le second élément de la vie du cœur est l'*affection reçue*. Cette affection, vous en avez besoin pour vous conserver pures — vous en avez besoin pour apprendre vous-mêmes à aimer.

L'enfant, dit Mgr Gerbet, apprend à aimer comme il apprend à parler. La tendresse de ses parents révèle à son âme enveloppée d'abord dans les langes de la sensibilité physique, un ordre supérieur d'affections qui lui étaient inconnues. Son cœur commence à s'éveiller au sourire de sa mère. L'affection se propage de haut en bas comme la vérité.

1. Cette affection pour vous, Dieu l'a mise, comme une sauvegarde, une protection, une défense, une leçon, un apprentissage lent mais sûr, de l'affection et du dévouement que vous devrez donner vous-même; Dieu l'a mise, puissante, inépuisable dans *le cœur de vos mères*.

Il l'a mise encore dans *le cœur de vos maîtresses*. — Là, elle a un caractère exclusivement plus divin que dans le cœur de vos mères. Elle est le complément nécessaire de celle qu'elles vous ont donnée ; elle corrige souvent ce qu'il y a eu d'excès dans son épanchement.

L'affection de vos maîtresses est *moins généreuse* pour satisfaire vos désirs d'enfants qui n'ont souvent pour but que de simples fantaisies, mais elle ne l'est pas moins pour vous prodiguer leur temps, leur intelligence, leur santé, leur vie tout entière.

Elle est *plus forte*; elle ne faiblit jamais quand il s'agit de vous former à la vertu et d'exiger de vous un devoir; elle ne faiblit jamais ni devant vos résistances, ni devant votre indifférence, ni devant vos caprices, ni devant votre ingratitude, ni devant vos larmes.

C'est ainsi que petit à petit, cet amour de toutes les heures, cet amour que rien n'affaiblit et ne lasse vous apprend à être dévouées, à être fermes, à être constantes.

2. Cette affection dans vos maîtresses est plus vigilante *pour votre âme*, que l'affection de vos mères et elle est plus *éclairée* : Dieu, en quelque sorte, est plus avec elles.

Aussi comme elles s'ingénient à garder pure en vous l'*image de Dieu*, comme elles vous font comprendre la force et la beauté de cette parole : *Plutôt mourir que se souiller*.

Comme avec paix sans doute, mais avec une attention qui peut vous paraître minutieuse, elles éloignent tout ce qui est de nature à troubler vos pensées, et à exciter en vous des désirs qui encombreraient votre vie d'enfant et lui ôteraient sa simplicité et sa droiture.

Comme elles savent vous donner, avec un tact divin, les connaissances que demandent petit à petit le développement de votre intelligence, connaissances qui pourraient vous être si nuisibles si elles n'étaient pas préparées sous le regard de Dieu.

Comme elles savent ouvrir devant votre imagination, avec discrétion et avec mesure, cet avenir qui se montre à vous avec ses illusions, avec ses plaisirs attrayants mais trop souvent féconds en remords, avec ses joies qui enchantent de loin et qui disparaissent si vite laissant la déception.

Comme elles savent vous inspirer la dévotion affectueuse sans doute, mais bien motivée et bien confiante envers la sainte Vierge immaculée qu'elles appellent avec tant d'amour *la mère pleine de tendresse* — et surtout la dévotion envers la sainte communion.

O enfants, écoutez vos maîtresses !

Ce qu'elles veulent éloigner de vos regards et de votre intelligence, ne cherchez pas à le connaître.

Les *livres* qu'elles vous défendent de lire, ne cherchez pas à le lire.

Les *amitiés* qu'elles ne veulent pas vous laisser contracter, ne cherchez pas à les lier entre vous autres.

Les *petits sacrifices* qu'elles vous demandent, faites-les généreusement.

Ne fuyez jamais leurs regards ; jouez devant elles, parlez sans crainte devant elles.

N'éprouvez jamais le besoin de baisser les yeux quand elles vous regardent ; et quand elles vous appellent, allez à elles avec bonheur.

3. Et si jamais vous sentiez votre âme inquiète, troublée, coupable — oh ! alors, quel que soit le découragement dont le démon vous accablerait, allez à la sainte Vierge toujours miséricordieuse et priez-la de vous mener à Dieu.

Le bon Dieu sera toujours bon, bien bon pour vous offrir le pardon et vous mener au prêtre à qui il a donné le pouvoir de vous pardonner. Et le prêtre sera toujours *bien bon* pour vous recevoir et vous donner le pardon qui non seulement effacera vos péchés mais, redonnant à votre âme la beauté qu'elle avait perdue, ramènera la joie dans votre cœur.

3° *L'affection donnée*

Le troisième élément de la vie du cœur est l'*affection donnée*.

Les enfants ont besoin qu'on les aime pour être protégés ; ils en ont besoin aussi pour *apprendre eux-mêmes à aimer* — et savoir qu'aimer n'est pas seulement donner son affection pour être affectionné en retour, mais c'est surtout *se dévouer pour le bien des autres.*

A mesure que viennent les années, le cœur s'épanouit. L'affection qu'il a donnée à sa mère, qu'il lui donnera toujours et qu'aucune autre affection ne pourra jamais ni faire oublier ni même diminuer — cette affection qui a trouvé un nouvel aliment dans les maîtresses dévouées devenues en quelque sorte le complément de la mère, — cette affection sent encore le besoin d'un autre épanchement, et le bon Dieu le lui fait trouver dans ce sentiment divin, lui aussi, qui a le nom d'*amitié* dont nous avons déjà parlé dans le chapitre préliminaire.

Heureuses les jeunes filles qui, sous le regard et avec l'approbation de leurs maîtresses, ont trouvé parmi leurs compagnes, *une amie* dans le vrai sens de ce mot.

Une amie, dont l'*âme*, avant tout, est unie à leur âme par la possession de Dieu et par les efforts mutuels pour devenir, toutes deux, plus saintes, plus pieuses, plus généreuses.

Une amie dont le *cœur* est uni à leur cœur, aspirant toutes deux à se dévouer non seulement l'une à l'autre, mais à toutes les peines pour les alléger, à toutes les faiblesses pour les fortifier, à toutes les misères pour les soulager — se soutenant pour faire le bien — sacrifiant généreusement *au devoir* le plaisir d'être ensemble et sachant toujours faire taire, devant la voix de leur conscience, la voix de leur affection.

Une amie dont l'*esprit* est uni à leur esprit, travaillant ensemble dans une sainte et joyeuse émulation, se récréant ensemble, ensemble allant, parmi les autres, porter la joie, la vie, l'entrain, le désir d'être sage et laborieuse.

2. Voulez-vous le portrait fidèle *d'une amie* qui sera pour vous *ce trésor inappréciable* dont parlent les Livres saints? Ecoutez :

« L'amie sûre, n'est pas toujours l'amie qui nous recherche le plus ni celle que nous trouvons toujours la compagne fidèle de nos plaisirs ; ce n'est pas celle que nous recherchons le plus nous-mêmes pour lui faire partager tous nos ennuis ; ce n'est pas celle à qui nous ferions par instinct des confidences qui sont loin d'être toujours une marque d'estime et de véritable confiance.

L'amie sûre, c'est l'amie que nous cherchons naturellement dans nos peines, celle qui sait nous rester toujours fidèle dans nos douleurs.

L'amie sûre, c'est l'amie qui sait allier une douce sévérité à une sage indulgence, qui reçoit notre secret comme le recevrait une mère, et sait toujours justifier notre confiance en nous donnant un bon conseil.

L'amie sûre nous dit toujours la vérité.

L'amie sûre ne nous flatte jamais.

L'amie sûre connaît tous nos défauts, nous en garde inviolablement le secret et ne les dévoile jamais qu'à nous-mêmes, dans le mystère de l'intimité.

L'amie sûre parle peu de son amie et sait garder aussi fidèlement le secret qu'elle devine que celui qu'on lui a confié. »

La voilà cette amie que vous pourrez rencontrer au pensionnat, si vous la demandez au bon Dieu.

Nous vous avons dit déjà ce qu'une telle amitié pouvait avoir d'utilité pour vous dans l'avenir; laissez-nous transcrire ici les paroles d'un homme d'expérience :

« Il y a dans l'existence d'une femme bien des circonstances délicates et difficiles où elle a besoin d'ouvrir son cœur et d'avoir une direction et un appui. Quand la lumière s'éteint ou s'obscurcit dans la conscience, quand le cœur, sollicité par le plaisir sent chanceler son énergie, quand l'esprit, incertain et troublé, peut distinguer à peine la ligne du devoir à demi effacée par les préjugés ou les passions, oh! qu'une femme est heureuse quand elle peut alors invoquer *une amie fidèle et éprouvée,* lui tendre la main en lui criant : *Venez à mon secours !* »

Ouvrez donc, sous le regard de Dieu et avec l'approbation de vos maîtresses, comme nous l'avons dit, ouvrez votre cœur à la sainte amitié, mais n'oubliez pas que plus le cœur est pur, plus il est capable de comprendre, d'apprécier, de sentir le dévouement et le don de soi aux autres.

Innocence, charité, dévouement, amitié, ce sont des vertus qui se donnent la main, et comme l'a si gracieusement dit le curé d'Ars : *Dieu qui est amour, Dieu qui est expansion, Dieu qui est l'Etre qui donne et qui se donne, repose au fonds des âmes pures comme une goutte de rosée dans le calice d'une fleur.*

III. MANIFESTATION DE LA VIE DU CŒUR

La vie du cœur se manifeste par des actes qui, dans leur ensemble, prennent le nom *de dévouement.*

1. Le dévouement est la mise en action de la sainte vertu de charité déposée en nous par le Saint-Esprit et qui, alimentée et fortifiée par la piété, *nous unit à Dieu* et fait de nous, sur la terre, des *représentants de Notre-Seigneur Jésus-Christ.*

Jésus-Christ s'est donné tout entier ; il a donné tout ce qu'il avait pour nous faire du bien. Nous qui devons être d'autres Jésus-Christ, nous devons comme lui et avec les mêmes intentions que lui, nous donner nous-mêmes et tout ce que nous possédons *pour faire du bien*.

Voilà le but de l'éducation d'un pensionnat chrétien.

N'est-ce pas que c'est beau, que c'est grand, que c'est enviable ?

2. Le dévouement consiste en général à ne laisser autour de soi :

Aucune *intelligence*, sans lui donner une lumière, un conseil, une direction ;

Aucun *cœur*, sans lui donner un peu de joie, un peu de consolation, un peu de bonheur, un peu de force ;

Aucune *misère*, sans la secourir ;

Aucune *infirmité* de l'âme ou de l'esprit, ou du corps, sans essayer de la guérir ou moins de la soulager ;

Aucune *âme* loin de Dieu, sans chercher à la rapprocher du devoir et de la vertu.

Le dévouement, quand il a directement pour but de pourvoir aux besoins matériels de ceux qui sont privés des biens de la terre, s'appelle *aumône*.

Quand il a pour but de venir en aide à ceux qui ont besoin d'une lumière, d'un appui, d'un conseil, d'une consolation, d'une direction, d'une protection, il s'appelle *bonté*,

Quand il a directement pour but la sanctification de l'âme, il s'appelle *apostolat*.

Quand il nous porte à des actes qui sortent plus ou moins de la vie ordinaire pour préserver quelqu'un d'un grand danger ou lui épargner une peine, il s'appelle *sacrifice*.

Magnifique apprentissage de la vie que vos maîtresses ont le devoir de vous enseigner, et que nous vous avons fait entrevoir en vous parlant sommairement de la *mission à laquelle Dieu vous destine*.

Nous allons parler :
    1. de *l'aumône*,
    2. de *la bonté*,
    3. de *l'apostolat*,
    4. du *sacrifice*.

1. *L'aumône*

L'aumône, dans le sens le plus ordinaire est le don, à un pauvre, de ce qui lui est nécessaire pour le soutien de sa vie.

L'enfant donne volontiers parce que toute misère qu'il voit : *la faim*, *le froid*... lui fait éprouver une sensation pénible et excite en lui le désir de la soulager. Et si, autour de lui, il voit *donner*, s'il est sollicité doucement et affectueusement *à donner*, si on lui fait comprendre ce qu'il y a de bon à donner et le plaisir qu'il fait à sa mère d'abord, et surtout *au bon Dieu* qui lui a envoyé *ce pauvre* afin qu'il l'assistât, l'enfant prend la douce habitude d'être généreux.

Il s'accoutume, formé par sa mère et par les enseignements du pensionnat, à faire toujours *la part des pauvres* quand il reçoit de sa famille ou de ses amis une petite somme d'argent ou même quelques friandises — à ne pas détruire les jouets qui ont cessé de lui plaire — à ne jamais rencontrer un pauvre dans la rue sans demander permission de lui donner un sou.

Plus tard, jeune fille, elle conservera pour les distribuer, *les vêtements* qui seront hors d'usage — elle confectionnera elle-même, pour des mères pauvres, les langes de leurs petits enfants.

Au pensionnat, on lui apprendra non pas seulement à être généreuse mais *à l'être surnaturellement, à donner au nom de Jésus-Christ, à remplacer auprès des pauvres l'Enfant Jésus qui, lui, n'a jamais refusé l'aumône.*

C'est dans ces conditions que l'aumône nous sanctifie, qu'elle devient *cette suppliante* que Dieu ne repousse jamais.

L'aumône ainsi faite, obtient toujours :
   Des grâces de conversion,
   Des grâces de pardon,

Des grâces d'expiation,
Des grâces de persévérance.

A notre mort, ce sont nos aumônes surtout qui nous accompagnent au tribunal de Dieu. Et, pendant notre vie, elles nous obtiennent facilement la grâce que nous demandons, si nous commençons par *donner* quelque chose à Dieu en mettant une aumône dans la main d'un pauvre.

Accueillez donc volontiers les demandes qui vous sont faites pour *le denier de saint Pierre — la Propagation de la Foi — la sainte Enfance — le soutien des écoles catholiques.*

Mettez-vous avec générosité *au travail manuel* qui a pour but de confectionner des vêtements pour les indigents. Nous connaissons des maisons dans lesquelles, une ou deux fois par semaine — pendant deux heures — toutes les élèves travaillent pour les familles pauvres : les *grandes* confectionnent les vêtements destinés ordinairement aux écoles gratuites de petites filles — les *plus jeunes* tricotent des bas...

Plus tard, quand vous serez dans votre famille, vous ferez partie des *œuvres paroissiales* qui comprennent :

L'ouvroir des pauvres,

L'ouvroir pour le linge et les ornements de l'Eglise,

L'ouvroir pour les missions étrangères...

Là, vous trouverez un aliment à votre générosité et à votre dévouement, indépendamment des occasions journalières que le bon Dieu vous offrira.

N'affectez pas, cependant, dans le monde, de vous enrôler dans toutes les associations de bienfaisance — à moins de positions particulières qui exigent votre nom — vous finiriez par être débordées et par négliger vos devoirs de famille, — mais ne refusez pas votre concours quand on vous le demande accidentellement.

Mettez de la prudence sans doute dans *la visite des pauvres à domicile*, mais ne négligez pas ce grand moyen d'être utile aux âmes — oui, *aux âmes*, plus encore qu'aux membres souffrants.

Vous, chrétiennes, vous devez toujours avoir pour but de donner le bon Dieu aux âmes ; l'*aumône matérielle* n'est qu'un moyen.

II. *La bonté*

1. Nature de la bonté

La bonté est la volonté constante *de faire le bien* et le soin de ne laisser échapper aucune occasion de le faire — Et *le bien*, c'est tout ce qui peut être utile à quelqu'un, c'est-à-dire le rendre meilleur, lui faire plaisir et, par là, contribuer à son bonheur.

La bonté est la disposition habituelle de mettre son esprit, son cœur, ses forces, ses ressources, ses connaissances acquises au service de tous. Celui qui est bon semble dire à ceux surtout qui vivent avec lui : *Servez-vous de moi*.

Apprendre à être bon, c'est la science la plus utile pour le bonheur et même pour le mérite de la vie.

La bonté est la qualité qui nous permet le plus de ressembler à Dieu.

En Dieu, la bonté résume tous les attributs divins;

En nous, la bonté suppose presque toutes les autres vertus.

Dieu est appelé partout et par tous, *le bon Dieu*.

Nous devrions tendre à mériter, avant tous les autres titres, celui de *bon*.

2. Effets de la bonté.

1. *Sur ceux qui la pratiquent* : Ces effets, nous les avons indiqués dans un livre que vous avez toutes lu : *Les petites vertus et les petits défauts des jeunes filles ;* les voici :

1° La jeune fille qui est *bonne* est presque assurée d'être heureuse. Elle souffrira sans doute : les bons cœurs sont plus sensibles que les autres; mais elle trouvera en elle-même le remède à bien des peines.

En semant la bonté, elle fait naître dans son cœur des souvenirs qui la dédommageront plus tard de beaucoup d'ingratitudes.

Dieu s'est réservé de rendre aux bons cœurs ce qu'ils ont donné d'affection et de soins.

Faire des actes de bonté, c'est jeter devant soi, sur le chemin de la vie que l'on doit parcourir, la semence de fleurs brillantes, suaves et parfumées, qui embellissent et charment la route.

2° La jeune fille qui est *bonne* deviendra bientôt vertueuse; la bonté n'est point la vertu sans doute, mais elle y dispose.

Comme elle doit entrer en lutte avec le plus invincible de nos penchants, l'*égoïsme*, elle nous impose à chaque instant l'oubli de nous-mêmes et une foule de petits sacrifices qui détruisent peu à peu les défauts et accoutument à se vaincre.

La bonté, dit naïvement un auteur ancien, est le miel qui confit tout les défauts et fait disparaître l'aigreur du caractère.

On ne s'embarque jamais dans une bonne action, ajoute un proverbe, sans laisser quelque défaut sur la rive.

Aussi que d'étourderies on pardonne à un bon cœur! On sait bien qu'il se les reproche lui-même et qu'il travaille à toute heure à se rendre moins imparfait.

3° La jeune fille qui est *bonne* est partout bien accueillie. La contrainte qu'elle s'est faite pour soumettre sa volonté l'a rendue *complaisante*; elle se prête volontiers aux autres. Peut-être la surcharge-t-on quelquefois; mais, heureuse de rendre service, elle se croit assez récompensée par l'affection qu'on lui porte, et elle se voit tant aimée qu'elle n'a pas la pensée de se plaindre.

Elle peut s'appliquer ces vers de Racine :

> Quel plaisir de penser et de dire en soi-même :
> Partout en ce moment on me bénit, on m'aime !
> . . . .
> Je vois voler partout les cœurs à mon passage.

Et quand sa famille, quand les pauvres disent simplement : *Elle est bonne*, ils traduisent dans leur langage cette autre parole que prononcent les anges : *Elle est aimée du bon Dieu.*

4° La bonté oublie les injustices.

La jeune fille bonne ne veut pas que le soleil se couche sans qu'une marque d'affection ait dit à la compagne avec qui peut-être elle a eu une légère discussion : Aimons nous.

Son sommeil serait inquiet, si elle n'avait pas demandé pardon à sa maîtresse ou à sa mère qu'elle a blessée par un peu d'étourderie.

Elle sait dire avec un poète :

> J'ai juré de fermer mon cœur à toute haine,
> D'aimer, d'aimer toujours, sans chercher désormais
> Quel mal on pourrait faire à qui n'en fait jamais.

5° La bonté nous porte à donner au pauvre, avec une larme de pitié, le pain qu'il demande et le vêtement qui lui manque.

Elle nous apprend à nous priver de quelques petites fantaisies pour secourir les autres, à partager avec nos compagnes ce que nous avons reçu pour nous, et à accepter avec reconnaissance et simplicité ce qu'une main amie nous présente.

Donner, c'est être bon ; recevoir, c'est apprendre à l'être.

6° La bonté nous fait voir sans envie celles de nos compagnes que leur mérite, leur fortune ou même le hasard ont placées au-dessus de nous ; elle nous porte à nous réjouir du bien qui leur arrive.

La jalousie peut bien effleurer le cœur de la jeune fille bonne, comme ces souffles mauvais qui passent sur les fleurs, mais la fleur agitée ne répand que plus de parfums ; et, à la vue d'une compagne plus aimée qu'elle, l'enfant qui a bon cœur dira : *Elle le mérite si bien !*

7° La bonté va jusqu'à nous donner la force de souffrir pour être utile aux autres.

Oh ! comme elles sont douces les larmes qui s'échappent des yeux, quand elles épargnent une douleur à ceux que nous aimons !

Etre punie pour une compagne coupable, et ne rien dire, de peur de la faire connaître, c'est la première pensée d'un bon cœur.

8° C'est *en faisant le bien* qu'on devient *bon* et qu'on développe l'instinct de son cœur.

Les occasions se présentent à chaque instant du jour, et n'en laisser échapper aucune, c'est accroître son bonheur à chaque instant.

Le désir d'obliger qui va au devant de tous les désirs, la douceur qui procure la paix, une bonne parole, un visage riant, une obéissance plus prompte, un devoir fait avec plus de soin pour faire plaisir, tout cela est de la bonté.

Etre bon, nous l'avons dit, c'est mettre son esprit, son cœur et ses forces au service de tout le monde.

Ne peut-on pas le faire tous les jours ?

2. *Effets de la bonté sur ceux qui en reçoivent les actes.* — La bonté, par elle-même, quand elle est vraie, constante, surnaturelle surtout, a une puissance étonnante pour soulager, pour relever, pour guérir, pour attirer à Dieu.

La bonté est le plus puissant instrument de salut que Dieu nous ait donné. Elle a, dit le P. Faber, converti plus de pécheurs que le *zèle*, *l'éloquence* ou *l'instruction*; et ces trois choses n'ont jamais converti personne sans que la bonté y ait été pour quelque chose.

Ce n'est pas sans quelque probabilité, ajoute-t-il, que l'on prétendrait que tout homme à qui on a donné une marque de bonté est un homme qui a un péché d'épargné... Je vois à l'œuvre pour le salut des âmes, avec la grâce et les anges, *une troisième bande de petits êtres à face voilée*, voltigeant partout, déridant les gens tristes, remettant les gens fâchés, arrêtant les soupirs des malades, allumant un éclair d'espoir dans l'œil du moribond, adoucissant les cœurs ulcérés et détournant adroitement les hommes du péché au moment de le commettre.

Ils semblent doués d'une étrange puissance; il se font écouter là où les anges ont eu beau faire pour être entendus, ils se faufilent dans des cœurs à la porte desquels la grâce a dû perdre patience et s'en aller. Mais à peine la porte s'est ouverte pour eux, que ces messagers voilés du bon Dieu, sont repartis à tire-d'aile pour ramener la grâce... Ces petits êtres sont *les actes de bonté* qui s'enrôlent au service de Dieu du matin au soir; et une des œuvres qui leur est confiée, c'est de diminuer le nombre des péchés.

Et c'est dans notre cœur qu'ils prennent naissance, et c'est par nos paroles, par notre regard, par nos actions, et c'est à toute heure de la journée que ces petits êtres peuvent aller accomplir leur mission — oh! que nous sommes heureux.

3. Nécessité de la bonté

La *bonté* n'est pas *un luxe* dans la vie, comme trop de gens inclinent à le penser. C'est *un devoir*, et l'un des plus impérieux.

Sans elle, on peut le dire, toute vertu est incomplète, toute qualité est défectueuse.

Qu'est-ce que la *justice* sans bonté?

Qu'est-ce que l'*aumône* sans bonté?

Qu'est-ce que la *vie de famille*, sans bonté ?

Qu'est-ce que la *piété* elle-même, sans bonté ?

Qu'est-ce que l'*intelligence*, qu'est-ce que la *richesse*, qu'est-ce que la *réputation éclatante*, sans bonté ?

Toutes ces vertus, toutes ces qualités sont comme *mortes* — ce sont des plantes sans sève, des fruits sans saveur, des fleurs sans parfum : la bonté leur donne la force, l'éclat, une réelle valeur.

C'est à *la bonté*, une des formes les plus attrayantes de la charité qu'on peut appliquer ces paroles de Saint Paul : *Quand je parlerais toutes les langues des hommes et même des anges — quand j'aurais la science universelle — quand je distribuerais tous mes biens aux pauvres — quand je livrerais mon corps jusqu'à être brûlé... si je n'ai point la charité tout cela ne me servira de rien.*

4. Moyens d'acquérir la bonté

La bonté est *en instinct* chez tout le monde. Dieu, dit Bossuet, lorsqu'il forma le cœur de l'homme, y mit premièrement la bonté comme le propre caractère de la nature divine — mais elle a besoin d'être *cultivée* et d'être *pratiquée;* sans cela, elle disparaît petit à petit envahie par l'*égoïsme*.

C'est moins par la réflexion ou par l'étude qu'on *devient bon*, qu'en faisant beaucoup d'actes de bonté

— en demandant souvent au bon Dieu d'être bon — en regardant comme réellement perdue la journée passée sans au moins un acte de bonté.

Soyez donc toujours *prête à être bonne*.

Que votre visage reposé, que votre sourire simple, que vos manières sans affectation, permettent à tous ceux qui ont quelque peine, qui ont besoin d'un conseil, d'un aide, d'un objet matériel, de venir à vous.

Soyez *toute à tous* — leur prêtant votre temps, vos ressources, votre expérience, leur donnant toujours votre affection.

Si vous êtes *pieuse*, comme nous vous l'avons dit, c'est-à-dire, *vivant avec Dieu*, Dieu ne permettra pas que vous soyez imprudente ni dans vos paroles ni dans vos actes — Vous pourrez éprouver quelque peine, sentir vivement l'ingratitude et les déceptions, mais vous n'aurez pas de remords.

On n'a pas souvent occasion de rendre de grands services, dit Fénelon ; il n'est pas de jour où l'on ne puisse travailler à rendre la situation de quelqu'un meilleure.

C'est :

En société : le désir d'obliger qui va au devant de tous les désirs — et quelquefois même, mais avec mesure, au devant des innocentes *manies*. La bonté du reste n'est autre chose, en société, que l'observance simple et sans affectation des lois de la politesse.

En famille : la douceur qui procure la paix, et la sagesse qui la conserve — une bonne parole, un visage riant, une obéissance plus prompte, un devoir fait avec plus de soin.

Avec les domestiques : un traitement doux et raisonnable qui fasse disparaître les désagréments de la servitude — une manière de commander qui ne sente pas la supériorité — un avis ou même un reproche sans aigreur.

Avec les étrangers : un accueil affable, une patience paisible pour écouter, une parole qui ne sente jamais l'aigreur, même quand elle doit faire entendre un refus.

Avec les amis : un abord plus accueillant, plus simple, plus gai, plus entraînant — se prêtant à tout ce qui peut leur faire plaisir alors même que ce serait une gêne pour nous — N'oubliez pas qu'*avec ses amis, il faut savoir se gêner*. L'amitié est délicate, et le refus de prendre part *à un jeu* par exemple, la blesse quelquefois vivement.

Une vie passée à faire plaisir aux autres, par conséquent *à être bon*, serait le vrai secret d'être toujours en joie. L'homme pour être heureux n'a besoin, en quelque sorte, que *d'être bon*.

III. *L'apostolat*

L'apostolat est la mise en action de toutes les puissances de notre être pour attirer les âmes à Dieu

— leur faire connaître Dieu — les attacher au service de Dieu.

C'est la continuation de l'œuvre de Notre Seigneur Jésus-Christ ; c'est l'œuvre des apôtres, l'œuvre de tous les saints.

C'est la *mission* que nous avons tous, et à laquelle, tous — selon notre position et selon les grâces reçues — nous devons consacrer notre vie.

Personne n'est exempt de l'*apostolat*, et, en dehors du sacerdoce et de la vie religieuse, on peut dire que cette mission a été spécialement confiée *aux enfants et aux femmes*. — Les uns parce que leur innocence les rapproche plus de Dieu ; les autres parce que leur influence sur les âmes est plus grande.

« *Je compte plus sur la prière d'un petit enfant que sur l'habileté des plus fins diplomates,* disait un missionnaire. »

« *La femme,* disait saint François de Sales, *est la flamme, la fleur, l'éclat, la bonne odeur de l'Eglise militante et triomphante.* »

L'apostolat se fait :
> Par *la prière,*
> Par *la parole,*
> Par *l'exemple.*

1. *L'apostolat de la prière* consiste à offrir à Dieu toutes nos prières et toutes nos bonnes œuvres :

1° Pour suppléer aux prières et aux bonnes œuvres de ceux qui, par lâcheté, par oubli ou par mauvaise volonté, ne rendent pas à Dieu l'hommage qu'ils lui doivent.

2° Pour obtenir de Dieu des grâces de conversion, des grâces de santé, des grâces de piété, des grâces de succès à ceux en faveur de qui nous les offrons.

Je fais en esprit le tour du monde, pour chercher toutes les âmes rachetées par le précieux sang de Jésus-Christ et je les présente à Dieu; et par ce divin Médiateur je sollicite leur conversion, disait une sainte.

Cet apostolat *est facile*. Il ne demande ni prières, ni bonnes œuvres en dehors de celles que nous faisons tous les jours; seulement, le matin, ou après notre communion, une intention généreusement formulée : *Mon Dieu! tout ce que je suis, tout ce que j'ai, tout ce que je ferai et souffrirai aujourd'hui prenez-le; et s'il y a là quelques mérites, appliquez-les à qui vous voudrez; je vous reccommande spécialement.....*

Cet apostolat est *doux et bon*. Il nous associe nous, pauvres petites créatures, à l'action de Dieu qui veut sauver les âmes; il nous permet en quelque sorte *d'être utiles à Dieu*. Etre utile à Dieu! quel bonheur, quelle joie et quelle récompense au ciel!

Cet apostolat est *puissant*. Il répond à ce mot d'un ancien : *Donnez-moi un point d'appui et, avec un levier, je soulèverai le monde.* Le *point d'appui*, c'est Dieu ; le *levier*, c'est la prière. Le levier acquiert d'autant plus de puissance que son bras est plus long et que ceux qui appuient sont plus nombreux. Et la prière qui tous les jours sort de plusieurs milliers d'âmes, implorant la pitié, la miséricorde, la bonté de Dieu, quelle ne doit pas être sa force !

Cet apostolat fut longtemps l'unique apostolat de Jésus-Christ à Bethléem, à Nazareth, et de la très sainte Vierge ; il est encore et il sera toujours celui de tant d'âmes qui ne peuvent prêcher, et que retiennent dans la solitude, ou les murs d'un cloître, ou les infirmités, ou les devoirs de la famille.

2. *L'apostolat de la parole* consiste à ne laisser passer aucune occasion sans parler de Dieu, sans porter à un acte d'amour de Dieu, à un acte d'obéissance, à un acte de paix, à l'accomplissement d'un devoir quelque insignifiant qu'il puisse paraître. Et cela se fait par des paroles qui ne ressemblent ni à un sermon, ni à un ordre, ni à un reproche.

Un simple mot accompagné d'un sourire, détourne une conversation un peu sensuelle, un peu médisante, ou qui tendrait à un semblant de révolte.

Un mot qui égaie, dit avec cet à-propos et ce tact que donne la vertu, arrête et fait disparaître des germes de mécontentements qui feraient beaucoup de mal.

Un mot pieux peut devenir le commencement d'une conversion. Vous connaissez la parole qui, dite sans affectation, par saint Ignace à François Xavier, jeune et ne rêvant que fortune et gloire, tourna vers Dieu toute l'ardeur de son cœur généreux.

Cet *apostolat* a pour but encore de *faire connaître la religion*, de *la défendre*, de *ramener à ses pratiques* ceux qui les ont abandonnées ; il suppose donc — nous l'avons dit :

La *science dogmatique* dans laquelle il est question de Dieu, de la sainte Trinité, de la création, de la chute de l'homme, de Jésus-Christ : l'Incarnation, la Rédemption, de la grâce, des sacrements, de la vie future, de la résurrection des corps — et dans laquelle on montre l'harmonie de ses dogmes avec les exigences et les besoins de notre raison.

La *science scientifique* dans laquelle on confronte le récit de Moyse et les enseignements catholiques, avec le progrès des sciences, et on montre l'accord des découvertes modernes avec la révélation.

La *science historique* dénaturée si souvent par l'ignorance ou la mauvaise foi, dans laquelle on discute les reproches faits à l'Eglise et on établit la vérité sur les questions controversées ou falsifiées...

Les éléments de cet apostolat vous sont donnés au pensionnat en même temps que vous sont tracées les règles qui dirigent votre conduite.

3. *L'apostolat de l'exemple* consiste à tendre simplement et constamment à *être un saint*. La sainteté, dans une âme, est par elle-même un attrait.

Il n'est pas même nécessaire d'être encore *un saint*, il suffit de vouloir l'être et de faire de vrais efforts pour le devenir. Le bon Dieu alors se sert de nous.

Soyez recueillie à l'église, priez posément et sans affectation, allez à la sainte Table et revenez à votre place les yeux pieusement baissés et le visage paisible ; ne vous détournez pas de votre prière pour un rien ; ne soyez ni raide, ni affectée ; montrez-vous, même à la chapelle, complaisante pour céder une place, rendre un service... et celles qui seront près de vous seront portées à vous imiter.

Prêtez-vous volontiers à tous les jeux, pendant les récréations. Ne vous emportez pas pour une parole piquante ou injuste — au lieu de vous fâcher, souriez, et faites comme si vous ne compreniez pas.

Vous laisserez une impression salutaire sur vos compagnes.

En étude, en classe, soyez laborieuse et attentive, mais simplement. Sachez être bonne pour venir en aide quand vous savez bien que la maîtresse ne vous blâmera pas. Ne soyez ni moqueuse, ni méprisante, ni toujours prête à répondre avant les autres, ni pour les autres, ni sans être interrogée.

Partout, soyez complaisante.

Ne vous plaignez pas de ces mille petites contrariétés ou souffrances ou déceptions dont chaque journée est plus ou moins remplie.

Oh ! comme le bon Dieu vous emploiera volontiers à son œuvre ; vous ne saurez pas tout le bien que vous ferez, mais soyez-en sûre, il sera grand ce bien ; et vous le retrouverez là-haut, augmentant votre bonheur.

*

Voulez-vous que nous vous indiquions comment, dans quelques pensionnats, se pratique *l'apprentissage de l'apostolat*, si bien appelé *l'œuvre des âmes* et dont nous avons parlé en vous indiquant *votre mission ?* — Il ne s'agit pas ici de *controverse* mais simplement *d'édification* et de *pratique des devoirs*.

C'est *aux enfants de Marie* que cette *œuvre des âmes* est spécialement réservée.

Les enfants de Marie sont, vous le savez, celles qui, parmi leurs compagnes, montrent le plus de volonté et font de plus constants efforts pour être tout ce qu'indique ce petit mot si communément répété : *des enfants sages*.

Les enfants de Marie ne sont pas exemptes de défauts, mais elles font de sérieux efforts pour les dominer. Elles peuvent se laisser aller quelquefois à un moment de brusquerie, à une plainte, à une bouderie, à un acte de paresse, mais tout cela est vite réprimé ; elles savent s'humilier, demander pardon, se remettre au devoir.

Les enfants de Marie aiment ce nom qu'elles portent et qui leur permet de dire à la sainte Vierge avec plus de confiance : *Vous êtes ma mère, je suis votre enfant* — qui les rassemble chaque semaine au pied de l'autel de leur mère du ciel — qui les autorise à quelques communions de plus — et qui fait d'elles de véritables apôtres.

La médaille bénite qu'elles ont reçue au jour de leur consécration, elles la portent avec bonheur pendant toute leur vie ; et, jusqu'à leur dernière heure, elles sont heureuses d'ajouter à leur nom ce titre qui semble leur réserver une place spéciale au paradis : *Enfant de Marie*.

Dans quelques maisons, les enfants de Marie forment sous le nom d'*Anges* plusieurs groupes qui ont chacun un *apostolat* spécial.

Il y a :

Les anges de la prière

Ils sont chargés de diriger, chaque matin, l'intention de leurs prières.

C'est, d'une manière générale, afin que dans le pensionnat, le bon Dieu ne soit pas offensé mortellement.

C'est, en particulier, pour *leurs maîtresses*, demandant à Dieu de les remplir de son esprit — pour *telle compagne* — pour tel besoin de la maison qui leur a été signalé.

Elles font cette offrande surtout pendant la sainte Messe et pendant le chapelet.

Les anges du bon conseil

Leur mission est de porter au bien, à la piété, à l'obéissance, au travail, les compagnes avec qui elles vivent. Ils s'obligent, devant le bon Dieu, à ne passer aucune journée sans avoir dit, de manière ou d'autre, quelques mots de piété, de direction, d'encouragement, sans avoir cherché à faire du bien aux âmes. C'est si facile auprès des plus petites surtout, à qui on dit : *Soyez bien sages — ne faites pas de la peine à votre maîtresse — ne vous fâchez pas. — Aimez bien le bon Dieu et la sainte Vierge.*

Il est des enfants de Marie à qui le bon Dieu donne véritablement la grâce de l'apostolat ; et, plus d'une fois, des maîtresses ont constaté avec bonheur leur influence sur tout le pensionnat. Elles arrêtent une plainte par un sourire ; elles excitent au travail par l'entrain qu'elles y mettent elles-mêmes.

Les anges de la complaisance

Ceux-là, cherchent toutes les occasions de faire plaisir, d'être utiles, de rendre service. C'est *un jeu* auquel ils viennent se mêler pour le rendre plus animé — c'est un *devoir difficile* qu'ils aident à faire avec l'assentiment de la maîtresse — c'est *un objet prêté* volontiers — c'est *une excuse* qu'ils font, *un pardon* qu'ils demandent, quand cette petite humiliation coûterait trop à la compagne coupable.

Les anges de la moisson

La mission de ces anges est charmante. Elle consiste à recueillir tout ce qu'ils ont vu de bon, d'édifiant, de généreux parmi leurs compagnes. — Et si, ils n'ont rien pu préciser, ils font une cueillette de pensées pieuses, ingénieuses... dans les livres qui sont à leur usage ou dans ceux que la maîtresse leur a prêtés.

II

Les enfants de Marie, quelques instants avant leur réunion hebdomadaire, écrivent, si elles ne l'ont fait déjà, leurs différents actes d'apostolat — ceux qu'elles auraient pu faire et qu'elles n'ont pas su ou n'ont pas osé faire — les résultats qu'elles ont obtenus — les résolutions qu'elles ont prises.

Cette lecture faite avec simplicité est un encouragement pour celles qui la font et pour celles qui l'entendent.

IV. *Le Sacrifice*

1. Le sacrifice consiste à se priver généreusement sans y être forcé, pour procurer la gloire de Dieu et le bien du prochain : d'un bien de *l'esprit*, du *cœur*, des *sens*, dont on pourrait légitimement jouir.

Dans un sens plus général, le mot sacrifice s'étend au renoncement de tout ce qui flatterait notre nature au détriment des droits de Dieu ou des intérêts de notre âme. Ainsi renoncer à lire un livre qu'on sait dangereux — renoncer à une parure qui flatterait l'amour-propre — Ces sacrifices-là sont commandés.

2. Nous voulons parler ici de ceux que nous faisons uniquement par amour pour le bon Dieu.

Oh! ceux-là, vos maîtresses vous accoutumeront, dès votre petite enfance, à les multiplier. Laissez-vous guider.

Elles vous demanderont, de temps en temps, quelques légères privations *pour des pauvres* dont la souffrance vous aura émues ; peu à peu elles vous diront de faire ces privations *pour le bon Dieu* qui vous le demande.

Ce sera une partie des friandises qu'on vous a apportées — ce seront quelques minutes d'une longue récréation, employées à un travail manuel que n'a pu finir une compagne — ce sera un livre intéressant qu'on vous a permis de lire et — qu'avec la permission — vous prêterez, avant de l'avoir fini, à une compagne qui le désire...

Ils sont nombreux les petits sacrifices qui se présentent journellement dans une vie de pensionnaire.

N'en refusez aucun par *égoïsme*. Ne vous bornez pas à ceux qu'on vous demande ; prenez vous-même l'initiative; et quand il vous semblera que vous n'avez pas besoin d'une permission, *sacrifiez* quelques-uns de vos goûts, sans avoir l'air de faire un sacrifice. C'est, en récréation, *un jeu* que vous n'aimez guère et auquel on vous prie de prendre part — c'est une place qui vous convenait et qu'une compagne regrette de ne pas avoir — c'est un objet insignifiant et sans valeur que vous possédez et qui fait plaisir à une compagne.

Quand il se présente par exemple un travail matériel un peu pénible, accoutumez-vous, à vous dire : *Pourquoi ne le ferais-je pas plutôt que mes compagnes?* et mettez-vous à l'œuvre.

3. Plus tard, dans le monde, les sacrifices qui se présenteront à vous, ceux surtout commandés par la loi de Dieu, seront plus douloureux à votre nature, mais si vous avez l'habitude de dominer et votre

égoïsme et votre lâcheté et le respect humain, si l'amour et la crainte de Dieu n'ont pas faibli dans votre âme, vous resterez fortes et généreuses.

Pas d'illusions. Vous aurez à sacrifier *des soirées mondaines* que votre conscience vous montrera incompatibles avec la vie chrétienne — *des spectacles* où tout le monde court en foule et qui sont ouvertement inconvenants — *des lectures attrayantes* que le milieu dans lequel vous vivez se permet sans scrupule. Vous aurez peut-être à sacrifier votre *popularité* pour conserver intactes votre dignité et même votre foi.

Oh! oui, apprenez, dès votre enfance, la *science du sacrifice*. — Nous vous en parlerons encore à propos de *la force* et de *l'énergie* que vous devez acquérir.

4. Le sacrifice a son côté douloureux et pénible ; il a aussi son côté glorieux et joyeux.

Oh! les belles pages qu'on pourrait écrire sous ce titre : *Les joies du sacrifice*, mais elle ne seraient comprises que par ceux qui les ont goûtées, ceux qui ont pu dire : *je donne du mien au bon Dieu ; je lui donne mes désirs, mes sympathies, mon jugement, mes préférences, ma liberté, ma réputation, mes membres, mon être tout entier.*

Ceux-là, ont su redire *la générosité* de Dieu, qui infiniment puissant, infiniment riche, infiniment bon, *ne se laisse jamais vaincre en générosité.*

Ceux-là, chantent comme saint Paul : *Je surabonde de joie au milieu de mes tribulations.*

Oui, enfants, apprenez *la science du sacrifice*, c'est la science des Saints.

« L'égoïsme ramène tout à l'homme — le sacrifice ramène tout à Dieu.

L'égoïsme dit à chacun : Reste en toi-même et jouis ; — le sacrifice répond : Sors de toi et sache souffrir. Sors de ton esprit par la foi, de ton cœur par l'amour, de ta volonté par l'obéissance, de tes sens par la mortification, de tes biens par l'aumône.

Le sacrifice est le chemin qu'à suivi le Maître ; c'est le chemin du ciel, mais c'est d'abord le chemin de la croix. » (BUATIER).

5. Le sacrifice est le fond de la nature de la femme ; elle l'admire partout où elle le voit ; elle cherche avec avidité à connaître les actes qui demandent un sacrifice ; elle aspire au sacrifice ; et si au pensionnat qui est, le *grand atelier où on se forme au sacrifice*, la jeune fille est docile à accepter et à faire ceux qui se présentent, elle en conservera l'âpre mais glorieuse accoutumance, même alors qu'elle n'aura plus de loisir pour les petits sacrifices,

ARTICLE TROISIÈME

FORMATION DE LA VIE DE LA VOLONTÉ PAR L'OBÉISSANCE ET PAR LA FORCE

Nature et puissance de la volonté

1. La volonté, c'est la puissance de Dieu prêtée à l'homme.

Avec elle, il peut *tout ce qui est possible sur la terre* — tout, — et c'est là ce qu'il y a de plus utile, de plus grand, de plus essentiel, mais de plus difficile — pour son *perfectionnement moral et même son perfectionnement intellectuel.*

L'histoire, à chaque page, nous montre le résultat miraculeux d'une volonté ferme, constante, sagement formée et sagement dirigée.

C'est la volonté qui maintient *la piété* dans l'âme et le *dévouement* dans le cœur.

Seule, elle fait les saints, les grands caractères, les esprits supérieurs.

La volonté — quand elle a grandi et s'est formée sous la direction divine, — agit sur *le corps ;* elle le rend plus souple et plus apte aux actes intellectuels; elle le rend soumis à l'âme qui, alors, reste ce qu'elle devrait toujours être : *la reine des sens.*

Elle agit *sur la sensibilité* — affaiblissant ou augmentant les sensations, les imaginations, les désirs, et les dirigeant vers ce qui est bien et ce qui est beau.

Elle est enfin, la principale source du mérite ou du démérite.

2. O enfants, si vous laissez ceux à qui Dieu vous a confiées faire de vous des *âmes de volonté*, que vous seriez heureuses, que vous seriez utiles, que vous seriez dévouées, que vous seriez saintes !

Une *âme de volonté* est celle qui commande aux caprices de l'imagination — aux passions du cœur — aux exigences des sens — aux entraînements de l'exemple — celle qui sait dire énergiquement : *Rien contre le devoir !*

Mais pour en venir là, il faut d'abord *vous laisser faire*; il faut ensuite *faire vous-mêmes*, d'après la direction donnée.

3. Certes, ce n'est pas facile, et il faut du courage pour en venir là.

Lisez et méditez cette parole dite à une enfant souvent réprimandée, à cause de sa mollesse au travail et qui simplement disait : *Je voudrais bien avoir du courage mais je n'en ai pas.*

— *Du courage !* reprit la maîtresse, *celui qui veut en avoir, en a.*

« Le courage, on ne le donne pas, sans cela, je vous en donnerais tout de suite. *Le courage est une chose qui se prend.*

« On peut vous encourager, et beaucoup de vos compagnes vous donnent de bons exemples, mais personne ne peut faire de vous une enfant *courageuse au travail et au devoir, si vous ne voulez pas l'être — une enfant énergique, si vous préférez restez molle et paresseuse.*

« Il faut d'abord *vouloir* être courageuse, il faut *essayer* de l'être. Il faut se montrer énergique pour se mettre à l'œuvre tout de suite, pour commencer le devoir donné, sans autre désir que celui de le bien faire et avec la conviction qu'on peut bien le faire — Il faut continuer pendant quelques minutes l'application du premier moment. — Il faut penser en travaillant qu'on fait plaisir à quelqu'un : *à sa maîtresse, à sa mère, au bon Dieu.*

« Agissez ainsi, et soyez en sûre, le *courage* viendra, et avec le courage, le *succès.* »

4. C'est pour avoir ce courage, vie et soutien de la volonté, que nous vous demandons :

L'obéissance — passive aux premières années — puis comprise, puis voulue, puis aimée.

Les efforts selon votre âge, selon votre position, selon votre tempérament, pour suivre la ligne de conduite indiquée — efforts constants, et soutenus par l'amitié et le dévouement qui ne manquent jamais au pensionnat et qui feront de vous des *âmes fortes*.

Et pour vous venir en aide, nous allons vous parler :

1° De *l'obéissance* qui accoutumera votre volonté à se plier doucement sous la volonté de Dieu manifestée par vos maîtresses.

2° De *la force* avec laquelle vous devez lutter contre les penchants qui nous portent tous, plus ou moins, à la paresse, à l'inaction, à la mollesse, à la futilité.

Nous vous montrerons ensuite :

1° La *lumière* qui doit toujours guider notre volonté dans ses actes : *La conscience*.

2° Le but que doit toujours se proposer votre volonté : *Le devoir*.

I. L'OBÉISSANCE QUI PLIE LA VOLONTÉ

1. *Nature et effets de l'obéissance*

1. L'obéissance est la soumission de la volonté à la volonté d'un autre.

L'obéissance attache en quelque sorte la volonté personnelle à une autre volonté qui lui est supérieure, agit par elle, avec elle, et finit par agir comme elle, prenant autant que le permet sa nature, la manière d'être, de penser et d'agir de la personne à qui elle obéit.

2. Pour que l'obéissance obtienne ce résultat, il faut que la soumission soit *volontaire, acceptée* et *aimée.* — Et quand celui à qui on se soumet ainsi avec amour est bon, est dévoué, est vertueux, le cœur et le caractère de celui qui obéit prennent nécessairement quelque chose de cette bonté, de cette sainteté, de cette vertu.

Au pensionnat, vous le savez bien, elle est bonne, elle est sainte, elle est dévouée *la volonté* qui est chargée par Dieu de former la vôtre. Que vous êtes heureuses, enfants, d'être ainsi dirigées!

3. L'obéissance est la grande école où la volonté s'assouplit, se dompte en quelque sorte, non pas en perdant sa liberté, mais en prenant de bonnes habitudes qui l'inclinent doucement à tout ce que commande le devoir.

Dans les familles trop souvent, dit le P. Didon, la mère cède à la volonté de l'enfant, mais au pensionnat, la discipline ne cède pas. Vous diriez à votre maîtresse : Je voudrais donner une heure de plus au jeu ; elle vous répondra : *Non, c'est le temps de l'étude* — Je voudrais manger à telle heure plutôt qu'à telle autre *Non*, *vous mangerez à l'heure fixe, ce qu'on vous donnera et pas autre chose.* Vos caprices ne seront pas entendus ; on ne les connaît pas au pensionnat.

Lorsque pendant six, sept ans, tous les jours vous aurez appris à obéir à cette règle appropriée sans doute à votre âge et à votre tempérament, mais ferme, vous aurez gagné une grande victoire, vous commencerez à maîtriser votre volonté changeante. Au contraire, si vous n'êtes parvenues à dominer ni votre caprice, ni votre goût maladif du changement, votre volonté restera fragile et débile, incapable de lutter contre les obstacles qu'elle rencontrera plus tard dans la vie.

Voilà les effets généraux de l'obéissance sur la volonté.

Effets de l'obéissance au point de vue humain.

1. L'obéissance fait prendre des habitudes d'ordre :

Ordre matériel pour les différents actes extérieurs de la vie : *lever matinal et régulier, heures de travail, heures de repos...*

Ordre dans les prières pour le nombre, pour le temps à employer, pour la manière de les faire.

Ordre dans les études dont nous parlerons plus tard.

Ordre dans les soins à donner sur soi et autour de soi.

Ordre dans les travaux qui remplissent la journée.

L'ordre dans l'ensemble de la vie, mais un ordre sans exagération, sans préoccupation, sans scrupule est une des bases de bonheur : *Si j'avais encore la folie de croire au bonheur,* disait Chateaubriand, *je le chercherais dans l'habitude et dans l'ordre.*

Or, c'est au pensionnat que se prend cette habitude de l'ordre qui, nous l'avons dit ailleurs, *soulage la mémoire, ménage le temps, rend le travail plus facile, et entretient la joie.*

2. L'obéissance finit par faire disparaître peu à peu, les aspérités du caractère — apaiser les révoltes de l'amour-propre — détruire la bouderie, l'entêtement, l'impertinence — rendre souple et facile la volonté la plus rebelle.

Mais il faut qu'elle soit imposée par une volonté ferme et constante, une volonté qui ne se lasse pas de commander, d'exiger, de recommencer chaque jour, une volonté qui va puiser *en Dieu,* comme vont y puiser vos maîtresses, la force qui lui est nécessaire pour se montrer, quand il le faut, *austère, sévère,* même *exigeante,* alors qu'elle voudrait tant n'être pour vous que *bonne et douce.*

L'enfant dont la volonté n'a pas été domptée, dès ses premières années, se réserve, pour plus tard, une bien triste vie.

L'enfant doit, avant tout, vivre de foi et d'obéissance ; et on peut dire en toute sûreté que pour lui la *soumission à l'autorité est le commencement de la sagesse.*

Effets de l'obéissance au point de vue divin

L'obéissance rend semblable à Jésus-Christ, à Jésus enfant, à Jésus adolescent.

Lui, à l'âge que vous avez, ne montrait sa divinité que par la pratique de l'obéissance.

L'obéissance résumait tout son amour pour son Père du Ciel, tout son amour pour la très sainte Vierge sa mère, pour saint Joseph son protecteur.

Il leur était soumis ! ce mot dit tout ce qu'on peut désirer chez un enfant. — Il dit son affection, son dévouement, la joie qu'il donne, l'espérance qu'il fait prévoir pour l'avenir.

Oh ! que de chacune de vous aussi, vos maîtresses puissent dire : *Elle nous était soumise.*

II. *Qualités de l'obéissance*

L'obéissance doit, avant tout, être *franche* et *généreuse.*

Franche, ne cherchant pas si on la surveille ou si on la voit ; mais accomplissant un ordre donné, parce que c'est *un ordre.*

Généreuse, n'écoutant pas les révoltes intérieures qui crient *non* — ne regardant pas ce que font les autres — ne se laissant pas impressionner par la crainte d'une fatigue, d'une difficulté, d'un insuccès.

L'obéissance doit être *aimante,* puisant dans son affection pour le bon Dieu, pour ses parents, pour ses maîtresses, son principe, sa vie, son aliment.

L'obéissance doit être *chrétienne,* ayant habituellement pour but de contenter le bon Dieu ; heureuse sans doute d'être récompensée, sur la terre, mais plus heureuse d'avoir fait son devoir. Oubliée ou méconnue, elle pourra s'attrister un instant, mais cette tristesse se dissipera vite et n'arrêtera par son ardeur pour accomplir un ordre nouveau.

II. LA FORCE QUI AFFERMIT LA VOLONTÉ

1. *Nature et nécessité de la force*

1. La force est une vertu qui donne à la volonté la puissance de *résister* — de *supporter* — d'*accomplir* malgré tout, son devoir.

La force est la vertu que la femme surtout doit chercher à acquérir comme *le soutien* de toutes ses autres vertus.

La piété lui est facile,

Le dévouement lui est facile,

L'obéissance lui est facile quand elle s'est gardée pieuse et dévouée,

Sa volonté est bonne, elle veut le bien ;

Mais ces vertus ne peuvent se développer, s'exercer et produire les effets que Dieu attend d'elles qu'autant qu'elles sont soutenues par *la force*.

N'est-ce pas cette nécessité de la force que reconnaît la sainte Ecriture quand elle dit : *Qui trouvera la femme forte ?*

Cette femme, dit Mgr Landriot, qui sait puiser dans un courage quotidien l'énergie nécessaire pour faire face à toutes les difficultés de sa position — aux ennuis de tous les jours — aux préoccupations de toutes les heures — aux contrariétés incessantes.

Cette femme qui résiste aux chocs si nombreux de la vie — aux tristesses de la famille — aux froissements d'intérieur — à toutes ces peines intimes qui, semblables aux légions d'insectes en automne, assiègent continuellement le cœur de la femme.

Cette femme qui préside avec une sagesse imperturbable aux travaux de sa maison — aux détails du ménage — au soin de ses enfants — à la surveillance des domestiques et à l'ordonnance de cette multitude de petites affaires qui se succèdent dans la famille aussi rapidement que les nuages dans le ciel.

Cette femme forte, plus forte que le malheur, que les coups de la fortune, que les calomnies, que la malignité humaine ; et qui, après le passage de toutes les vagues, demeure comme la colonne en mer pour éclairer et fortifier les pauvres naufragés.

II. *Effets de la force*

Nous avons indiqué les effets de la force dans la définition donnée :

   Elle résiste.
   Elle supporte.
   Elle agit.

I

La force apprend *à résister :*

1. *Aux entraînements du dehors :*

Au luxe qui, attirant les regards, les captive, et entraîne à des dépenses inutiles toujours — dispendieuses ordinairement — ruineuses quelquefois.

Aux fêtes qui charment les sens — entraînent à voir, à entendre, à savoir ce que la conscience réprouve. Ce sont les théâtres, les réunions mondaines où se perd le temps — s'affaiblit la vertu — se prennent des habitudes de paresse et de désœuvrement.

Aux amitiés fondées sur de simples attraits des sens ou de l'esprit et qui captivent le cœur.

A des *confidences* données ou reçues qui trahissent les secrets de famille et peuvent ternir la limpidité de l'âme.

A des *médisances* qui rendent soupçonneux, égoïstes, méchants et souvent détruisent de fortes et saintes relations.

2. *Aux entraînements du dedans :*

La *curiosité* malsaine qui veut tout connaître, tout savoir, tout lire et qui ne se préoccupe d'aucun danger ni pour le cœur ni pour l'esprit.

L'*orgueil* qui rend susceptible, méprisant ; qui ne redoute aucune dépense pour satisfaire le besoin de paraître et de surpasser les autres, alimenté par un autre sentiment coupable *la jalousie*.

Le *dégoût de la vie* un peu monotone de la famille qui porte : à la paresse dans le travail — à la négligence dans le devoir imposé, toujours renvoyé à plus tard, sous prétexte qu'il ne presse pas, ou fait avec lâcheté — *à l'humeur* facilement irascible — au *mécontentement* habituel et au murmure qui passe bientôt en habitude.

De là : désordre habituel dans la maison — souffrance dans l'âme et dans le cœur de ceux qu'on doit aimer et qui nous aiment — *insensibilité* qui détruit peu à peu le dévouement — *recherche au-dehors* des joies qu'on ne trouve plus au foyer.

II

La force apprend à *supporter sans se décourager :*

Les *peines* inhérentes à toute vie humaine et qu'on ne peut guère indiquer tant elles sont nombreuses et tant elles échappent à l'esprit qui voudrait les prévoir.

Les *fatigues physiques et morales*, résultat du travail déjà fait et qui a affaibli les forces et les facultés — du peu de santé — de l'âge et des infirmités.

Les *contrariétés* que font éprouver le temps, l'entourage, les événements imprévus, les malheurs inattendus.

Les *méchancetés* volontaires de ceux qui ne nous aiment pas, nous jalousent et aux projets desquels nous sommes un obstacle.

Les *travers de caractère* de ceux avec qui nous vivons : *nonchalance des uns — vivacité des autres, importunité, fadeurs, infirmités* de l'esprit, plus difficiles à supporter que celles du corps.

Nous ne parlons pas *des passions* qui nous font une guerre plus pénible, plus acharnée et qu'il faut combattre avec encore plus d'énergie et plus de suite.

III

La *force* apprend *à agir pour accomplir le devoir* quelles que soient les difficultés qu'il présente et les sacrifices qu'il exige.

Nous vous avons déjà parlé du *sacrifice* à propos du *dévouement*, laissez-nous encore vous indiquer quelques-uns de ceux qu'exigera, plus d'une fois, votre devoir :

Sacrifice de votre temps — qu'il faudra donner à ceux qui le demandent, à ceux le plus souvent qui le prennent pour des inutilités, alors qu'on en aurait besoin pour une affaire pressante.

Sacrifice de votre humeur qui se révoltera au fond de votre être et que vous devrez refouler, apaiser, garder au risque de souffrir beaucoup.

Sacrifice d'un travail commencé qu'il faudra interrompre au risque de ne pouvoir le continuer comme on aurait pu le faire.

Sacrifice de vos goûts pour accepter le goût des personnes qui ne vous sont point sympathiques.

Sacrifice de votre argent demandé de mille et mille manières, que vous ne pouvez refusez à cause de vos relations, et dont la privation est pour vous une véritable gêne.

III. *Moyens d'acquérir la force*

La *force* ne s'acquiert que pendant l'enfance et pendant l'adolescence. — Plus tard, l'habitude de la mollesse, de la lâcheté, du laisser aller, a pris le dessus.

La *force* ne s'acquiert que par l'*habitude de se renoncer dans les petites choses*; et ce renoncement *doit être imposé*, parce que ni l'enfant, ni l'adolescent ne sont capables de se l'imposer eux-mêmes. C'est, dans les maisons d'éducation, l'effet de ce qu'on appelle le *règlement*, c'est-à-dire l'organisation de ce qu'il faut faire à chaque heure et de la manière dont il faut le faire — règlement qui a tout prévu, qui a une sanction pour tous les manquements, qui s'impose à tous indistinctement, et auquel on ne peut déroger sans l'autorisation des maîtres.

Le règlement est le protecteur de la piété — le gardien des mœurs — la garantie des fortes études — l'inspirateur du bon esprit — le conservateur de la docilité, du respect, de l'affection même, — le maître, le dispensateur, le trésorier du temps.

Le règlement donne à l'enfant et à la jeune fille des habitudes sérieuses de travail, de régularité, d'ordre, de prévoyance, de fermeté, de persévérance.

C'est le règlement qui réforme le caractère, réprime l'humeur, les caprices, la sensualité, la mollesse, l'orgueil.

La jeune fille qui, au pensionnat, aura été soumise au règlement, non pas comme une esclave par crainte d'une punition, ni comme une hypocrite pour s'attirer des éloges, mais par amour pour Dieu, pour ses maîtresses, et par amour du devoir — cette jeune fille sera plus tard, dans sa famille, cette *femme forte* dont parle la Bible, femme à laquelle rien n'est comparable.

III. LA CONSCIENCE LUMIÈRE DE LA VOLONTÉ

1. *Nature de la conscience*

La volonté a besoin d'un guide et d'un soutien — Dieu lui a donné la conscience.

1. La conscience est une *lumière* placée au-dedans de nous qui nous montre ce que Dieu commande et ce que Dieu défend. — Les Saints l'ont appelée *l'œil de Dieu dans l'âme de l'homme.*

La conscience est *une voix* qui, à toute pensée qui traverse notre esprit et à tout sentiment qui impressionne notre cœur, nous dit : *C'est bien, c'est mal ; accueille, repousse.*

Voix, qui devient plus puissante et plus impérieuse quand notre volonté est sur le point d'écouter ou d'accepter ce qui est mal. Elle crie : *Arrête.*

Voix, qui prend quelque chose de la sévérité du juge qui condamne, quand notre volonté s'est laissé entraîner au mal. Elle crie : *Malheureuse, tu es coupable, tu seras punie !*

O mon enfant, ne fermez pas vos yeux à cette lumière ; ne fermez pas vos oreilles à cette voix.

2. *Ce que peut devenir la conscience*

1. Dieu a fait la conscience *droite*, c'est-à-dire en parfait accord avec la loi qu'il nous impose. La conscience indique toujours avec clarté où est le devoir et comment il faut le remplir ; et la volonté qui suit la conscience droite, s'éloigne de tout ce qui peut déplaire à Dieu.

A quelques âmes plus aimantes, et qui, par amour pour Dieu, sentent le besoin d'aller plus loin que *le devoir*, elle montre où est la perfection de ce devoir. — Heureuses ces âmes qui écoutent ce qu'elle leur dit !

2. Le démon essaie, et il réussit souvent, à troubler cette lumière divine qui nous montre le bien — à fausser cette voix qui nous dirige, et à entraîner la volonté loin de Dieu.

Le démon est un menteur, un hypocrite, un puissant fascinateur. Il ne dira pas à une âme pieusement élevée comme la votre : *Cette action est mauvaise, fais-là ; — cette occasion est dangereuse, va.*

Non ; il enveloppera le mal d'un semblant de jouissances permises, il montrera cette lecture, cette réunion comme simplement amusantes et sans dangers — et il trompera ainsi votre conscience.

Nous n'avons pas ici à indiquer ce que devient la conscience sous l'action du démon ; il nous suffit de donner des conseils pratiques pour que la volonté ne se laisse pas tromper elle-même et ne devienne pas *lâche, inquiète, scrupuleuse, troublée par le doute.*

1. *Soyez franche avec votre confesseur.*

Dites-lui simplement, mais généreusement tout ce qui se passe en vous ; — non seulement les fautes commises, mais les *occasions* de ces fautes, mais les *suites* de ces fautes, mais les *tendances* qui vous portent à aller au devant de ces occasions.

Dites-lui les inquiétudes qui vous viennent sur vos confessions précédentes.

Demandez-lui conseil sur les *livres* qu'on vous offre à lire et les *divertissements* auxquels on vous invite. — Le prêtre n'est pas l'ennemi de toute joie et de tout plaisir ; il ne défend que ce qui peut vous troubler ; et il *est juge*, bien plus sûr que vous, plus indépendant surtout.

Parlez-lui de ces *désirs vagues* qui passent en vous — de *cet avenir* qui se montre plus ou moins attrayant — de tout ce qui trouble ou dérange votre vie ordinaire.

2. *Soyez disposée* à faire tout ce qu'il vous commande, à vous interdire surtout tout ce qu'il vous défend.

Avec votre confesseur, *exposez, écoutez, expliquez — ne raisonnez pas*; soumettez-vous pleinement; essayez énergiquement ; et puis, rendez compte de vos répugnances, de vos efforts, de vos lâchetés, de vos succès, de vos insuccès.

C'est ainsi que votre conscience se conservera *droite,* et que votre volonté restera *forte*.

Et alors, Dieu se servira de vous et vous donnera *la paix* qu'il a promise aux *âmes de bonne volonté.*

IV. LE DEVOIR BUT DES EFFORTS DE LA VOLONTÉ

1. Le devoir, c'est tout ce qui est *dû* — tout ce qui nous a été imposé par Dieu, et par tous ceux qui, au nom de Dieu, ont autorité sur nous.

Le devoir, c'est ce qu'on ne peut négliger sans être coupable, et par conséquent sans pouvoir échapper à une punition plus ou moins sévère.

Le devoir, c'est ce qu'il y a au monde de plus grand, de plus saint, de plus honorable, de plus estimé, même pour ceux qui ne l'accomplissent pas.

A ce mot, se rattachent les mots qui expriment les pensées les plus hautes et les plus divines.

Voyez ; on dit :

L'amour du devoir — parce que le cœur doit aspirer à lui, s'attacher à lui, se sacrifier pour lui.

La religion et la sainteté du devoir — parce qu'il se confond avec Dieu, et que, faire son devoir, c'est s'unir à Dieu, c'est reconnaître la souveraineté de Dieu, c'est aimer Dieu de toute la puissance de son être.

L'esclave et le martyre du devoir — parce que le devoir est si grand, si beau, si nécessaire que pour le remplir, il faut porter son dévouement jusqu'à sacrifier ce qu'on a de plus cher, même sa vie.

Être un homme de devoir, une femme de devoir. C'est le plus grand éloge qu'on puisse faire de quelqu'un — et *la volonté* qui fait de l'homme une créature plus grande que toutes les créatures matérielles ne lui a été donnée que pour faire son devoir.

2. C'est à l'accomplissement des devoirs, qui vont se présenter à vous, à votre sortie du pensionnat,

que doivent tendre tous les efforts qu'on vous demande à cette heure.

Formez donc votre volonté par cette lutte quotidienne qui vous oblige au silence, à la régularité, au travail; formez-la à ces luttes plus terribles qu'elle devra livrer contre la lâcheté, contre l'attrait du plaisir, contre l'entraînement, contre la moquerie, contre l'abandon de Dieu, peut-être.

C'est cette obligation de faire tous les jours, presque à toutes les heures du jour, ce que vous appelez *vos devoirs* : une page à apprendre, un problème à résoudre, une question de grammaire ou de science dont il faut chercher la réponse — qui vous rendra facile les autres devoirs de la vie de famille et de la vie de société.

Comme vos maîtresses, à l'heure où vous vous séparerez d'elles, seraient rassurées sur votre avenir, si elles pouvaient dire de de chacune de vous : *Nous pouvons compter sur elle, ce sera une femme de devoir.*

ARTICLE QUATRIÈME

Formation de la vie de l'intelligence par le travail

I. NATURE ET VIE DE L'INTELLIGENCE

1. L'intelligence — dans son sens le plus étendu — est la faculté qui permet de voir, de comprendre,

de sentir, d'apprécier la nature, l'utilité, la vérité, la beauté, non seulement de ce qui frappe les sens mais aussi de ce qui n'est que du domaine de l'âme.

L'intelligence est *l'œil* qui peut voir au-dedans de nous tout ce monde intérieur que Dieu y a mis pour nous aider à aller à Lui, comme l'œil *matériel* peut voir au-dehors de nous tout ce que Dieu a créé et qui doit nous servir d'échelon pour monter jusqu'à Lui.

Or, au-dedans de nous, l'intelligence voit :

1° *L'âme*, connue par la conscience,
2° *Dieu*, entrevu par la raison.

Elle voit — sans pouvoir d'abord se rendre bien compte de leur nature, — trois abstractions vers lesquelles elle se sent portée :

    Le *Vrai*,
    Le *Bien*,
    Le *Beau*.

Et elle comprend que son devoir est :

    De chercher le vrai,
    De faire le bien,
    De concevoir, de goûter, d'exprimer le beau.

Heureuses les intelligences qui trouvent d'autres intelligences plus développées, se dévouant à leur venir en aide dans la connaissance et la pratique de ces devoirs.

Ces intelligences dévouées, vous les trouvez au Pensionnat, dans celles de vos maîtresses.

2. Le résultat de la vie de l'intelligence est *le savoir*, c'est-à-dire la connaissance non pas simplement théorique mais pratique de ce qui est utile pour remplir, dans toute son étendue, la mission que chacun de nous a reçue de Dieu.

Savoir! grande et magnifique chose! — *appliquer son savoir* à accomplir son devoir — à perfectionner sa vie — à diriger toutes ses facultés vers ce qui est vrai, ce qui est bon, ce qui est beau, ce qui est divin, chose plus grande et plus magnifique encore!

Savoir! — dans les limites tracées par l'expérience et le dévouement de celles qui vous dirigent — c'est pour vous, jeunes filles, une ressource et une garantie pour votre bonheur à venir.

Pourquoi telle femme est-elle dévorée *d'ennui?* C'est que, elle ne *sait rien*, rien de ce qui peut diriger, captiver son esprit, donner un but à sa vie, remplir ces heures souvent si longues d'une journée que ne remplit pas un travail matériel.

Pourquoi telle femme est-elle coquette, capricieuse, vaine? — C'est que elle *ne sait rien*, rien de ce qui lui ferait aimer son intérieur, lui ferait deviner ce qui peut être utile à sa famille et donner du charme à ces occupations que demandent l'ordre et l'agrément d'une maison.

Pourquoi, *le soir* l'entraîne-t-elle fatiguée ou même malade dans des fêtes qui lui pèsent? C'est que, elle ne *sait rien* ; c'est que on ne lui a donné, pendant sa jeunesse, aucune idée sérieuse qui pût la nourrir; c'est que le monde de l'intelligence lui est fermé... et que, entre elle et ceux avec qui elle doit passer sa vie, il y a comme une barrière : *l'ignorance ou la futilité.*

3. Nous n'avons pas ici à tracer, même à grandes lignes, *le plan de l'enseignement* suivi au pensionnat et qui donne à l'intelligence ce *savoir* qui entretient, développe, illumine la vie. — Nous dirons seulement d'une manière générale qu'il a pour objet :

1° L'étude de l'âme et de ses facultés.
2° L'étude de Dieu en lui-même — dans ses rapports avec nous — et dans nos rapports avec lui.
3° L'étude du *vrai* qui prend le nom de *logique*.
4° L'étude du *bien* qui prend le nom de *morale*.
5° L'étude du *beau* qui prend le nom d'*esthétique*.
6° L'étude enfin de nos rapports avec le monde extérieur — soit pour le connaître dans son histoire, dans ses travaux, dans ses découvertes — soit

pour profiter de ce que nous apprenons pour notre perfectionnement.

4. Le développement de la vie de l'intelligence, qui doit toujours avoir pour but la rectitude du jugement, a trois degrés :

>La grammaire,
>La littérature,
>La philosophie.

1. La *grammaire* a pour objet le langage élémentaire, les mots, leur valeur étymologique, leur sens modifié, leur origine, leur famille, les lois de leur association, l'influence qu'ils exercent les uns sur les autres et sur les nuances de la pensée.

Par la connaissance des mots, viennent peu à peu les idées.

Par l'étude des mots, de ce qu'ils sont en eux-mêmes, de ce qu'ils deviennent ou expriment selon la place qu'ils occupent, l'esprit prend l'habitude d'observer, de chercher, de distinguer ce qui est accessoire de ce qui est principal, de ne laisser rien sans l'examiner et par là, il s'accoutume à la réflexion.

2. La *littérature* apprend *à saisir* l'ensemble des éléments que la grammaire lui a livrés, logiquement unis et coordonnés.

A les *enchaîner* pour former un tout.

A *animer* ces lettres mortes en faisant passer en elles la vie de l'âme.

La littérature nous met en relation journalière avec ces esprits d'élite qui ont le secret de l'*élan* qui entraîne, de l'*harmonie* qui charme, de la *couleur* qui flatte, de la *force* qui relève, de tout ce qui saisit l'âme et la captive — et à leur contact, l'esprit s'habitue à penser, à sentir et à exprimer ses pensées et ses sentiments avec la même harmonie, la même élévation, la même force et le même charme.

3. La *philosophie* s'occupe de l'âme au double point de vue expérimental et rationnel.

Elle complète l'homme au point de vue intellectuel, moral, social.

Elle l'élève au-dessus des sens et du monde visible.

Elle le met en rapport avec le triple but de son activité le *vrai*, le *bien*, le *beau* que la littérature lui a montré, mais que la philosophie lui fait sentir plus vivement et dont elle lui montre les sources divines.

Elle lui apprend à se connaître et à développer ses facultés.

Elle lui dit sa nature, son origine, ses destinées; elle lui enseigne ses devoirs et ses droits — l'habitue à penser par lui-même, à juger, à raisonner juste, à s'affranchir des préjugés et des passions, à ne pas se contenter de mots, mais à exiger toujours des *raisons* pour croire et pour agir.

Elle lui fait acquérir la perspicacité d'esprit, la finesse d'observation, l'ampleur des vues ; lui fait, en un mot, connaître la vérité, aimer la vérité, le fait vivre selon la vérité.

« La philosophie, dit Mgr Dadolle, est une *clef* qui ouvre tout, mais par dessus tout qui ouvre *l'esprit* lui-même, lui donne une méthode pour arriver à la vérité.

Et par la pratique de cette méthode :

La *raison* apprend à se séparer des impressions,

Le *jugement* apprend à voir les choses dans leur rapport avec la vérité, avec la justice, avec la miséricorde. »

II. MOYENS DE DÉVELOPPER LA VIE DE L'INTELLIGENCE

La vie de l'intelligence se développe en général par quatre moyens :

   Le travail,
   La réflexion et l'attention,
   Le conseil,
   La méthode.

Le *travail* réunit les matériaux qui sont l'objet des connaissances que nous devons acquérir.

La *réflexion* discerne ces matériaux, les apprécie, les prépare à produire les effets que nous attendons.

Le *conseil* éclaire et dirige le travail et la réflexion. Il met au service de l'intelligence, encore novice, cette grande maîtresse de la sagesse qui a nom *l'expérience*, et empêche les efforts ou de rester stériles ou de s'égarer.

La *méthode* va du connu à l'inconnu, soutient le travail, fortifie l'attention, est comme le fil conducteur qui empêche de se tromper.

1° *Le travail*

Le travail est l'agent nécessaire de tout succès ; sans lui, le génie même, ne peut rien de stable, rien d'utile — sans lui, la vie est triste, désordonnée, habituellement coupable, et l'espérance que faisait naître l'œil ouvert et la physionomie si vivante, si spirituelle de l'enfant et de la jeune fille, se change — par la lâcheté, par la paresse, par l'oisiveté, par la futilité — en déceptions amères.

1. Tous ceux qui ont acquis quelque réputation littéraire ou artistique ou qui ont dominé leur siècle — toutes les femmes qui, sous un autre rapport moins brillant peut-être mais non moins utile, ont soutenu leur famille — relevé leur maison — réparé des ruines morales — qui ont été la Providence des

pauvres, des orphelins, et l'appui des œuvres catholiques — tous n'en sont venus là qu'après avoir cultivé *infatigablement* les dons naturels que Dieu leur avait faits.

Dieu ne demande pas de la jeune fille et de la femme dans le monde, quelle que soit sa position, *un travail héroïque.* Dieu demande de vous toutes, *l'emploi de toutes vos heures, l'application de votre esprit à vous initier aux connaissances qui doivent vous être utiles et auxquelles on vous initie au pensionnat : connaissances littéraires, connaissances historiques, connaissances des travaux manuels.*

Dieu demande que, pendant votre éducation, vous preniez cette *sainte habitude du travail* qui sera pour vous *la sauvegarde de votre vertu, du bien-être de votre famille, de la paix et de la joie de votre conscience* — qui entretiendra votre bonne humeur et qui vous donnera, plus que vous ne le supposez, des loisirs pour égayer votre famille.

2. « Dieu nous a imposé de bien rudes épreuves sur cette terre, dit Legouvé, mais *il a créé le travail, et... tout est compensé.*

« Les larmes les plus amères tarissent, grâce à lui — consolateur sérieux, il promet toujours moins qu'il ne donne — plaisir sans pareil, il est encore le sel des autres plaisirs.

« Tout nous abandonne, et lui est toujours là ; les profondes jouissances qu'il procure ont toujours le calme des plaisirs de la conscience.

« Est-ce en dire assez ? Non, car à ces privilèges du travail, il faut en ajouter un dernier, plus grand encore, c'est qu'*il est comme le soleil : Dieu l'a fait pour tout le monde.* »

3. Bénissez vos maîtresses, enfants, non pas seulement de vous rendre instruites et même savantes et de faire de vous des causeuses agréables — mais surtout de vous imposer un travail de toutes les heures, de vous forcer à ce travail — de vous inspirer peu à peu *l'amour du travail*.

Qu'importe qu'il s'appelle, aux jours de votre éducation, leçons à apprendre, devoirs à écrire, problèmes à résoudre, composition à créer, couture à faire — ce travail, *forcé* aux premières heures, deviendra *un besoin*, un bonheur, une sauvegarde pour vous.

Monseigneur Dupanloup dit qu'il a vu tomber des âmes splendides, très nobles et très élevées. L'isolement du cœur et le désœuvrement de l'esprit sont, d'après lui, les causes de ces chutes lamentables ; le travail eut sauvé ces âmes, d'elles-mêmes et de la tentation.

4. Travaillez donc, le travail
Sanctifiera votre vie,
Embellira votre vie,
Utilisera votre vie.

« La piété seule ne m'eut pas sauvée, disait une femme racontant les peines de sa vie — mais j'avais appris à goûter *les charmes de l'étude;* je m'y suis absorbée. Aux travaux d'aiguille je joignais le travail intellectuel, car l'aiguille me laissait trop à moi-même. Dans l'étude, je renouvelais mon courage ; j'y ai puisé des jouissances très nobles, j'y ai appris ce que vaut notre âme, ce que vaut le sacrifice, et je suis restée victorieuse. »

Les *livres* qui ont maintenu cette âme dans le devoir et dans la paix, dont elle nourrissait son esprit, qu'elle méditait en silence, qu'elle analysait et dont elle savait extraire et classer ce qui allait plus intimement et plus complètement aux préoccupations ou aux besoins du moment, étaient de ceux dont La Bruyère a dit : *Quand une lecture vous élève l'esprit — vous inspire des sentiments nobles et courageux, ne cherchez pas une autre règle pour juger de l'ouvrage : Il est bon.*

Elle lisait pour s'instruire — pour se perfectionner — pour se consoler — pour se rapprocher de Dieu — pour donner à son âme plus d'élévation et de force — pour mieux comprendre l'obligation de faire tout son devoir.

2° La réflexion et l'attention

1. La réflexion est l'acte par lequel l'esprit, se repliant sur lui-même et s'isolant des choses extérieures, *voit, regarde, étudie* ce qui se passe en lui.

La réflexion est la condition sans laquelle tout travail est à peu près inutile. Elle féconde le travail, elle le complète, elle lui fait produire des fruits durables.

Travailler n'est pas s'agiter, se hâter ; travailler, c'est d'abord avoir un but, — c'est diriger toutes ses pensées vers ce but, tous ses efforts pour atteindre ce but, et la réflexion est le seul moyen d'agir ainsi.

La réflexion est rare parce qu'elle demande du calme, de la paix, de la constance et que nous vivons dans une espèce de fièvre. A peine le travail commencé, nous ne nous demandons pas : *comment vais-je le faire*, mais nous nous demandons : *quand l'aurai-je fini ?*

2. La réflexion produit l'attention.

L'attention est *l'application de l'esprit à un objet quelconque.* Pour bien penser, bien comprendre, bien agir, il faut avant toutes choses savoir être attentif. « La hache ne coupe point, dit Balmès, si elle n'est appliquée à l'arbre ; la faucille est inutile aux mains du moissonneur si elle n'atteint pas les épis. »

Résultats de l'attention

1. L'attention *multiplie les forces de l'esprit et le rend fécond*. — Le sujet le plus aride lorsqu'on l'a médité fait germer des pensées qui étonnent, et on a pu dire avec raison que l'attention était sinon la source au moins la compagne du génie. La plupart des découvertes lui sont dues ; ainsi c'est l'attention sur l'effet produit par deux verres rapprochés qui a conduit Galilée à découvrir le télescope ; c'est par l'observation d'une pomme tombant à terre que Newton a trouvé la loi de la gravitation.

2. L'attention rend les idées distinctes, précises, claires et nous permet de démêler dans les choses une foule de propriétés qui échappent à une vue distraite — c'est ainsi que l'on voit sans regarder, que l'on écoute sans entendre. Ce qui nous manque pour comprendre, c'est moins l'intelligence suffisante, qu'une suffisante application de notre esprit, c'est-à-dire l'attention.

3. L'attention rend la conduite plus régulière et épargne dans la vie beaucoup de peines et beaucoup de déceptions. Le manque d'attention appliqué à l'intelligence prend le nom de *distractions*, appliqué à la conduite, il prend le nom *d'étourderie*, et c'est

à ce manque d'attention que sont dues la plupart des erreurs et des bévues qui nous rendent ridicules et souvent coupables. L'habitude de ne prêter aux choses qu'une *demi attention* donne à l'esprit une certaine mobilité qui l'empêche de se fixer et par conséquent de savoir. Papillon brillant, il effleure tout, il voit tout, il comprend vaguement tout, mais ne possède rien.

Moyens de fortifier l'attention

1. Le premier moyen de fortifier l'attention, c'est *de le vouloir*, mais énergiquement, avec persévérance, obstination, confiance du succès ; de là, ce proverbe que, seules, les âmes lâches et sans énergie rejettent et nient : *Qui veut peut.*

Mais pour vouloir avec cette énergie qui force l'esprit à s'appliquer à un devoir souvent difficile, il faut *aimer ce devoir ;* ou, plus pratiquement, aimer celui ou ceux qui commandent le devoir, ou pour qui le devoir sera agréable ou utile. Quand on sait dire : *Dieu veut que je m'applique, ma mère veut que je m'applique,* l'application sera pénible peut-être mais elle sera réelle et toujours suivie de succès.

2. Le second moyen de fortifier l'attention, c'est *l'exercice.*

Il faut *s'isoler* de tout ce qui peut distraire. Rester par exemple, sur la *leçon* qu'on étudie ou sur la *pensée* qu'on doit comprendre et développer, jusqu'à ce que on puisse dire : *je sais, je vois.*

Il faut avoir des moments de travail, fixés régulièrement selon l'âge, les aptitudes, sans exagération de longueur pour le temps : une application trop longue énerve et décourage.

Il faut ne pas se décourager d'un insuccès, mais après un intervalle de repos plus ou moins long — le même jour ou le lendemain, — reprendre le travail de la veille ou du matin, en se disant : *je vais réussir.*

Il faut ne jamais abandonner un travail entrepris sous la direction et sur l'ordre de ceux qui sont chargés de nous instruire. S'ils nous l'ont imposé c'est qu'ils nous jugent capables de le faire.

Le point essentiel pour fortifier l'attention est de *n'avoir en vue qu'une chose à la fois et la chose qu'on a à faire à l'heure présente.*

Les femmes, a écrit Montaigne, ont bien l'esprit *plein sautier* c'est-à-dire qu'elles aperçoivent de *plein saut*, d'une manière vive et prompte, sans qu'il leur en coûte aucun effort de raisonnement, ce qu'il faut voir dans chaque chose — mais cette promptitude de l'esprit les expose à bon nombre de déceptions, de bévues, d'erreurs, et elles ont besoin, nous ne dirons pas de se méfier de leur première impression, mais de *la regarder avec calme.*

La réflexion dans les travaux de l'intelligence accoutume à la réflexion dans la conduite.

3° *Le conseil*

Le conseil c'est la parole d'un maître expérimenté et dévoué qui a pris à cœur de développer votre intelligence, comme il s'est appliqué à sanctifier votre âme, à fortifier votre volonté et à diriger les affections de votre cœur.

Cette parole claire, précise, calme, vous indique ce que vous avez à faire et comment vous devez faire.

Elle éveille votre application, l'excite, l'anime, l'encourage.

Elle est toujours prête à répondre à vos questions et à vous venir en aide pour résoudre vos difficultés.

Elle indique, dans votre travail fini, *ce qui est incomplet — ce qui est défectueux — ce qui est mauvais — ce qui est bon — ce qui peut facilement devenir meilleur.*

Elle vous donne sur chacune des remarques qu'elle a faites, en revoyant votre travail, des avis pour corriger, pour retrancher, pour recommencer, pour améliorer.

Ne sentez-vous pas que le conseil d'un maître est le moyen le plus utile :

Pour apprendre à travailler,

Pour apprendre à réfléchir,

Pour orner votre intelligence et la fortifier,

Pour vous donner le goût de l'étude, de la vie sérieuse et vous former à la mission à laquelle Dieu vous destine?

Soyez donc dociles à écouter — à suivre les avis qu'on vous donne — à recommencer le même travail autant de fois qu'on le désirera.

4° *La méthode*

La méthode, c'est-à-dire l'ordre, la suite, la constance dans la manière d'étudier en général, d'apprendre en particulier la langue française, les langues vivantes — l'histoire — les sciences — la manière d'exprimer sa pensée, est indispensable pour la formation de l'intelligence.

Le manque de méthode, le manque de constance dans une méthode reconnue utile, la routine aussi dans une méthode qui a été bonne mais qui a vieilli — sont funestes à l'étude et au perfectionnement.

Vous n'avez pas, au pensionnat, à vous préoccuper de la méthode suivie par vos maîtresses dans leur enseignement. Elles savent, nous l'avons dit, ne pas rester *stationnaires ;* et tout ce qui leur paraît utile dans les conseils pédagogiques donnés, et dans les essais qu'indiquent les publications les plus récentes, est étudié, soumis à un examen sérieux, modifié selon l'âge, la classe, le milieu, essayé et adopté en tout ou en partie, selon que leur expérience et le désir de bien faire leur en montre l'opportunité.

III. RÈGLES POUR DÉVELOPPER ET FORTIFIER LA VIE DE L'INTELLIGENCE

Six règles qui peuvent s'appliquer non seulement *au travail*, mais aussi à toutes les actions de la vie.

Première règle

Travailler paisiblement et posément

1. C'est travailler sans préoccupation — sans crainte exagérée de ne pas savoir faire ou de mal faire — sans trouble mais avec la pensée qu'on va bien faire et qu'on réussira.

C'est travailler sous le regard de Dieu, témoin, soutien, protecteur de notre volonté et de nos actes.

C'est travailler sous l'inspiration et l'aide de Dieu qui, agissant lui-même *suavement et fortement*, nous donne ces deux paroles comme règle de conduite — Dieu c'est *la lumière* qui éclaire ; c'est *la force* qui vient en aide ; c'est *le soutien* qui rassure et empêche le découragement.

2. Travailler paisiblement et posément, c'est permettre aux idées trouvées ou acquises de s'insinuer dans l'âme, d'y mûrir, de se développer... cette maturité, ce développement se font dans la paix.

Ce n'est pas ce qu'on mange qui nourrit, c'est ce qu'on digère paisiblement et posément.

3. Travailler paisiblement, posément, c'est *voir mieux* ce qu'il y a à faire — comment il faut le faire — les manquements qui se produisent — les moyens de réparer ces manquements.

C'est faire plus complètement — réparer plus facilement — venir en aide aux autres plus aisément.

C'est pouvoir travailler plus longtemps.

C'est surtout trouver plus de charme au travail que l'on fait.

4. Pour travailler paisiblement et posément — il faut se préparer au travail par une *minute de recueillement* avant d'agir.

Par *la lecture* — si c'est possible — d'une pensée qui rassérène, élève, fortifie, isole, réjouit, monte à Dieu.

Par *l'ordre matériel* autour de soi — cet ordre matériel a une influence immense pour le calme de l'esprit.

Deuxième règle

Travailler lentement

1. Travailler lentement n'est pas agir avec nonchalance, lâcheté ; c'est le résultat de la première règle *travailler paisiblement*.

C'est, travailler sans précipitation, — sans vouloir trop tôt finir — sans vouloir tout faire à la fois — sans commencer un nouveau travail avant d'avoir fini celui qui est commencé ou la partie de ce travail qu'on s'est fixée.

2. C'est travailler sans brusquerie quand on doit s'interrompre, sans ardeur fébrile pour reprendre le travail. Les anciens disaient : *Brin à brin, se fait le nid — ligne à ligne, se fait la page — pas à pas, se fait le chemin.*

3. C'est travailler avec réflexion — n'acceptant pas, si on écrit, la première pensée qui se présente, mais examinant si elle se rapporte à ce qu'on doit faire — ne laissant aucune *preuve* sans en comprendre la portée — aucun *mot* sans en pénétrer le sens — aucun *fait* sans en chercher les causes et en tirer les conséquences.

4. C'est travailler avec un peu de minutie qui sans exagération *soigne* tout, *finit* tout, *perfectionne* tout, s'applique aux détails comme à l'ensemble.

5. Travailler lentement est coupable, diminuant la somme du travail obligatoire, si cette lenteur est le résultat :

Du découragement qui vient du manque d'attrait dans le travail.

De l'absence d'une certaine jouissance qu'on attendait et qui fait défaut — ou de l'amour-propre qui craint de ne pas être encouragé et flatté.

D'un calcul exagéré des difficultés qui se présentent — du désir de trop bien faire qui laisse inactif ou rêveur : *qui examine trop, ne fait rien.*

6. Travailler lentement n'est pas coupable alors même que cette lenteur diminuerait la somme de travail, si elle est le résultat *d'obstacles* voulus par Dieu pour arrêter notre activité naturelle et contre lesquels nous sommes impuissants : C'est un *dérangement inattendu, c'est une fatigue qui survient, c'est le manque d'un élément essentiel à notre travail.* — Savoir suspendre son travail, savoir l'interrompre sans mauvaise humeur, savoir le reprendre sans dépit, est la marque d'un esprit qui se possède et qui est capable de grandes choses.

Troisième règle

Travailler sans bruit

Ce mot répond à l'axiome de saint François de Sales : *Le bruit ne fait pas de bien ; le bien ne fait pas de bruit.*

1. Travailler sans bruit, c'est agir sans parade de ce qu'on fait, de ce qu'on a fait, de ce qu'on veut faire. On connaît le proverbe : *Le sot dit tout ce qu'il fait — le vaniteux tout ce qu'il a fait — le fou tout ce qu'il veut faire — le sage se tient sur la réserve ; il fait plus qu'il ne dit.* — C'est travailler sans ce sentiment de vanité qui veut être vu de tous et semble exiger que tout le monde connaisse et applaudisse l'œuvre entreprise.

2. Travailler sans bruit, c'est agir, *dans le silence intérieur* de l'esprit, du cœur, de l'imagination, qui éloigne doucement toute pensée étrangère au travail et même tout désir — serait-il bon — qui détournerait du devoir présent.

Les anciens disaient que les *Muses aimaient la solitude*. Ce *sans bruit* est le résultat du travail fait paisiblement. Travailler ainsi, c'est faire comme l'abeille dans sa ruche, ajoutant sans cesse, heure à heure, au trésor qu'elle amasse pour elle et pour les autres.

3. Travailler sans bruit n'exclut pas :

La satisfaction personnelle et la conviction d'avoir bien fait ; joie légitime et première récompense d'un travail assidu fait sous le regard de Dieu.

La recherche simple *d'un éloge* qu'on croit mérité et qui, pour le travailleur, est un encouragement à mieux faire. La parole encourageante d'un maître ou d'un ami, la satisfaction qu'ils nous montrent l'un et l'autre, à la vue de notre œuvre, l'appréciation d'un public intelligent, sont une des plus douces jouissances.

Quatrième règle

Travailler énergiquement

1. Travailler énergiquement c'est travailler *avec activité* : commencer dès que l'heure est venue, et se mettre résolument à l'œuvre — ce qui suppose un travail *indiqué, préparé, ordonné*, et que les éléments du travail sont à la portée de la main ou de l'intelligence. Rien ne ralentit l'activité et l'énergie comme la nécessité de se demander : *Que vais-je faire?* ou la nécessité de chercher ce qu'il faut pour se mettre à l'œuvre. Donc, *de l'ordre autour de soi, chaque chose à sa place.*

2. Travailler énergiquement, c'est travailler *avec constance* : ne pas laisser un travail commencé par crainte de ne pouvoir réussir — le reprendre sans retard après une interruption forcée. La persévérance est plus difficile que l'entreprise ; elle est surtout plus glorieuse.

3. Travailler énergiquement, c'est travailler *avec ténacité* malgré les obstacles, les insuccès, les critiques. Se rappeler ces axiomes : *Un travail vaut ce qu'il a coûté. — C'est la fin qui couronne l'œuvre.*

C'est aussi travailler avec le désir de *savoir*, de *connaître*, de *comprendre*. Les personnes les moins curieuses d'apprendre sont d'ordinaire celles qui ne savent rien. Elles ne sont pas plus sensibles aux lumières de l'esprit que l'aveugle n'est sensible à la lumière du soleil.

4. Travailler énergiquement, c'est travailler *avec générosité*, se sentir heureux d'avoir à vaincre quelques difficultés, de pouvoir, comme le disait un Saint : *Aimer Dieu à la sueur de son front.*

5. Travailler énergiquement, c'est travailler avec espérance de succès : on travaille par ordre de Dieu — on travaille pour Dieu — on travaille avec Dieu — Dieu a toujours le dernier mot de tout.

Cinquième règle

Travailler joyeusement

1. Travailler joyeusement — les anciens disaient *allègrement*, — c'est travailler le cœur épanoui — l'esprit ouvert — l'être tout entier animé par cette parole intérieure: *je veux, je sais, je puis*, — convaincu de l'assistance et de la récompense de Dieu — ne s'occupant que secondairement de l'approbation des autres, la désirant sans doute et l'acceptant, mais l'acceptant comme un encouragement divin.

2. La joie ouvre l'intelligence et fortifie la volonté. — Elle produit sur ces facultés ce que produit le rayon de soleil sur les fleurs, le rayon de soleil les redresse, les épanouit, les rend fermes.

3. La joie allège la fatigue, — chasse l'ennui, — prévient le dégoût.

4. La joie est comme l'atmosphère sereine et lumineuse au milieu de laquelle la plante *vit plus à son aise.* — Cette atmosphère, c'est, pour l'âme chrétienne, la sainteté de Dieu, la bonté de Dieu, l'intelligence de Dieu, dans laquelle elle vit, qui l'entoure, la pénètre, lui fait éprouver quelque chose de ce qu'éprouvent les anges dans le ciel.

Sixième règle

Travailler divinement et affectueusement

1. Travailler *divinement*, c'est la conséquence de ce que nous avons dit. C'est travailler sous le regard de Dieu, par ordre de Dieu — avec soumission à Dieu — avec la certitude que nous faisons plaisir à Dieu et que notre travail, quel que soit son peu de valeur et l'oubli dans lequel il sera laissé, servira en quelque manière à la gloire de Dieu. Pas un brin d'herbe, pas un insecte à peine perceptible, pas un atome de poussière dont Dieu ne veuille et ne sache se servir. Il aura la bonté, ce Dieu si bon, de ne pas laisser inutile le résultat de notre labeur.

2. Travailler *affectueusement*, c'est travailler avec bonheur, c'est aimer son travail. Le travail fait sans amour ne sera jamais un travail fait, ni avec joie, ni avec paix, ni avec énergie, ni avec utilité.

Or, le travail ne peut être aimé qu'autant qu'il est inspiré et soutenu par la pensée et par le désir de faire plaisir à ceux qu'on aime : *au bon Dieu, à sa famille*, et par la conviction qu'on leur fait plaisir. L'ambition de réussir et de s'élever au-dessus des autres peut être un stimulant pour le travail, mais elle ne donne ni la paix ni la joie.

IV. EFFETS DE L'AMOUR DU TRAVAIL SUR L'INTELLIGENCE

L'amour du travail nous l'avons dit, produit *le savoir*.

Or, le savoir, acquis à l'aide de la sagesse et de la prudence qui l'ont mesuré en vue de la mission à remplir, c'est la fécondité, c'est l'embellissement, c'est le rayonnement de l'intelligence.

C'est, pour l'intelligence ce qu'est, pour un terrain préparé, une semence choisie, jetée avec précaution, soignée dans sa floraison et parvenue à l'heure où elle porte des fruits — fruits qui nourrissent, fruits qui réjouissent, fruits qui font la richesse de la famille.

Le savoir :
1. Rend l'esprit :
Clairvoyant pour débrouiller les affaires.
Prudent pour agir.
Sage pour ne se décider qu'après avoir tout pesé.
Il le féconde, lui permettant :
De *voir* plus loin et plus haut que les esprits moins cultivés.
De *créer* quelquefois et d'exprimer ses créations avec une grâce, un charme, une force qui attirent et qui captivent.
De servir de guide, de conseil, de soutien aux autres et de leur procurer de douces jouissances.

2. Le savoir enrichit l'esprit :
De toute l'expérience des autres.
De toutes les connaissances des autres.
De toutes les richesses intellectuelles des autres.

Il met l'intelligence de chacun en rapport et en communication d'idées avec les intelligences les plus élevées et les plus éclairées.

3. Le savoir embellit l'esprit, l'ornant de connaissances qui sont pour l'imagination et pour le goût :
Ce qu'est la lumière pour la nature.
Ce qu'est l'harmonie pour la parole.
Ce qu'est la saveur pour le goût physique.
Il l'élève, lui apprenant :
A réfléchir et à goûter ce qui est grand, ce qui est beau, ce qui est délicat.
A mépriser et à repousser ce qui est bas et ce qui est frivole.

4. Le savoir est même une direction pour *la dévotion* à laquelle il donne une forme plus précise, plus soumise aux lois de l'Eglise, plus en harmonie avec le milieu dans lequel on vit, et permet ainsi de remplir, avec plus de succès, la mission d'un apôtre.

5. Il est un frein pour l'imagination qu'il sait régler et à qui il montre jusqu'où elle pourrait être

entraînée. — Une sauvegarde aussi pour le cœur, qu'il retient sous le joug du devoir par la crainte du mal auquel il s'exposerait, et qu'il lui montre dans toutes ses conséquences.

6. Le savoir est une joie pour la famille. Ce qui répand le plus de charme sur l'intimité dans un ménage, c'est *la culture de l'esprit.* « Je ne demande pas à la femme des connaissances profondes et spéciales, dit P. Janet, mais une disposition générale à comprendre et à admirer. Elle n'a pas à prendre partie pour telle ou telle théorie littéraire, mais elle ne doit pas rester insensible devant un monument ou un beau tableau. Elle doit pouvoir lire Mme de Sévigné sans s'ennuyer et écouter une tragédie de Racine sans s'endormir. »

Ce tableau a quelque chose qui éblouit et effraie presque à première vue. C'est comme un *idéal* à peu près impossible à réaliser.

Certes, vos maîtresses n'aspirent pas à donner à chacune de vous cette étendue, cette puissance, cet éclat de l'intelligence. Le résultat qu'elles se proposent et qu'elles ont l'espérance fondée d'obtenir :

C'est — d'une part — de vous donner un certain fonds de connaissances peu étendues encore, peu profondes aux jours de votre éducation, mais solides et sérieuses.

C'est — d'autre part — de vous donner l'habitude, le goût, le désir d'entretenir, de développer, de compléter plus tard ce fonds par le travail.

Leur but n'est pas de parer votre esprit et de le rendre brillant mais surtout de le rendre *ferme et droit* et de lui apprendre à enchaîner ses idées avec ordre — d'éveiller en votre âme un goût pur et vif pour tout ce qui est beau — d'aller au fond des choses — de juger, non pas d'après les apparences, mais d'après la lumière que vous a donnée la foi.

Leur but est de former et de développer en vous *le bon sens*, ce bon sens que Bossuet appelle si bien *le mérite de la vie humaine* et qui consiste, avant tout, à être bien pourvu des notions nécessaires à la position qu'on occupe. *Le bon sens* peut en quelque sorte, suppléer aux autres facultés, il peut remplacer tous les avantages extérieurs et ne peut être remplacé lui-même. *L'esprit qui brille*, dit Joubert, *consiste à avoir beaucoup de pensées inutiles.* — *Il n'est*, ajoute Balmés, *que la contrefaçon du bon sens.*

Les moyens qu'on emploie au pensionnat pour former et diriger votre esprit, ne les dédaignez pas pendant le reste de votre vie ; ils auront toujours la même puissance soit pour compléter votre instruction, soit pour vous aider à donner à d'autres la direction qu'on vous a donnée à vous-mêmes.

V. INDICATION DES TRAVAUX QUI FORMENT ET DÉVELOPPENT LA VIE DE L'INTELLIGENCE

Le travail qui forme et développe l'intelligence, c'est :

1° *L'observation.*
2° *La lecture.*
3° *La culture de la mémoire.*
4° *La formation du jugement.*
5° *La direction de l'imagination.*
6° *Le développement du goût.*
7° *La composition*, qui est en quelque sorte la mise en action des conseils reçus.

1° *L'observation*

L'observation est l'obligation qu'on vous impose dès vos premières années, de ne rien voir — *ni à demi, ni superficiellement* — de tout ce qui peut être pour vous de quelque utilité ou de quelque agrément.

C'est la mise en action de l'*attention* et de la *réflexion* dont nous avons parlé.

Les idées ne viennent pas d'elles-mêmes à l'esprit; il faut lui apprendre *à les trouver.* Encore moins prennent-elles toutes seules l'ordre et la forme qu'elles doivent avoir; il faut apprendre à les exprimer avec clarté, avec élégance, à les classer, en un mot *à composer.*

I. L'observation est le moyen de trouver des idées. — Elle doit se porter :

1. Au-dehors de nous : sur *les êtres matériels* qui se présentent, essayant de connaître, par nous-mêmes, ou demandant aux maîtresses, leur *nature*, leur *forme*, leur *couleur*, leur *mouvement*, leur *origine*, leur *utilité*.

Tout ce qui nous entoure peut et doit être *observé*, c'est-à-dire, vu avec attention curieuse et désir de connaître ; puis redit, raconté et écrit quand c'est possible.

Rien de charmant et d'utile comme un *voyage de découvertes autour d'une classe — dans un bureau d'écolière — le long d'une rue — à travers les vitrines d'un magasin — en feuilletant un livre d'images...*

Nous sommes tous curieux par nature ; oh ! qu'il est bon de donner un aliment à cette curiosité sous la direction d'une personne instruite et complaisante ! — C'est ce qu'on appelle, aux premières années de l'éducation, des *leçons de chose*.

2. Au-dedans de nous : sur *les impressions que nous éprouvons* — étudiant, à l'aide des maîtresses, ce qui se passe en nous après une bonne ou après une mauvaise action — quand nous avons agi loin de tout regard, ou sous les regards d'un témoin — quand on nous loue ou qu'on nous réprimande —

quand nous voyons souffrir un être malheureux ou que nous sommes témoins d'une bonne action — quand nous sommes sous l'empire de la peur, de la joie, de la tristesse ou d'une lecture qui nous a émus — quand nous recevons une visite qui nous plaît ou qui est désagréable — quand nous entrons dans une église pour prier, que nous sommes devant une image de Notre Seigneur ou de la sainte Vierge — quand nous avons lu ou entendu un fait historique.

3. Autour de nous : *sur ceux qui nous entourent*, nous rendant compte de l'impression produite sur eux et sur nous par leurs *actes de vertu*, par *leurs défauts*, par *leurs travers*.

II. L'observation devient d'autant plus habituelle et d'autant plus pratique, qu'elle est excitée par *les questions* qui sont faites journellement en classe et même en récréation — excitée encore et peut-être plus utilement, par *les questions* que les maîtresses exigent de vous et auxquelles elles répondent toujours avec précision et avec clarté pour vous accoutumer à répondre vous-même de la même manière.

Le savoir des premières années se mesure par le nombre des *pourquoi* et des *parce que*, faits tour à tour par les maîtresses et par les élèves.

C'est par l'habitude de l'observation que les maîtres de la littérature ont pu, dans la maturité de leur talent, produire des œuvres remarquables. Les *caractères* de La Bruyère, les *descriptions* de Chateaubriand, le *journal* d'Eugénie de Guérin, les *fables* de Lafontaine, pour n'indiquer que les livres qui vous sont familiers, sont le résultat de *l'esprit d'observation*.

2° La lecture

La lecture n'est que l'observation de ce que les autres ont vu, observé eux-mêmes, recueilli avant nous — et de la manière dont ils nous ont présenté les trésors amassés.

I. La lecture — aux premières années — n'a rien de bien attrayant par elle-même; elle demande des efforts que l'enfant ne peut faire qu'avec le secours à peu près continuel d'une maîtresse intelligente, patiente, dévouée.

1. La lecture n'est pas seulement la connaissance des signes qui composent l'alphabet, elle est surtout la *connaissance de ce que représentent les mots*: leur sens, leur nature, leur étendue.

Les mots ont une vie, une histoire, une famille.

Un *nom* éveille une idée, représente un être à l'esprit.

Un *verbe* éveille une action.

Un *adjectif* éveille une idée complétant une première idée, la développant, la modifiant et la faisant paraître sous différents aspects.

2. Après les mots, viennent les *phrases* qu'il faut examiner au point de vue grammatical, au point de vue logique, et qui peuvent être modifiées selon la place d'un mot, la substitution d'un mot, la propriété d'un mot.

3. Après les phrases, vient l'étude *des pensées* qu'il faut examiner au point de vue de *l'enchaînement des idées*, — des rapports qu'ont entre elles les différentes idées qui les composent, — de la clarté et de l'harmonie avec lesquelles les mots les expriment, — de leur force et de leur richesse.

Ces exercices qui se font avec suite et avec méthode, aux premières années, et que nous ne pouvons qu'indiquer, forment lentement mais progressivement et sûrement l'esprit à voir, à comprendre, à se rendre compte, à s'enrichir, à produire ensuite avec facilité.

II. La lecture est pour l'intelligence, à mesure qu'elle se développe, un élément précieux pour la formation de l'esprit, la formation du cœur et la formation du goût.

Elle éclaire l'esprit en lui montrant *le vrai*, par degrés d'abord, puis peu à peu, dans toute sa splendeur.

Elle forme le cœur en le portant *au bien*, faisant passer, lentement devant lui, la longue suite des actions généreuses qui ont jeté sur les siècles, leur éclat bienfaisant.

Elle épure le goût par le spectacle *du beau* qu'elle lui présente dans des tableaux pleins d'harmonie, pleins de suavité, qu'elle sait varier, de manière à ne lasser jamais.

La parole est sans doute le premier élément de l'instruction ; c'est elle qui apporte les premières clartés dans l'esprit, mais quelque autorité que reçoive la parole ou du caractère de celui qui la prononce ou de la gravité des circonstances dans lesquelles elle est prononcée, elle n'a jamais *l'influence de la lecture.*

Le *livre* est moins ardent c'est vrai, moins incisif, moins mouvementé, moins impressionnant au premier abord, mais il est plus insinuant, plus pénétrant, mettant, non seulement pendant quelques minutes, mais pendant de longues heures et dans un recueillement profond, l'âme de l'écrivain en communication avec notre âme, — nous offrant la facilité de relire ce qui nous a attiré, charmé, captivé, impressionné.

III. Nous n'avons pas à vous donner, pendant votre pensionnat, des conseils pour les livres que vous devez lire ; la direction sage et éclairée de vos maîtresses est là pour vous guider. et, tout en faisant large la part que réclame votre imagination, pour vous donner le goût des *lectures sérieuses*.

Elles sauront bien vous redire ces paroles de Mme de Sévigné à sa fille Pauline : *Je vous conjure de ne pas tant tourner votre esprit du côté des choses frivoles, que vous n'en conserviez pour les solides et pour les histoires ; autrement votre goût aurait des pâles couleurs.*

Elles vous diront que cette femme si spirituelle était heureuse de relire Bossuet, Bourdaloue, Nicole... et ajoutait : *Il ne faut point dire : oh ! cela est vieux ! — non, cela n'est point vieux ; cela est divin.*

Elles essaieront de vous faire apprécier, désirer, aimer, tout ce qui est divin, c'est-à-dire tout ce qui élève l'âme.

IV. Quelques mots seulement :
1° *Sur l'art de la lecture.*
2° *Sur l'art de profiter des lectures.*

1° L'art de la lecture

L'art de la lecture est d'une grande importance dans l'éducation, et, comme le remarque Legouvé, il convient encore mieux aux femmes qu'aux hommes; il se lie, pour elles, à leurs plus douces occupations d'intérieur et à leurs plus chers devoirs de famille.

Elle est *une vraie Providence* pour les siens, la jeune fille qui *lit bien*, c'est-à-dire qui *comprend* ce qu'elle lit, qui *le sent*, et qui, simplement, *veut faire sentir* à ceux qui l'écoutent les émotions de son âme.

Que de bien elle peut faire, dans les soirées d'hiver, en retenant au foyer et son père et ses frères, — autour du lit du vieillard infirme ou de la pauvre paralysée, en leur faisant oublier un moment, par le charme de sa voix et l'intérêt de son récit, les maux qui les accablent !

On ne songe pas assez à l'influence *des lectures en famille*, lectures bien suivies, bien dirigées et faites avec l'accent que demande chaque genre.

Elles créent des habitudes d'intérieur, en réunissant à certaines heures fixes, ceux qui habitent sous le même toit.

Elles font vivre les esprits et les cœurs dans une même atmosphère de pensées ; elles rendent les relations plus faciles et plus cordiales.

Résumons les conseils pratiques donnés ailleurs :

1° Lisez lentement et donnez à chaque mot l'intonation et la valeur qu'il doit avoir, selon les syllabes qui le composent et selon la place qu'il occupe dans la phrase.

2° Comprenez le sens de ce que vous lisez.

3° Pénétrez-vous du sujet que vous avez à lire, et que votre ton soit en harmonie avec la pensée que vous voulez faire connaître. Si vous avez à faire parler des personnages, assimilez-vous les sentiments de chacun d'eux. *Soyez eux-mêmes* au moment où vous exprimez les paroles que l'auteur a mises dans leur bouche. *Timides et tremblantes* avec l'agneau, devenez *cruelles et railleuses* avec le loup, *flatteuses et ironiques* avec le renard qui désire le fromage du corbeau ; votre regard et votre ton doivent exprimer *la déception* en racontant le dénoûment de cette fable. — *Graves, épouvantées* en récitant le *songe d'Athalie*, soyez *émues* en disant à genoux la prière d'Esther...

2° L'art de profiter des lectures

Cet art a pour but de laisser, de tout livre que vous avez lu, *un souvenir* :

Dans votre *mémoire*, pour l'enrichir,
Dans votre *esprit*, pour le féconder,
Dans votre *conduite*, pour la diriger.

Et pour arriver à ce résultat, voici des conseils pratiques :

1. *Rendez-vous compte du but général de l'ouvrage et du but spécial de chacune des parties qui le*

composent. Ce but, vous le comprendrez en lisant attentivement la *préface* du livre qui l'indique toujours, et *la table des matières* qui montre comment l'auteur a cherché à l'atteindre.

2. *Essayez de saisir le plan de l'auteur* — l'enchaînement des idées — la manière de présenter ses idées et encore la justesse et l'harmonie des mots qui les expriment.

3. *Cherchez la raison de toute impression* que vous laissent une pensée, un jugement, même une phrase qui retentit harmonieuse à votre oreille. Vous vous accoutumerez, par là, à ne pas vous laisser entraîner par un enthousiasme irréfléchi.

4. *Faites des analyses* des diverses parties du livre que vous lisez, et même de chacun des chapitres; c'est-à-dire résumez-les en quelques phrases bien claires et bien précises, de manière à avoir, dans une page, tout l'ensemble d'un chapitre.

5. *Prenez des notes*, c'est-à-dire transcrivez, sous différents titres, *les pensées* qui vous paraîtront utiles à conserver : c'est *un fait historique, un jugement, une réflexion morale, un mot d'érudition*..... Complétez ces notes par des observations personnelles

indiquant ce que vous pensez vous-même de la page que vous copiez.

Un livre qu'on quitte sans en avoir extrait quelque chose est un livre qu'on n'a pas lu. Lire sans prendre des notes c'est comme si on n'avait rien lu. Dans quelques semaines, le lendemain peut-être, on ne saura plus ce que contenait le volume.

La mémoire est chose ondoyante, et il n'existerait point de savants si on devait se fier à elle ; et elle consiste non pas précisément à se rappeler mais à avoir sous la main *les moyens de retrouver*, or ce moyen est de *prendre des notes*.

Que *rarement*, pour vous, ou plutôt *que jamais* pour vous, comme l'a dit M. de Falloux, de Mme de Swetchine, *une lecture ne soit un simple délassement*. Un livre écrit ne sortait jamais des mains de cette femme d'intelligence et de foi, sans être annoté, commenté, copié quelquefois presque en entier, dit son biographe. On a conservé d'elle *trente-cinq* volumes d'extraits, le premier date de sa dix-neuvième année ; ce sont des cahiers de papier commun, couverts d'une écriture fine et serrée... Ce qu'ils représentaient pour elle d'intérêt ou d'émotion, nous le retrouvons par un rapprochement digne d'être noté dans cette page du comte de Maistre :

« Vous voyez ces volumes immenses couchés sur mon bureau, dit-il dans *les Soirées de St-Pétersbourg;*

c'est là, que, depuis trente ans, j'écris tout ce que mes lectures me présentent de plus frappant. Quelquefois je me borne à de simples indications ; d'autres fois, je transcris, mot à mot, des morceaux essentiels ; souvent je les accompagne de notes, et souvent aussi j'y place ces pensées du moment, ces illuminations soudaines qui s'éteignent sans fruit, si l'éclair n'est fixé par l'écriture... Vous ne sauriez croire avec quel plaisir je parcours cette immense collection. Chaque passage réveille en moi une foule d'idées intéressantes et de souvenirs mélancoliques mille fois plus doux que ce qu'on est convenu d'appeler *des plaisirs.* »

6. *Ne lisez pas trop de livres; et lisez un peu lentement* — sans doute, il faut lire *pour savoir*, mais il faut quelquefois aussi *lire pour jouir.* Il faut lire comme le gourmet déguste une liqueur exquise. C'est *goutte à goutte,* pour mieux en sentir la saveur, qu'il la prend. Il fait le plus longtemps possible *durer le plaisir* qu'elle donne à son goût matériel.

7. *Relisez ce qui est bon* — Ayez des livres plus aimés que vous feuilletez plus souvent que les autres. Ce sont les amis intimes ceux-là : *amis de l'âme, amis de l'esprit, amis du cœur.* Ils fortifient, ils renouvellent ; ils offrent toujours de nouvelles

lumières et de nouvelles jouissances. On les aime davantage, à mesure qu'on les connaît mieux.

3° *La culture de la mémoire*

Cultiver la mémoire est une des conditions nécessaires du *savoir*.

On ne sait que ce qu'on a retenu — on n'a retenu que ce qu'on a appris — on n'a appris que ce qu'on a souvent répété.

Il y a plus de sens qu'on ne pense dans le peuple lorsque pour exprimer son dédain ou son admiration, il se borne à dire : *Il n'a pas de mémoire*, ou *c'est un homme qui a une grande mémoire.*

La mémoire, en effet, dit Mgr Dupanloup, est la richesse des autres facultés intellectuelles.

1. La mémoire est le *magasin* ou mieux le *trésor* où l'esprit met en réserve les connaissances qu'il a acquises ; elle est la pourvoyeuse de l'intelligence.

La mémoire, dès le jeune âge, est de toutes les facultés celle qu'il importe le plus de cultiver et de développer ; elle est chez les enfants d'une étonnante facilité ; elle s'élargit, on peut dire, à mesure qu'on y verse davantage.

2. Il y a dans la mémoire deux aptitudes :
　La mémoire des *mots*.
　La mémoire des *choses*.

Sans doute, il faut apprendre *les mots*, mais ne jamais dire *un mot* sans essayer de comprendre :

Ce que veut dire ce mot,

A quelle personne ou à quel objet se rapporte ce mot,

Où se retrouve encore ce mot — s'il a été vu ailleurs, dans une fable, dans un récit.

Rien n'intéresse, ne forme l'intelligence, n'enrichit la mémoire comme l'habitude de chercher, à propos d'un mot, d'un pays, d'un nom propre d'homme, les *souvenirs* que rappellent ce mot ou ces noms.

Ce travail qui tient en éveil, apprend à être attentif, à grouper les idées qui ont entre elles quelques rapports prend le nom *d'association des idées*; il fait le charme de la conversation.

3. La mémoire se fortifie et se perfectionne :

1° *Par l'exercice*. — Il faut donc :

Apprendre un mot à mot rigoureux,

Apprendre tous les jours et dès le matin,

Apprendre peu à la fois et répéter souvent.

2° *Par l'attention* qui est le secret de toutes les connaissances. — Il faut donc :

S'isoler,— chasser toute distraction — ne regarder que son livre — dans son livre que les mots — dans les mots que le sens. — Oublier tout le reste pendant quelques minutes — répéter lentement et sans les regarder dans le livre, mais les voir dans son imagination, où ils se montrent comme écrits, les deux ou trois mots qui, offrant un sens, ont été lus et compris — puis en apprendre deux ou trois autres — puis se redire les mots nouveaux en les rattachant aux mots déjà appris...... la leçon alors est facilement sue.

3° *Par la méthode.* — Elles sont nombreuses les méthodes inventées pour venir en aide à la mémoire. Ne méprisons pas toutes ces *mnémotechnies*, utiles pour retenir des noms propres ou des dates, mais rappelons-nous que la méthode la plus simple est :

Pour la mémoire des mots celle dont nous venons de parler : lire proposition par proposition, en saisissant bien le sens ; et répéter, après chaque phrase, la phrase précédente. — Ne jamais *vouloir retenir* sans avoir compris ; et pour cela, lire d'abord posément en entier la partie de la leçon, puis la phrase ou proposition qu'on veut apprendre.

Pour la mémoire des choses, quand il s'agit par exemple *de faits historiques* — ne pas se contenter de comprendre, mais s'obliger, après une lecture attentive à écrire, sans le secours du livre, ce qu'on vient de lire — à copier *les sommaires* placés en tête de chaque leçon et à s'en servir comme direction — à faire surtout *des tableaux synoptiques* qui, s'adressant à la fois aux yeux et à la raison, sont *l'aide-mémoire* par excellence. Le tableau synoptique produit une vive impression par la disposition des différentes parties du *fait* qu'on a à rappeler ; il est une image pour les yeux ; il guide l'esprit, l'empêchant de divaguer.

La *cadence de la poésie* aide puissamment la mémoire, et c'est habituellement avec joie que l'enfant étudie une fable, et que la jeune fille est heureuse d'apprendre quelque belle page de poésie.

L'étude faite le matin est plus facile ; la page, étudiée le soir et repassée dans le silence de la nuit, est le matin parfaitement sue. La mémoire n'est pas plus fidèle, mais on a été moins distrait.

4. Ecoutez cette belle page de Legouvé :
« Savez-vous ce qu'est *une mémoire* bien garnie ? *Une bibliothèque portative*.

Nos livres peuvent se trouver loin de nous ; la *mémoire* supplée à leur absence.

Un répertoire de morceaux bien sus, forme une *anthologie* d'autant plus précieuse qu'elle est notre ouvrage. C'est *nous*, c'est *notre goût*, ce sont *nos prédilections* qui ont été récoltant de tous côtés la fleur des meilleurs écrits pour en faire une moisson et l'*engranger* dans notre tête.

Comprenez-vous un pareil trésor ; il vous suivra partout, et vous servira à tout — il vous servira surtout à rendre heureux ceux que vous aimez.

Apprenez par cœur, meublez, ornementez, illuminez, enrichissez votre mémoire et vous aurez à donner, à charmer, à fortifier.

Comme elles sont plus douces, plus charmantes, plus utiles les réunions de famille ou d'amis quand on sait les embellir par quelques poésies.

Récitez avec âme, avec grâce ces belles, ces bonnes, ces grandes pensées que le poète a enchâssées dans de suaves, fortes et harmonieuses paroles, et vous verrez comme on vous écoutera, souvent avec profit, toujours avec bonheur.

On a beau être frivole, futile et léger — à moins qu'on ne soit corrompu — on se sent toujours ému, transporté, ravi, charmé, quand on entend parler de ce qui est toujours vrai, toujours grand, toujours beau : *Dieu, la famille, l'âme, la patrie.* »

4° *La formation du jugement*

Le jugement est pour vous surtout, jeunes filles, la faculté qui mérite le plus de soin et le plus d'attention. Puisque nos actes sont toujours en rapport avec nos jugements et nos convictions, si nous jugeons mal, nous agirons mal.

Le jugement est l'opération par laquelle l'esprit affirme qu'une chose *est ou n'est pas* — qu'elle est *telle* ou *n'est pas telle*, c'est-à-dire qu'elle a ou n'a pas telle qualité, telle manière d'être. — Avoir du jugement, c'est comprendre ce qu'on dit, ce qu'on lit, ce qu'on fait ; c'est ne pas se tromper dans l'appréciation des personnes ou des choses, les voir telles qu'elles sont ; c'est, pour prouver ce qu'on avance, s'appuyer sur la raison ou sur la loi naturelle qui est en nous et qui est précisée par les commandements de Dieu.

Le jugement est *vrai* quand la qualité que nous affirmons appartenir à tel sujet lui appartient réellement ; exemple : *la vertu rend heureux.* — Il est *faux* lorsque nous affirmons que telle qualité convient à un sujet quand *réellement* cette qualité ne lui convient pas ; exemple : *le plaisir rend heureux.*

1. Avec une instruction médiocre, mais un jugement droit, du *bon sens*, (ces deux mots sont pratiquement synonymes), une jeune fille deviendra facilement une femme de valeur. Sans jugement et sans bon sens, une brillante intelligence et une riche imagination conduiront aux abîmes la femme qui se laisserait guider par elles.

Le jugement droit peut suppléer à toutes les autres facultés et à tous les avantages extérieurs ; il ne peut être remplacé par rien ; il se fortifie avec l'âge, il demeure quand le temps a flétri ou emporté tout le reste : *mémoire, imagination, beauté...* Il suffit pour maintenir la résignation et la paix dans la famille. Le plus bel éloge qu'on puisse faire d'une femme, c'est de dire : *C'est une femme de bon sens.*

2. Nous n'avons pas directement à vous indiquer comment vos maîtresses s'appliquent à former votre jugement. C'est leur travail de tous les jours et de toutes les heures.

Elles y parviennent, vous pouvez vous en rendre compte, par l'habitude :

De ne laisser passer aucun fait *de la vie ordinaire,* aucun *trait de l'histoire* sans vous montrer ce qu'il y a, dans chacun d'eux, de vrai, de juste, de bon, d'utile — sans vous le faire apprécier vous-même et vous demander la raison de votre appréciation.

De vous exposer fréquemment des *propositions* énonçant un jugement, et vous montrant comment les idées qu'elles émettent sont *justes* en elles-mêmes, *sont en rapport* les unes avec les autres — comment elles sont conformes aux grandes idées *de justice* que nous trouvons en nous et conformes aux commandements que Dieu nous a faits.

De vous mettre en garde, en vous donnant de nombreux exemples, contre les *faux jugements* qui se présentent à votre esprit sous des apparences de vérité, et qui éblouissent, fascinent, entraînent, trompent. Ces faux jugements sont dûs :

A la prévention — On juge d'après l'attrait ou le dégoût qu'on éprouve : une personne, une œuvre, me plaît, donc elle est bonne ; elle me déplaît, donc elle est mauvaise.

A la vanité et à la présomption — On juge bon ou mauvais, à première vue, sans connaissance de cause, parce que, plein de soi-même, on croit tout savoir, on se croit en droit de tout juger, ou parce que on n'ose dire : *je ne sais pas*.

A la précipitation — On juge sans réflexion, à l'étourdie — on ne connaît pas, on ne se met pas en peine de connaître et on parle comme si on savait.

A la fausseté d'esprit — On juge avec aplomb — on est sûr de ce qu'on dit, alors même qu'on juge autrement que tous les autres. Un peu de bon sens devrait suffire pour faire au moins douter de la rectitude d'un jugement opposé au jugement de tous.

Aux préjugés — On juge d'après certaines données venues on ne sait d'où, acceptées sans avoir été examinées ; on n'a pas la force de les soumettre à l'expérience des autres, et on se laisse guider par elles.

A l'ignorance — On ne connait qu'imparfaitement ce dont on parle ; et on affirme, et on nie, et on discute par entêtement.

3. C'est surtout pour la formation du jugement qu'il faut savoir *écouter — examiner — se rendre compte — douter quand on se voit à peu près seul de son avis — consulter — comparer — et ne se prononcer qu'appuyé sur de fortes raisons.*

5° *La direction de l'imagination*

L'imagination est la faculté que possède l'âme :

De se représenter les objets absents, leur donnant la vie, les transformant, les modifiant;

De se former des images, en quelque sorte matérielles, de ce qui n'est que *spirituel*, de manière à les voir, à les entendre, à en être impressionné.

Elle est comme un œil intérieur qui nous fait voir *les êtres* au-dedans de nous avec une vie, un coloris, un attrait qu'ils n'ont pas par eux-mêmes.

C'est la faculté qui exerce une des plus puissantes influences sur notre intelligence, sur notre conduite, sur notre vie tout entière.

1. Dangers de l'imagination

L'imagination, livrée à elle-même et sans la direction ferme et un peu austère de la raison et de la foi, peut être la source de grandes fautes.

Elle emporte les pensées et les désirs loin de la réalité dans un monde chimérique.

Elle inspire le dégoût de la vie de tous les jours, de cette vie, un peu monotone, c'est vrai, mais qui le soir venu, ne laisse que la douce jouissance du devoir accompli et du bonheur donné.

Elle laisse, parce qu'elle ne peut jamais avoir ce qu'elle désire, un malaise indéfinissable qui *tourmente* d'abord, *aigrit* ensuite, *fausse* enfin le caractère, et rend *insupportable* à soi-même et aux autres.

Elle rend exaltée ; et cette exaltation chez quelques jeunes filles, prend mille formes : elle est *romanesque* ne rêvant qu'aventures impossibles — elle est *triste,* ne voyant, dans le présent et dans l'avenir, qu'une vie sombre, douloureuse, isolée — elle est *mystique,* n'aspirant qu'à une vie de piété toute en dehors, et qui fait négliger les soins matériels de la vie de famille.

Elle finit par absorber toutes les facultés de l'âme. Elle tient lieu de jugement, d'intelligence, de cœur, de volonté : on croit *comprendre*, on ne fait qu'entrevoir — on croit *juger,* on ne fait que céder à une impression ou à une prévention — on croit *vouloir*, on n'est qu'entraîné par le plaisir — on croit *aimer*, on n'obéit qu'à un sentiment d'égoïsme qui se cache sous le nom *d'attrait irrésistible.*

2. Avantages de l'imagination

L'imagination, dirigée par la raison et surtout par la foi, est une source féconde de vertus et de jouissances pour l'âme, pour le cœur, pour l'esprit. —

Elle aide à aller à Dieu, à voir Dieu, à sentir Dieu, à vivre avec Dieu. Sans doute la piété ne réside pas dans l'imagination, nous l'avons dit; mais l'imagination, si elle ne doit pas la guider, la soutient toujours. Et quand l'imagination faiblit, la volonté, si elle est plus méritoire, demande des efforts quelquefois héroïques.

Dans *les rapports de famille* : elle les anime ; elle les facilite ; elle les montre toujours sous le jour le plus favorable ; elle aide à voir le bien chez les autres ; à chercher en eux ce qui est bon ; à n'avoir d'autre ambition que celle de les rendre heureux. — Elle embellit les plus humbles détails de la vie — elle est réellement un élément de bonheur.

Dans *l'intelligence* : elle aide à voir avec plus de facilité *la vérité* qu'elle montre sous des couleurs plus vives. — Elle est la source des images qui donnent la vie et l'éclat. — Par elle, la mémoire a des souvenirs plus frais, plus animés ; la parole est plus vivante, le style plus coloré.

Prise séparément, l'imagination est peu de chose, dit Chateaubriand, mais c'est un don inestimable quand elle se joint aux autres puissances de l'esprit. Elle marche devant les facultés auxquelles elle s'allie ; elle les encourage à la suivre, leur découvre des routes nouvelles.

3. *Formation de l'imagination*

L'imagination se forme et se dirige :

1. Par *la mémoire*. C'est là, dans ce trésor, que va puiser l'imagination ; et si la mémoire est ornée avec sagesse, discernement et bon goût, ses créations participeront à cette sagesse et à ce bon goût.

Donc :

Soins minutieux, sans être exclusifs, dans *les pages* données à apprendre et dans *les lectures* permises ou imposées.

Choix, fait avec goût, dans les récits dramatiques, nobles, touchants, terribles que présente l'histoire — et dans les pages de nos grands littérateurs qui ont su créer des situations qui captivent, qui émeuvent et laissent de si profondes impressions.

Développements littéraires toujours motivés ; *jugements* prononcés, toujours à la lumière de la foi, en dehors de laquelle *le beau* n'est qu'éblouissant.

Scènes de la nature montrées non seulement dans leurs *cadres didactiques* et sous leurs *formes techniques*, mais dans ce qu'elles offrent à l'esprit et au cœur. La nature est un sanctuaire où l'âme trouve Dieu dans sa sagesse, dans sa puissance, dans son amour ; elle est aussi un livre, un tableau, un musée, où tout, depuis le petit insecte et le brin d'herbe, jusqu'aux étoiles radieuses au firmament, a une voix qui chante, une vie qui travaille, une mission qu'il remplit — tout, dans la nature épanouit l'âme, captive l'esprit, élève les désirs.

2. L'imagination se forme et se dirige par la *vue et l'étude des chefs-d'œuvre dans le domaine des arts* — la peinture, la sculpture, la musique sont de puissants éléments de formation, mais il faut savoir, à travers ce qu'il y a de matériel, voir le rayonnement divin et le laisser pénétrer jusqu'à l'âme. — Ne voir dans une œuvre d'art que ce qui frappe les sens, c'est ne pas la comprendre, c'est ne pas *aimer le beau*. « Tout peintre et tout statuaire qui ne sait pas montrer l'immatérialité et l'immortalité de l'âme, ne produit rien qui soit vraiment beau » dit Joubert. — La vue d'un chef-d'œuvre ne doit pas seulement nous faire plaisir, *il doit nous faire du bien*.

6° *Le développement du goût*

1. Le goût est la faculté de sentir et de discerner les beautés ou les défauts d'une œuvre — et, quand on compose soi-même, c'est l'instinct d'appliquer à chaque sujet, les pensées et les ornements les plus propres à le faire valoir.

C'est le goût qui fera trouver une manière toute neuve pour présenter les objets ; lui, qui prêtera des ornements pour relever les sujets stériles ; lui, qui fera retrancher sans miséricorde tout ce que l'imagination aurait produit de défectueux.

Le goût c'est l'*instinct du beau;* il le voit, là où d'autres ne le voient pas ; il le devine sans le chercher — et *le beau,* c'est, en général, pour l'âme et pour l'esprit :

Ce qu'est la *lumière* douce et pénétrante pour la vue,

Ce qu'est le *parfum* délicat pour l'odorat,

Ce qu'est le *repos calme et paisible* pour les membres,

Ce qu'est *l'harmonie* pour l'oreille.

Le beau, est comme un reflet des choses divines.

Heureux qui le voit, qui le sent, qui peut s'en pénétrer!

Le goût est le sens du *beau,* comme le jugement est le sens du *vrai.*

2. Le goût est *inné.* — A la vue d'une belle statue, d'un beau tableau — à l'audition d'une belle page, lue avec conviction, avec vie, avec accentuation vraie, par une personne intelligente, — même un enfant laisse échapper cette parole : *Que c'est beau !*

C'est le cri du *goût.*

Le sentiment précède le goût comme l'instinct précède la raison.

Heureux celui qui trouve près de lui un esprit dévoué et intelligent qui, dans son âme d'enfant, introduit, peu à peu, la *lumière,* l'*ordre*, le *discernement,* la *réflexion.*

C'est ce que font vos maîtresses au pensionnat.

Elles entourent votre esprit, votre âme, votre cœur des plus *belles formes littéraires* — des *faits* les plus généreux que présente l'histoire — des *pensées* les plus élevées. Elles offrent à votre imagination des images, des symboles, des comparaisons qui vous captivent et vous charment.

Elles montrent à vos regards et font entendre à vos oreilles ces œuvres appelées *œuvres d'art,* qui rendent sensibles, par l'harmonie des sons, par la vie qui rayonne du marbre ou de la toile, ce que quelques génies ont conçu de beau, de grand, d'élevé, de divin.

Elles vous font entendre et apprendre par cœur, vous en faisant remarquer et apprécier les beautés, les pages les plus harmonieuses qui enrichissent votre mémoire, et font d'elle comme un *musée* dans lequel vous retrouverez plus tard des conseils pleins de sagesse.

Elles vous accoutument petit à petit à vous rendre compte — par ce qu'on appelle en classe les *analyses littéraires* — des impressions laissées par les lectures :

Dans votre âme d'abord : impression de paix, de joie, d'enthousiasme, de tristesse... selon la nature du sujet ; impression de lumière pour diriger votre vie.

Dans votre esprit : impression de jouissances causées par l'ensemble harmonieux des phrases, du choix des mots, de la place des mots.

Penser — sentir — juger — exprimer son sentiment — exposer son jugement, n'est-ce pas toute la formation de l'âme et de l'esprit ?

Elle vous apprennent à voir, à comprendre, à aimer, à désirer, à chercher *la poésie* que Dieu a jetée partout, comme partout il a jeté la lumière et la chaleur — la poésie, c'est-à-dire ce qui, dans les actions les plus ordinaires de la vie, empêche l'âme — tout en l'appliquant au devoir, — de se laisser dominer par le côté matériel.

Ouvrez votre âme, pendant les dernières années de votre pensionnat, à tout ce qui est grand, à tout ce qui est beau, à tout ce qui vous élève. Rien de ce qui est beau et bon ne doit rester étranger à une chrétienne et S. Jean Berchmans, cet admirable modèle de toute jeunesse chrétienne, prenait un soin jaloux de tenir son âme ouverte à toutes les pures beautés.

Poésie, musique, sculpture, peinture, aimez à connaître ce que le génie catholique a produit.

Certes, nous ne voulons pas faire de vous *des artistes*, nous ne voulons pas absorber votre esprit dans des études qui ne sont pour vous que très accessoires, mais nous voulons que vous ne soyez pas indifférentes à ce qui est beau; et vous ne répondriez pas au désir de vos maîtresses si vous restiez insensibles aux beautés de l'art chrétien, si vous lisiez une belle page, si vous entendiez les chants de l'Eglise, si vous passiez devant une cathédrale, un tableau de maître, sans sentir l'émotion pénétrer votre âme.

Ne craignez pas que ces connaissances vous dégoûtent du *travail matériel de la vie de famille;* elles vous aideront à comprendre ce que le travail, que faisait Jésus et Marie, a de grandeur et procure de paix, de consolation et de bien être à ceux que vous aimez.

3. Le goût qui est pour nous une source de jouissances si nobles et si attrayantes, s'altère par tout ce qui souille la conscience. Le sentiment du beau et celui de la vertu sont inséparables.

Repoussez donc avec énergie toute page, toute image, toute scène, toute conversation qui fait éprouver à votre âme si délicate, ce frémissement de crainte et ce besoin de répulsion que vous éprouvez devant un être qui se présente hideux à votre regard.

7° La composition

I. La *composition* ou *rédaction* est, en général, l'art d'exprimer sa pensée de manière à atteindre le but qu'on s'est proposé en la manifestant.

Composer, c'est faire produire son esprit. — L'esprit produit des *idées* comme la tige produit des fleurs: *l'idée* est la fleur de l'esprit. On dit d'une plante, *elle fleurit;* on dit de l'esprit: *il compose.*

Composer, c'est en classe, sous la direction de la maîtresse qui, aux premiers mois, vient en aide à l'enfant encore inexpérimenté et par conséquent embarrassé — c'est, pour cet enfant, mettre par écrit ce qu'il voit autour de lui, en classe, en récréation, à la campagne, dans la rue : la forme d'un être, sa couleur, son utilité...

C'est reproduire ce qu'il a vu, ce qu'il a entendu, comme il l'a vu et l'a entendu — les jeux dont il a été témoin, les promenades qu'il a faites — ces mille détails qui remplissent sa vie d'enfant.

C'est rendre, en quelques mots, ce qu'il sent quand il reçoit la visite de sa mère — quand il est récompensé ou puni — quand il est le premier en classe : joie, bonheur, tristesse, dépit, résolutions. — C'est dire ce qu'il fait dans sa maison, ce qu'il voudrait faire...

C'est exposer ce qu'il voit sur une image, les personnages ou les animaux qui y sont représentés, ce qu'ils semblent faire ou dire...

C'est raconter, par écrit, une histoire qu'il vient d'entendre ou qu'il vient de lire...

Tout peut être sujet de rédaction — et en particulier ce qui est du *domaine spécial de l'enfant* : *La famille* : sa mère, son frère, sa petite sœur — *ce qu'il y a chez lui* : une pendule, une montre, une bibliothèque, un chat, des oiseaux — *ce qui se fait chez lui* — *les accidents qui surviennent.*

II. Le mot composition éveille à l'esprit un ensemble de pensées formant un tout enchaîné et exprimé de manière à intéresser, à plaire, à attacher, à produire une impression agréable.

Toute composition est *un tableau*. Les pensées forment l'esquisse, les mots lui donnent le relief et la couleur. C'est tantôt un *paysage* représentant la nature ou morte ou vivante — tantôt un *portrait* — tantôt une *scène* — tantôt un *état d'âme, d'esprit, de cœur*, — tantôt un enseignement, une critique — tantôt un simple amusement pour l'esprit...

Toute composition est faite avec le concours plus ou moins direct, selon le sujet et la manière dont il est traité, de l'*observation*, de la *mémoire*, du *jugement*, de la *sensibilité*, du *goût*.

Dans une composition, on peut se proposer plusieurs buts ; chacun d'eux a des règles particulières.

1. On peut avoir pour but uniquement de se faire comprendre : c'est par exemple le simple récit d'un évènement. — Alors l'expression qui rend la pensée doit avoir la limpidité du verre : être claire, correcte, débarrassée de tout ce qui pourrait l'empêcher d'être saisie à première lecture.

2. On peut vouloir, avant tout, plaire à ceux à qui on parle ou à qui on écrit — avoir pour but de les convaincre de la vérité qu'on leur expose — de les amener à penser comme nous, à vouloir ce que nous voulons — à être impressionnés comme nous le sommes. On peut vouloir leur apprendre quelque chose — ou leur procurer une spirituelle récréation...

La composition doit alors se montrer avec des caractères particuliers — Ce sera toujours l'esprit qui produira, mais ses productions auront la variété des fleurs :

Variété dans le coloris,
Variété dans le parfum,
Variété dans la forme.

Et la composition se montrera plus ou moins attrayante, pénétrante, persuasive, gracieuse :

Par le *choix des mots*, leur propriété, leur élégance, leur variété ;

Par *la place des mots* dans la proposition — la correction, l'ordre, l'harmonie de la phrase ;

Par la *justesse*, la force, la grâce, la délicatesse, la finesse, la logique, l'élévation, la noblesse de la pensée ;

Par les *images* à travers lesquelles les mots font rayonner la pensée, la font accepter, la font aimer, la font pénétrer dans l'âme.

3. On peut sentir le besoin de communiquer ses impressions et ses sentiments — de dire une parole qui encourage, qui fortifie, qui console, — de la demander aussi.

La composition alors ne doit être guidée que par le cœur. — Si le cœur est réellement bon, s'il est dévoué, s'il est resté pur, c'est lui qui inspire, lui qui parle, lui qui écrit, lui qui sait le chemin du cœur auquel il s'adresse, et à qui il va se communiquer. — L'esprit n'apprend pas au cœur ce qu'il doit dire.

Les amies qui, dans leur correspondance intime, racontent simplement ce qu'elles pensent, ce qu'elles éprouvent, tout ce qui leur est arrivé et même tout ce qui leur passe par la tête, écrivent presque toujours bien, sincères et naturelles, elles ont, en écrivant, une grâce, un laisser aller charmant qu'elles n'ont pas en causant.

III. Nous n'avons pas ici à indiquer, même sommairement, comment, au pensionnat, les maîtresses amènent peu à peu l'esprit d'un enfant :

A *voir* en lui-même *les idées* que le bon Dieu y a déposées et celles qui lui viennent par les objets extérieurs.

A *augmenter* le nombre de ces idées par l'observation, par la lecture commentée, par les pages apprises, par l'étude méthodique du dictionnaire.

A *développer* ces idées par des questions qui forcent l'esprit à les voir sous leurs différents points de vue.

A *se tracer un plan* pour classer ces idées et les grouper de manière à faire d'elles *ce tout* harmonieux qui est la beauté d'un tableau.

Toutes ces choses là sont pratiquement enseignées dans *les livres élémentaires* qui s'occupent de littérature, et nous nous permettrons d'indiquer deux de nos ouvrages déjà connus et appréciés :

De la composition littéraire.
Des différents genres de compositions.

IV. Apprendre à écrire est un travail de persévérance ; un travail qui exige *un guide,* dans l'esprit duquel domine plus le bon sens et le bon goût que l'éclat ; un guide dans l'âme duquel Dieu rayonne, et qui a compris cette parole du P. Gratry : *Plus un mot ressemble à une pensée, une pensée à une âme, une âme à Dieu, plus tout cela est beau.*

Sous la direction de ce guide, le jour se fait lentement dans *l'intelligence* qui s'ouvre docile ; et sous l'influence d'un mot lumineux, d'un conseil, d'un encouragement, la pensée sort des entraves de l'imagination comme la fleur qui se dégage de l'enveloppe qui la cachait et, petit à petit, sous la double pression de la réflexion et de l'expérience, elle se montre vraie, simple, dans tout son éclat.

D'année en année, la jeune fille qui a étudié, qui a lu, qui a réfléchi, qui a essayé, constate, avec bonheur et avec reconnaissance pour ses maîtresses, le travail qui s'opère dans son esprit.

VI. INDICATIONS DES TRAVAUX QUE DEMANDE LA VIE MATÉRIELLE

1. Les travaux de l'intelligence ne sont pas *tout* pour la femme ; et c'est parce que on a voulu la pousser trop exclusivement vers les études littéraires et scientifiques qu'on a fait d'un grand nombre d'elles des êtres à qui on a donné le nom de *déclassées*, c'est-à-dire qui n'ont point de place dans la famille, et qui ne sont pour elle, comme pour la société, qu'un encombrement.

« La femme, a dit un moraliste, touche par tous les points au peuple, à ses vieillards sur le grabat, à ses misères, à sa faim, à ses maladies, à ses mille besoins, à ses désespoirs, à son âme. Elle y touche par le travail qu'elle lui enseigne et qu'elle lui procure, par les plaies de son corps qu'elle panse, par les vêtements qu'elle confectionne et dont elle le couvre, par l'argent qu'elle met dans sa main sans qu'il s'en aperçoive, par sa parole de femme la plus douce que le cœur du pauvre puisse entendre, par cette tendresse maternelle, inquiète, inventive, dévouée, prodigue, que la religion seule inspire et qui cache dans le sein de Dieu le secret de sa récompense. »

La femme doit toujours être cette *femme forte* dont la sainte Ecriture s'est plu à tracer le portrait. Elle ne connaît ni l'oisiveté ni une molle délicatesse; la fatigue et la peine ne l'arrêtent pas. Levée de grand matin, elle fait du travail de ses mains, son occupation habituelle; et son active vigilance s'étend à tous les soins de la maison. Elle a cherché la laine et le lin, et elle les a travaillés avec des mains sages et ingénieuses. Le fuseau tourne dans ses doigts.

2. Ce ne sont pas seulement les connaissances littéraires et scientifiques qui feront d'elle la *femme forte* qui soutient, qui guide, qui soulage, qui enrichit — ce seront — sanctifiées toujours par la pensée de

Dieu — les connaissances dont l'ensemble forme la vie pratique, dont nous parlerons plus loin. Ce sera l'habitude du travail manuel qui lui aura appris à faire elle-même, à diriger elle-même, à surveiller elle-même tout ce qui est nécessaire pour la vie matérielle d'une famille.

Il faut donc que la femme sache tout ce qui peut soulager, aider, fortifier, non pas d'une science spéculative telle que l'apprennent les livres, mais d'une science pratique ; il ne faut pas seulement qu'elle sache disserter, raisonner, mais qu'elle sache agir. Une femme n'est complète qu'autant que sa main, guidée par son cœur et éclairée par son intelligence, sait être apte à tout : à la *couture*, au *raccommodage*, au *pansement des plaies*, à la *propreté de la maison*, à la *préparation des aliments et des remèdes*.

Une femme peut être un jour ou l'autre appelée à être, dans un certain degré : *cuisinière, couturière, médecin, pharmacienne, garde-malade, maîtresse d'école*... Elle peut devenir l'unique ressource de toute une famille.

Aussi on a pu dire avec raison, que toutes les jeunes filles, quelle que soit leur condition sociale, devraient être élevées de manière à pouvoir, un jour donné, vivre de leur travail, fût-ce *en apprenant un véritable métier*. Elles puiseraient une grande sécurité dans la pensée que si des revers de fortune venaient les atteindre, elles ne tomberaient ni dans la misère, ni à la charge des autres ; elles seraient réduites à la pauvreté, mais non à la dépendance.

3. Au point de vue divin, quelle ressource que le travail manuel, le vrai travail manuel, celui qui met les membres en mouvement. Lire, broder, coudre, peuvent éloigner l'ennui, ce précurseur du démon, mais non point *le renvoyer* quand il est venu.

« Quand il frappe à la porte, écrivait une jeune fille énergique, je prends, sans métaphore, un *balai* pour le chasser.

« J'ai toujours sous la main une occupation toute pleine d'une fatigue salutaire ; et une heure passée dans un travail vulgaire mais utile et qui exige le déploiement de mes forces physiques, me rafraîchit, dissipe comme par enchantement les préoccupations et fait envoler les papillons noirs. »

« J'ai cousu un drap de lit et je cousais bien des choses dans ma couture, écrit Eugénie de Guérin.... Jour nébuleux, sombre, triste au dehors et au dedans. Je m'ennuie plus que de coutume, et comme je ne veux pas m'ennuyer, j'ai pris *la couture* pour tuer cela à coup d'aiguille ; mais le vilain serpent remue encore, quoique je lui aie coupé tête et queue, c'est-à-dire tranché la paresse et les molles pensées. »

ARTICLE CINQUIÈME

Formation de la vie de famille par l'amabilité

I. NATURE DE LA VIE DE FAMILLE

La vie de famille est, pour le plus grand nombre d'entre vous, celle que Dieu vous a réservée, et dont le pensionnat n'est que l'apprentissage.

La vie de famille c'est *la vie en commun du père, de la mère, des enfants.*

Ce mot *en commun* indique ce qui constitue directement cette vie :

Communauté de sentiments et de prières,
Communauté de travail et de souffrances,
Communauté de joies et de conversations.

C'était, à Nazareth, la vie de saint Joseph, de la sainte Vierge, de l'Enfant Jésus, modèles de la vie de la famille :

1. *Communauté de sentiments et de prières.*
C'est l'élément fondamental de la famille :
La *pensée de Dieu* dominant tout,
La *loi de Dieu* dirigeant tout,
Le *recours à Dieu* venant en aide pour tout.

Quand l'ensemble des pensées est là, quand pour tous, Dieu est le maître, le soutien, le protecteur, le conseiller ; quand tous ensemble, le matin, le soir, dans les épreuves, comme dans les joies, pour demander secours et pour remercier, tous savent aller à Dieu, — la vie de famille peut avoir ses peines, ses épreuves, ses douleurs, elle ne sera jamais profondément troublée.

C'est surtout pendant ce précieux moment de la prière en commun que se resserre cette union des âmes, principe et garantie de l'union des cœurs. La prière en commun, c'est la dignité du père et de la mère ; c'est la confiance mutuelle ; c'est la docilité, la soumission tendre et respectueuse des enfants ; c'est la justice et la bonté des maîtres, le zèle et la fidélité des serviteurs ; c'est le pardon et l'oubli des manquements de la journée ; c'est la nuit calme et le repos paisible ; c'est la force pour porter avec joie les fatigues et les peines de la journée.

Comme elle est juste cette parole d'un penseur : *Le prie-Dieu est un meuble indispensable au bon ordre d'une maison ; là où il n'est pas, il n'y a point de pénates, point de respect.* (Joubert).

2. *Communauté de travail et de souffrances.*

Le travail, la souffrance se retrouvent partout sur la terre, et ils ne sont allégés qu'autant qu'ils sont *portés* par tous, et que tous sont fortifiés et aidés par la pensée que Dieu qui envoie l'épreuve, envoie aussi la force pour l'accepter.

Sans l'union des cœurs qui veulent souffrir ensemble, sans la confiance et la soumission à la volonté de Dieu, il est bien lourd et bien écrasant le poids de la vie, le support de la vie, l'acceptation de la maladie, de la pauvreté... l'acceptation, plus pénible peut-être, des contrariétés de toutes les heures.

3. *Communauté de joies et de conversations.*

On ne comprend, on n'aime, on n'apprécie le bonheur de vivre ensemble et de jouir les uns des autres, qu'autant que l'âme, que le cœur, que l'esprit sont à Dieu. Alors, *le père* sait qu'il se doit tout entier et à toute heure aux siens ; *la mère* sait que son premier devoir est de faire aimer l'intérieur de sa maison ; *les enfants* savent que rien n'est précieux comme la conversation d'un père, rien n'est doux comme le cœur d'une mère, rien n'est bon comme l'affection d'un frère et d'une sœur.

II. ENTRETIEN DE LA VIE DE FAMILLE

C'est à vous, jeunes filles, à vous, plus encore et mieux qu'à vos frères, que Dieu a confié *l'entretien* de cette vie de famille.

Vous êtes *le lien* qui resserre cette communauté de prière, de travail, de peine et de joie, — le lien qui l'empêche de se relâcher, — le lien qui la rattache toujours, qui toujours sait la rendre agréable.

Et vous serez *ce lien* si, aux autres vertus dont nous vous avons parlé, si, à la piété, à la soumission, au dévouement, à l'amour du travail vous joignez

L'Amabilité.

Sans amabilité, vous pourrez sans doute pratiquer l'amour de Dieu, mais vous ne contribuerez pas au développement et à l'accroissement de cet amour dans les personnes qui vous entourent.

Nous allons vous parler :
1° *De la nature de l'amabilité,*
2° *De la pratique de l'amabilité.*

1. *Nature de l'amabilité*

L'amabilité est, en général, un ensemble de qualités intérieures et extérieures :
Qui attire auprès de la personne qui les possède,
Qui retient près d'elle,
Qui rend heureux auprès d'elle.

L'amabilité est moins une vertu distincte que le résumé de plusieurs vertus, supposant dans la personne qui les possède :

La *paix* au dedans, base de toute amabilité,

La *douceur* dans les relations,

La *bonté* dans les paroles,

Le *dévouement* dans les actes,

L'*indulgence* dans les appréciations,

La *gaîté* sur le visage,

L'*aisance* simple et gracieuse dans les manières,

Le *bon esprit* qui nous fait chercher et voir le bon côté des personnes et des choses,

Le *caractère facile* qui se plie à tout et à tous,

La *soumission généreuse* dans nos rapports avec nos supérieurs,

Et, ordinairement même, un *léger désir d'être apprécié et aimé*.

L'amabilité se montre dans la manière de se présenter — d'agir — de parler — de donner — de recevoir — de marcher — d'offrir — de sourire.

Elle charme les yeux, elle captive l'esprit, elle gagne les cœurs, elle met à l'aise.

Voilà, certes, une abondance de qualités difficiles à trouver réunies dans une même personne. — C'est peut-être à cause de cette difficulté que l'*amabilité* est si rare, au moins dans sa perfection.

Il faut que notre pensée monte jusqu'à vous, ô Marie immaculée, ô mère de Jésus-Christ, à vous qui avez mérité et à qui convient si parfaitement ce titre de *mère aimable*,

Vous êtes l'*amabilité* dans ce qu'elle a de plus beau, de plus doux, de plus attrayant. L'amabilité est en quelque sorte votre nature.

C'est vous qui la reflétez dans l'âme, dans le cœur, dans l'esprit et même dans les manières de ceux qui vous servent, qui vous aiment, qui vivent avec vous.

C'est par vous qu'elles pourront se montrer aimables, les jeunes filles, qui, comme vous, ont la mission que vous avez eue directement, d'attirer Jésus en elles, de le garder et de le communiquer autour d'elles.

« Du moment qu'une femme passe le seuil d'une maison, elle en devient l'âme ; et si cette âme, comme celle de la Très Sainte-Vierge, possède Dieu, c'est Dieu qu'elle donne.

Si tout ne se fait pas par elle, du moins elle inspire et dirige tout.

Elle peut se cacher, dissimuler son autorité ; elle ne supprimera jamais son influence.

Elle irrite ou console, soutient ou décourage. Bonheur ou tristesse tout vient d'elle.

Dieu l'a mise près de l'homme, pour le calmer, pour adoucir ce qu'il y a d'âpre dans sa vie, de cruel dans ses épreuves, de mauvais dans l'irritation de son humeur.

A son sourire, le regard se calme, et les grondements de la colère s'apaisent.

Elle a des mots charmants et des intonations de voix qui prennent le cœur.

Elle commande avec habileté et sagesse ; sans blesser une idée arrêtée, elle la bat lentement en brèche. Tout son art consiste à cacher qu'elle est en opposition avec celui qu'elle veut amener à ce qu'elle désire. »

O jeunes filles, si vous vouliez être vertueuses, que vous seriez aimables et que d'âmes vous mèneriez au ciel !

II. *Pratique de l'amabilité*

L'amabilité, dans ce qu'elle a de pratique, consiste à *chercher habituellement à faire plaisir aux autres.*

Son désir constant est de rendre heureux ; et le bonheur, elle le donne alors même qu'elle ne cherche pas directement à le donner.

On dit que *le mal* est contagieux ; *le bien* aussi a sa contagion et *le bonheur* aussi ; et celui qui est bon et heureux rend bon et heureux ceux avec qui il passe sa vie. Être aimable c'est être bon et heureux, c'est donner aux autres la bonté et le bonheur.

N'est-ce pas là une mission enviable ?

C'est la vôtre, jeunes filles, si vous pouvez, comme nous vous l'avons dit dans une de nos *Paillettes*, faire cette réponse d'une enfant à qui on demandait : *Comment faites-vous pour être si aimable ?* — C'est bien simple, *j'ai le bon Dieu avec moi*. Ce n'est pas moi qui suis aimable, c'est Dieu à qui j'appartiens et à qui je m'abandonne tout entière. Un prêtre m'avait dit, il y a longtemps : « Portez Jésus auprès de tous ceux que vous abordez ; ils seront bien méchants s'ils n'éprouvent pas un peu de bonheur. » — Et j'agis ainsi ; ma science consiste à ne pas laisser sortir Jésus-Christ de mon cœur.

Rappelez-vous qu'on vous saura toujours gré d'être aimable. On vous en voudra quelquefois d'avoir été *spirituelle*, et le jour où on dirait que vous avez *l'esprit mordant*, on vous ferait un pauvre compliment. Jamais on n'éprouvera pour vous la moindre antipathie quand vous aurez fait plaisir et que vous vous serez montrée aimable.

Développons ces pensées :

1. Etre aimable, c'est avoir la paix et la joie dans l'esprit. Cette paix et cette joie *éclairent* le visage et le reposent — *donnent* au regard un rayonnement qui illumine doucement autour de lui, et produit sur les autres l'effet d'un rayon de soleil sur la plante.

Cette paix et cette joie intérieures prêtent aux paroles une harmonie qui charme. — La présence seule de l'âme qui les possède semble dire à tous : « je suis heureux de vivre avec vous ; le bonheur que je sens, c'est à vous que je le dois. » — Elles *portent* même à la vertu parce qu'elles font dire : *Dieu seul peut donner cette paix et cette joie.*

2. Etre aimable, c'est être *affable*, c'est-à-dire *accueillir* avec bonté, *écouter* avec bienveillance, *accorder* tout ce qu'il est possible d'accorder, ne *refuser* qu'avec une véritable peine, bien sentie, bien manifestée ; ne laisser personne *s'éloigner* sans une parole ou de paix, ou de joie, ou d'espérance, ou de consolation.

C'est *attirer* la confiance. — « La fleur attire l'abeille, le grain attire l'oiseau ; le sourire bienveillant de l'affabilité attire le petit, le pauvre, l'affligé, tous ceux qu'aimait Jésus. »

3. Etre aimable, c'est être *condescendant*, c'est-à-dire se prêter aux désirs des autres alors même qu'on se sent dérangé — accepter avec simplicité les opinions des autres quand elles n'ont rien de directement opposé à la vérité. — C'est, dit saint François de Sales, « se faire avec tous les caractères, s'accommoder à tout le monde autant que la loi de Dieu et la droite raison le permettent ; c'est être comme une boule de cire molle, susceptible de toutes les formes, pourvu qu'elles soient bonnes. » — C'est interrompre sa prière pour rendre un service — c'est se priver

d'une visite à l'église, d'un acte de simple dévotion pour un devoir de charité ou même de complaisance qui peut ramener une âme à Dieu — c'est voir Dieu dans le prochain et se convaincre que servir le prochain, c'est servir Dieu — c'est se faire *enfant* avec les enfants ; *enjoué, sérieux, grave,* pour amener tout le monde à Dieu — c'est quelquefois et souvent peut-être, *savoir s'ennuyer et s'ennuyer gaîment.*

Une femme, interrogée par une amie sur le secret de conserver les bonnes grâces de tous ceux avec qui elle vivait, répondit : *J'y ai réussi en faisant tout ce qui leur plaît, et en supportant tout ce qui ne me plaît pas.*

4. Etre aimable, c'est être *d'humeur égale;* c'est-à-dire calme, paisible, ferme, sans entêtement ; doux, sans mollesse ; simple dans ses goûts, dans ses plaisirs, même dans ses vertus; évitant toute singularité, tout caprice, sacrifiant son sentiment, sa manière de voir, ses projets sans paraître faire un sacrifice.

5. Etre aimable, c'est avoir *l'esprit facile et social,* s'accommodant de tout, se portant volontiers partout où il y a un service à rendre, un plaisir à faire, une joie à procurer ; n'opposant jamais un refus froid et sec à une demande, ne montrant

même jamais un air indifférent à ce qui nous est dit.
— C'est *se plier* avec une douce condescendance non seulement aux exigences mais aux simples désirs — c'est être complaisant pour venir en aide dans un travail, dans un jeu, — pour prêter ce qu'on a — pour s'offrir en tout ce qui peut être utile ou agréable.

6. Etre aimable, c'est être indulgent, — c'est — avons-nous dit dans une de nos *Paillettes* — chercher une excuse à tout; c'est, à toute chose, qui n'est pas évidemment mauvaise, donner une interprétation favorable; c'est ne jamais montrer qu'un procédé, même un peu malveillant, nous a blessé — c'est dire de la personne qui nous a froissé : *Elle n'y a pas pensé, autrement elle ne l'aurait pas fait,* — *Elle n'a pas cru me peiner ; elle est trop bonne.*

7. Etre aimable, c'est faire croire aux autres qu'ils sont bons ; et c'est un des grands moyens de leur faire plaisir, — C'est être *doux* aussi, de cette douceur dans la parole, dans le sourire, dans la manière d'agir, de commander, de répondre... à laquelle Notre Seigneur Jésus-Christ a promis *la possession des cœurs.*

8. Etre aimable, c'est *être poli;* — poli, surtout avec les siens et dans l'intimité de la famille. —

Beaucoup de jeunes filles, a-t-on dit, considèrent la politesse comme un objet de luxe dont on ne doit se servir qu'avec les étrangers et dans les grandes circonstances ; et qu'en rentrant au logis, elles se hâtent de dépouiller comme elles enlèvent leurs vêtements de sortie.

Non, la politesse n'est pas un objet de luxe ; elle fait partie essentielle de votre être, à vous surtout, jeunes filles ; elle doit se retrouver partout où vous êtes. — Vous en êtes, en quelque manière, la gardienne au foyer ; sans vous, elle se perdrait bien souvent.

Politesse dans la manière de *se vêtir ;* simple, à la bonne heure, mais ne manquant jamais d'une certaine élégance qui repose le regard. On dit que le désir de plaire ne disparaît jamais de l'esprit d'une jeune fille, voudriez-vous donc déplaire à ceux que vous aimez ?

Politesse dans *la tenue* qui ne doit jamais offrir rien de lâche — dans les *paroles* qui ne doivent jamais avoir le ton aigre, ou mécontent, ou indifférent ; n'oubliant jamais, en famille, ni le *bonjour* du matin, ni le *bonsoir* de la fin du jour, ni le *pardon* tacite demandé ou accordé après les menus dissentiments de la journée, ni les formules affectueuses qui remercient ou qui demandent.

Politesse dans la manière de se présenter, d'offrir, de recevoir, de refuser.

Politesse avec tous. Et dans la maison, ce n'est pas seulement le père et la mère qui y ont droit; c'est *le frère* alors même qu'il en manquerait lui-même, ce sont les domestiques, les ouvriers, tous ceux qui viennent à vous.

Le défaut de politesse a — dans beaucoup de familles — ouvert la porte aux discussions, à l'aigreur, aux paroles froissantes ; il a été cause de pénibles désunions.

9. Etre aimable, c'est ne faire souffrir personne des peines que nous éprouvons ou des malaises qui sont venus affaiblir notre santé et par conséquent notre humeur.

Il faut une grande vertu pour demeurer douce, bonne, jusque dans les tortures de la maladie — pour ne pas se montrer trop exigeante — pour savoir souffrir et ne pas faire souffrir les autres — pour ne pas permettre qu'on se fatigue inutilement en nous rendant les services dont nous n'avons pas un besoin absolu — pour accepter enfin avec reconnaissance et remercier avec grâce. Ne pas se plaindre est presque héroïque, mais c'est si sanctifiant !

10. Etre aimable, — faut-il le dire ? — c'est être un peu, mais bien peu, coquette. C'est ne jamais paraître *en négligé*; c'est avoir une mise et une

tenue qui ne blessent jamais les yeux. Il y a une élégance qui ne tient ni à la richesse des étoffes, ni à la coupe des vêtements, ni au soin minutieux de ne rien laisser en désordre, mais au goût inné de *se sentir bien, de faire plaisir,* et même *de plaire un peu* sans y penser directement. Certes, a dit une femme du monde, le Saint-Esprit, en se servant indifféremment des termes *beau* et *bon* pour exprimer la même chose, n'a-t-il pas affirmé que ce qui est beau est bon ?

Mais il faut, pour cela, s'accoutumer, dès la première enfance, à une grande rigueur dans la tenue, dans l'ordre, dans la propreté, dans les soins matériels ; et, c'est au pensionnat où les maîtresses se montrent d'une sévère exigence pour tout ce qui est lâcheté, paresse, désordre, mieux que dans la maison paternelle, que peut se contracter cette habitude.

11. Etre aimable c'est avoir ce quelque chose difficile à définir qui s'appelle *la distinction*.

« Je tiens beaucoup, écrivait le général de Sonis, à ce que mes enfants aient de la *distinction*, cette qualité d'ensemble si aimable, si gracieuse que chacun sent et qu'il serait injurieux de définir... Je veux que dans leur langage, leurs allures, leur aspect, ils donnent une bonne idée de leur éducation, et qu'ils rendent ainsi aimables leur religion, leurs maîtres, et le nom qu'ils ont reçu de leur père. »

La distinction se montre au dehors, sans que ceux qui la possèdent se rendent compte qu'ils la possèdent, mais elle n'est que le rayonnement *du dedans* ; elle est la manifestation de la vie de Jésus-Christ en nous. Plus donc Jésus-Christ vivra en nous, plus au dehors se fera sentir quelque chose de divin.

Voulez-vous voir *l'amabilité en action ?* Lisez cette page de Legouvé rappelant les paroles qu'il a dites à une jeune fille :

« Mademoiselle Marie, c'est à vous et à vos dix-sept ans que j'en veux. Voici une petite bague que je demande à votre mère la permission de vous offrir, afin qu'elle vous rappelle.... devinez quoi ?... Une qualité que vous avez sans le savoir, et dont il est bon que vous vous rendiez compte, afin de la cultiver de votre mieux.

— Qu'est-ce donc ?

— Le voici :

Il y a une huitaine de jours, dans un salon, je laissai tomber, selon une louable habitude, ma calotte de velours. A peine était-elle à terre que vous vous levez, vous courez, vous la ramassez, et vous me la rendez avec le plus gentil sourire du monde.

L'autre matin, au sortir du déjeuner, nous nous promenions dans le jardin ; au détour d'une allée, un petit vent du nord vient souffler sur les épaules. Aussitôt, vous voilà partie; et, deux minutes après, vous rapportez un châle à votre mère. Elle ne s'était pas plainte du froid, mais vous avez pensé qu'elle s'en plaindrait peut-être.

Dimanche dernier, au retour de la messe, une vieille dame de vos amies avait fort vanté de belles violettes d'automne, aperçues dans un coin du jardin. Le soir, à table, elle trouvait, sous sa serviette, un bouquet des fleurs qu'elle aime.

Ce sont là, sans doute, de bien petits mérites, mais qui reposent sur une grande vertu: *penser aux autres*, et qui portent un nom charmant: *la prévenance*, une des formes de *l'amabilité*.

Vous vous rappelez ces vers de La Fontaine dans la fable des *Deux amis:*

> Qu'un ami véritable est une douce chose!
> Il cherche vos besoins au fond de votre cœur,
> Il vous épargne la pudeur
> De les lui découvrir vous-même.

En définissant *l'amitié*, le poète a défini *la prévenance*.

Elle aussi, elle cherche nos besoins au fond de notre cœur; ou plutôt, elle fait mieux, elle les devine dans un regard, dans un geste, dans une physionomie. Tout est aimable, dans cette qualité, même la façon dont elle se produit.

Quoi de plus joli, comme tableau, qu'une jeune fille s'interrompant au milieu d'un travail qui lui plaît, d'une lecture qui l'occupe, d'un jeu qui l'amuse pour *venir au devant* d'un désir inexprimé.

Quel sympathique échange de regards entre l'obligé et celle qui oblige !

Etre prévenant, c'est *aimer* c'est *être aimable*, c'est *se faire aimer*. La prévenance est une des formes de la charité chrétienne. »

Conclusion

Laissez-nous finir ces pages un peu longues peut-être mais si importantes pour le bonheur et l'utilité de votre vie, par ce conseil d'un homme du monde :

« Vous qui êtes jolies, mesdemoiselles, vous pouvez sentir combien sont à plaindre les jeunes filles qui ne le sont pas et qui ne vous regardent jamais sans souffrir, car *il n'est si bon miroir*, dit un vieil adage, *que plus belle que soi*. Aussi est-ce pour vous un impérieux devoir de mettre tous vos soins à les consoler, ces pauvres disgraciées, à les dédommager autant que possible par vos bons procédés, votre délicatesse et une tendre affection. Si elles louchent, regardez-les de profil ; si elles ont une abondante chevelure sachez donner discrètement le relief à ces qualités secondaires ; si elles ont de l'esprit ou de généreux sentiments; si elles sont dévouées, charitables, si on les voit à la tête de toutes les bonnes œuvres, ce qui arrive souvent quand elles sont pieuses, ne laissez échapper aucune occasion de mettre tout cela en relief. Votre tact et votre bon goût ne trouveront jamais un meilleur emploi.

Les chères enfants n'oublieront pas qu'elles sont peu attrayantes, mais parce que vous aurez été bonnes, elles vous pardonneront un peu d'être belles. » (Rozan.)

Ajoutons, comme conclusion générale, ces conseils que la vénérable Mère Barat, fondatrice de la Société du Sacré-Cœur, adressait à une réunion de dames :

« Soyez *pieuses*, mais d'une piété qui place le devoir avant les exercices de pure dévotion.

« Soyez *fermes*, contre le monde et le respect humain.

« Soyez simples et modestes.

« Les femmes se perdent par le luxe, les plaisirs coupables et la lecture des romans : les mauvais livres sont des tisons d'enfer.

« Ne jugez pas, soyez plutôt bienveillantes.

« Ne vous contentez pas d'être bonnes, soyez *aimables*, de cette amabilité à la fois énergique et condescendante que vous trouverez dans le cœur fort et doux de Jésus. »

ARTICLE SIXIÈME

Formation de la vie pratique et de la vie sociale par l'acquisition des connaissances usuelles

1. Nous entendons par *connaissances usuelles*, ces connaissances qui sont d'un usage journalier, pour établir — conserver — augmenter et rétablir dans les familles :

> *L'ordre,*
> *Le bien-être,*
> *L'aisance,*
> *La santé,*
> *La joie.*

Pour rendre utiles et agréables *les relations* soit avec les amis, soit avec les étrangers.

Nous ne pouvons indiquer ici que d'une manière générale, les leçons données au Pensionnat.

Ces leçons elles-mêmes, doivent être, au Pensionnat, des indications, des principes, plutôt que des applications.

C'est, après les années consacrées aux études, et sous la direction de sa mère, que la jeune fille s'initiera à cette vie qu'on appelle *matérielle*, non pas qu'elle n'ait rien d'élevé, de grand, de poétique même, mais parce qu'elle semble mettre en activité le corps plus que l'esprit.

2. Ces connaissances usuelles peuvent être comprises sous ces trois titres :

La *science du ménage*,
L'*hygiène*,
Les *relations*.

I. LA SCIENCE DU MÉNAGE

1° *Science théorique du ménage*

Nous avons, sous ce titre, publié un opuscule adopté comme classique dans beaucoup de pensionnats et dont nous allons donner les grandes divisions; elles montreront ce que le livre a d'utile, non pas sans doute pour faire des jeunes filles d'un pensionnat *de vraies ménagères*, mais pour leur faire désirer de compléter, auprès de leur mère, une étude qui leur permettra d'être réellement *des femmes utiles*.

1. Les premières pages indiquent la *nature de la science du ménage*.
Elle apprend :

A amasser,
A conserver,
A utiliser,
A réparer,
A embellir.

Elle a comme auxiliaires :

Pour amasser : *le travail* et *l'économie*.

Pour conserver : *l'ordre* et *la propreté*.

Pour utiliser : *les diverses connaissances acquises* et *les leçons de l'expérience*.

Pour réparer : *l'industrie et l'activité*.

Pour embellir : *les enseignements du bon goût*.

Elle est nécessaire :

Pour qu'une maison ne tombe pas dans la gêne, l'appauvrissement, la ruine, et, par suite, bien souvent, dans le désordre moral.

« Rarement, on devient pauvre par la faute des évènements : aussi quand vous verrez une maison déchoir de la position qu'elle occupait, regardez bien au fond, vous y verrez ordinairement une de ces quatre passions :

La *prodigalité* — la *vanité* — la *passion du jeu* — l'*amour des spéculations*.

Les deux premières : la *prodigalité* et la *vanité*, viennent de la femme. Si elle est solidement vertueuse et habile, c'est-à-dire, si elle unit l'instruction au tact et à l'ordre, elle peut souvent remédier aux deux autres. »

2. Les pages suivantes précisent le but de la *science du ménage*.

Cette science tend à procurer :

L'*aisance* dans la famille par le bon emploi et même l'augmentation du revenu.

Le *bien-être*, c'est-à-dire la situation qui éloigne d'une famille ce qui pourrait la faire souffrir, — l'attention à lui fournir ce qui fait la vie bonne, paisible, agréable, — le soin d'alléger, par tous les moyens, les peines morales et physiques qui traversent l'existence.

3. Voici les règles qui doivent guider une maîtresse de maison pour procurer cette aisance et ce bien-être.

Première règle

Connaître son revenu et régler ses dépenses d'après le total

Se rendre bien compte des ressources *assurées* et *aléatoires* sur lesquelles une famille peut compter, doit être la première préoccupation d'une maîtresse de maison. Par là, elle peut régler ses dépenses.

Cette dépense doit fixer :

1° *La part des pauvres* qui est *la part de Dieu* et qu'il faut toujours faire la première. Cette part *sera large*, elle *sera minime*, peu importe ; elle doit toujours être faite. C'est de l'argent placé sur *la banque du bon*

Dieu qui *jamais n'a fait faillite*. Toute famille chrétienne a une *tire-lire* dans laquelle la mère dépose chaque matin, où *un sou* si elle est pauvre, le premier sou qu'elle a gagné ou reçu — ou une somme plus importante en rapport avec son revenu.

2° La *part de l'imprévu*. — S'obliger à mettre de côté, chaque fois qu'il y a une rentrée ou un bénéfice, une certaine somme qui servira pour subvenir à un accident ou à procurer une joie à la famille.

Cette dépense peut être prévue d'une manière générale et déterminée, d'après le *revenu fixe* quand il existe, et être en rapport avec la position sociale, avec le nombre des membres de la famille et les besoins de chacun d'eux. Il faut du tact, du savoir-faire, un certain usage de la vie et une prudence qui ne s'acquiert que peu à peu, pour arranger utilement un budget.

Cette dépense doit être réglée tous les soirs pour les menus achats quotidiens, tous les mois et toutes les années pour l'ensemble, de manière à *équilibrer* les dépenses et les recettes. — S'il y a un *déficit*, le premier soin doit être de le combler en retranchant de ce qui est *superflu*, et il y a tant de choses dont on peut se passer.

Deuxième règle

Savoir acheter et acheter chaque chose en son temps

Savoir acheter est toute une science qui exige du tact, du discernement, de l'esprit d'observation, de la patience et... un peu de bonheur.

Les achats doivent être faits autant que possible *de première main*, quand il s'agit de s'approvisionner.

Les achats doivent toujours avoir pour objet *ce qui est bon* — même en payant plus cher on dépense moins, à cause de l'usage qui en est plus long.

Les achats doivent être *réglés* ; il faut les faire selon les besoins, plus que selon ou la fantaisie ou même les occasions, à moins de cas très rares. La manie d'acheter devient une véritable passion, or, acheter, sans besoin réel, parce que on trouve des objets à bon marché est un commencement de ruine.

Les achats, faits par d'autres que par soi-même, doivent être *surveillés* et *contrôlés*. Un marchand peut facilement être porté à tromper, — une domestique a souvent des tentations d'indélicatesse.

Troisième règle

Avoir l'œil à tout et prendre garde aux petits dégâts

Cette règle exige :

Une *surveillance personnelle* sur tout ce qui vous appartient, tout ce qui vous est confié et sur tous ceux qui vivent ou qui travaillent même passagèrement dans la maison.

Un *soin minutieux* sans que cette minutie paraisse trop, pour que rien ne se perde — rien ne se gâte — rien ne traîne — rien ne soit mis au rebut sans être examiné.

Une *vigilance presque exagérée :*

Pour ne pas être trompée, par perte de temps — par entente avec les fournisseurs — par gourmandise — par gaspillage — par charité mal entendue.

Pour empêcher ce qu'on appelle les *petits dégâts* qui peuvent si facilement avoir lieu, sans qu'on puisse s'en apercevoir : dans les achats — dans la préparation des mets — dans les comptes négligés et les centimes non comptés — dans le linge et les vêtements, tenus mal propres, entassés, mal entretenus.

Quatrième règle

Chercher et former de bonnes domestiques

Ce n'est pas sur vous que pèsera, pour longtemps encore, l'obligation de chercher et de former les personnes qui doivent être à votre service, et qui, autrefois, dit Mgr Landriot, quand les familles étaient profondément chrétiennes, faisaient *partie de la famille* et prenaient le nom si doux et si bon de *domestiques*, c'est-à-dire *membres de la maison.*

Nous vous demandons de lire dans la *science du ménage* le développement pratique que nous avons donné à cette règle.

Un mot seulement :

N'oubliez pas que la *vie intime* d'une famille n'échappe pas plus aux serviteurs que la *vie extérieure*.

Une femme de chambre surtout parvient à connaître *tout ce que fait sa maîtresse — tout ce qu'elle lit — quelles sont ses relations, ses fantaisies, ses manies;* — et elle abusera trop souvent de cette connaissance, soyez-en sûre.

Elle a vite compris quelle est la piété de sa maîtresse, quels sont ses défauts — et deviné les moyens de domination qu'elle peut employer pour se rendre indispensable : *petites flatteries, médisances agréables, nouvelles piquantes, offres de services...*

Comprenez-donc déjà quelle doit être votre *prudence, votre réserve*, et surtout votre *confiance absolue* en votre mère pour les mille petits accidents de la vie matérielle et pour n'avoir rien à lui dissimuler.

Comprenez l'obligation de vous rendre à vous même tous les services qui dépendent de vous, et que la vie du pensionnat vous a rendus familliers et faciles.

Cinquième règle

Rendre agréable la demeure de la famille

La demeure de la famille doit être aimée ; elle doit attirer, retenir ; elle doit être préférée à toute autre demeure.

Pour cela, il ne faut pas la laisser dépouillée, sans fraîcheur et sans attraits ; nous n'aimerions pas la nature si les arbres ne nous présentaient que leurs branches arides. — Il faut qu'elle soit embellie et par conséquent agréable.

Cet embellissement dépend :

Du *choix d'un mobilier* qui peut ne pas être somptueux, mais peut toujours avoir quelque chose qui plaît par *sa forme* simple et élégante et par sa *propreté* que ne ternit pas la poussière.

De l'*arrangement* de ce mobilier qui tient à si peu et à tant de choses, et qui varie selon la destinée de l'appartement. Un salon, une simple salle, une chambre à coucher, la chambre des vieux parents, celle des enfants, celle du père et de la mère... ont chacun leurs meubles et leur arrangement particulier.

De l'*entretien* de chaque chambre et de ce que le bon goût de la jeune fille et de la mère sait y introduire. Peu d'encombrement, mais quelques fleurs selon la saison, quelques tableaux peu nombreux, à moins d'un goût particulier, mais réellement beau , quelques gravures de maître... — Même quelques-uns de vos travaux, essais de dessin ou de peinture faits au pensionnat.

De l'*agrément* que l'esprit peut trouver pour se reposer, se récréer, se ranimer selon les aptitudes et les goûts littéraires ou artistiques: *instruments de musique et partitions nouvelles, livres choisis, albums et revues* connus par leur esprit élevé et sérieusement chrétien... même, mais en très petit nombre, quelques futilités artistiques qui font sourire. — Une table à ouvrage n'est déplacée nulle part.

De la *manière* dont la maîtresse de maison reçoit ceux qui viennent à elle et dont nous aurons à parler.

Des *fêtes intimes* qui réjouissent de temps en temps l'intérieur de la famille et auxquelles on invite un petit nombre d'amis, des *amis intimes*. C'est la fête du père, de la mère, des grands parents; c'est la fête de chacun des enfants, un anniversaire de naissance, une première communion, un succès obtenu, une fête d'Église, une sortie de pension, C'est... le cœur est ingénieux à créer des fêtes de famille, et chacune d'elles que couronnent, après un repas soigné, quelques joyeusetés, est un rayon du soleil plus chaud, plus brillant, plus fécond.

2° *Science pratique du ménage*

1. Est-il possible, au pensionnat, de former une jeune fille à *la science pratique du ménage*, c'est-à-dire à lui apprendre à *faire la cuisine — à acheter au marché les provisions du jour — à préparer une lessive...* etc. ?

En général, *non*.

Ce n'est pas directement dans ce but que les parents mettent leurs enfants dans ces maisons.

Ce qu'ils demandent, c'est qu'avec la formation du caractère et les connaissances littéraires et scientifiques qui permettront plus tard à leurs enfants de prendre place, avec simplicité sans doute mais avec aisance et avec honneur dans la société — on leur donne des *habitudes* d'activité, de propreté, d'ordre, d'économie.

Ce qu'ils demandent, c'est que les éléments de sciences que leurs enfants emportent du pensionnat ne les détournent pas et ne les dégoûtent pas de la vie de famille, soit à la ville, soit à la campagne ; c'est que la passion de la lecture ne leur fasse pas dédaigner la tâche quotidienne que leur imposera leur position.

La jeune fille à qui on a donné le *goût du travail* sous toutes ses formes, dont on a fortifié le caractère contre les répugnances des occupations manuelles

— à qui on a montré la *vie de famille* dans ce qu'elle a de beau, de grand, de divin, d'utile, d'heureux, comme dépendant à peu près uniquement d'elle, — cette jeune fille sera suffisamment préparée à tous les dévouements et à tous les travaux à entreprendre.

La *science pratique du ménage* est alors affaire de pratique, de bonne volonté, plus encore que de théorie, et jamais, sur ce point, le pensionnat ne saura rivaliser avec la mère.

Est-ce à dire qu'il ne faille pas, au pensionnat, appliquer quelquefois les élèves à des travaux appelés *travaux de servante?* Ecoutez cet entretien de Mme de Maintenon aux jeunes filles de Saint-Cyr :

« Je ne saurais comprendre ce qu'a fait une de vous. On l'envoie balayer, et parce que la femme de service lui marque ce qu'elle doit faire, elle s'en choque, et dit : Une servante ne doit pas me commander ; c'est à nous à faire ce que nous voulons.

Peut on voir une telle insolence ? quoi ! parce qu'on vous dit : vous balaierez là, vous ferez cela, vous êtes choquée ! mais, moi, si on m'envoyait aider une servante, la première chose que je ferais serait de demander ce qu'elle veut que je fasse, car certainement je ne saurais par où commencer.

On dit à une autre de porter du bois, de balayer ; elle répond qu'*elle n'est pas servante.* Non certainement vous ne l'êtes pas, mais je souhaite qu'au sortir d'ici vous trouviez une chambre à balayer, vous serez trop heureuse de le savoir faire, et vous saurez alors que d'autres que des servantes balaient.

Je me souviens qu'allant un jour chez Mme de Montchevreuil, qui, attendant compagnie, avait bien envie que sa chambre fût propre, mais ne pouvait la nettoyer elle-même parce qu'elle était malade, ni la faire nettoyer par ses gens qui n'étaient pas là, je me mis à frotter de toutes mes forces, pour la rendre nette et je ne trouvai pas cela au-dessous de moi.

J'aurais beau frotter votre plancher, aller quérir du bois ou laver la vaisselle, je ne me croirais point rabaissée pour cela.

Que tout le monde vienne à Saint-Cyr et qu'on vous trouve toutes le balai à la main, on ne le trouvera pas étrange et cela ne vous déshonorera pas. »

2. Nous transcrivons volontiers — les croyant utiles — les pages suivantes qui ont pour but de montrer l'estime qu'il faut avoir au pensionnat pour les enseignements pratiques de la vie.

« A voir les programmes des études, on dirait que toutes les jeunes filles sont destinées à vivre plus tard dans des maisons où le travail matériel se fait comme par enchantement ; qu'elles n'auront qu'à entretenir leur correspondance, lire le journal, feuilleter le livre nouveau, s'occuper de broderies ou d'autres travaux d'agrément, faire et recevoir des visites agréables ; qu'elles trouveront à la maison une servante toute formée, toute dévouée qui prend le soin de tout.

« Lorsqu'elles rentrent dans leur famille après cinq, six, dix ans d'études, elles savent une foule de choses qui ne leur serviront que rarement, quelques-unes jamais, que du reste, elles auront vite oubliées; elles ne savent à peu près rien de ce qui doit servir toute la vie.

« Il n'y a pas d'illusion à se faire, les dix-neuf vingtièmes de ces jeunes savantes qui ont leur brevet, devront *avant tout soigner leur ménage*, et même les quelques privilégiées, dont la condition est supérieure, sentiront le besoin — si elles ont du sens — de savoir mettre la main à tout. On ne sait guère commander et surtout surveiller quand on ne *sait pas faire soi-même*.

« On n'a pas toujours été d'accord sur l'éducation qu'il convient de donner aux filles ; les uns font à l'*instruction* une part plus grande, les autres une part plus restreinte. Mais tous les maîtres sont d'accord pour recommander les *soins du ménage*.

« L'Ecriture Sainte fait l'éloge de la femme forte ; cette femme forte n'est après tout qu'une *excellente ménagère*.

« Le comte de Maistre parle, avec éloge, à sa fille, d'une dame de Berne qui savait faire quatorze espèces de gâteaux ; il lui recommande le ravaudage et la quenouille, et voudrait qu'on pût dire d'elle, en la voyant coudre avec ferveur : *Croiriez-vous que cette demoiselle lit Klopstock et le Tasse ?* Et en la voyant lire Klopstock et le Tasse : *Croiriez-vous que cette demoiselle coud à merveille ?* »

Si au pensionnat, on ne peut directement vous former à la *science pratique du ménage*, on essaie au moins de vous en donner le goût et de faire naître en vous le désir de pouvoir sentir que *vous êtes utiles à tout et à tous*.

II. L'HYGIÈNE

L'*hygiène* est l'art de conserver et de protéger la santé.

La santé est une des principales bénédictions terrestres accordées par le bon Dieu. *Elle est*, on l'a dit, *l'unité qui fait valoir les zéros de la vie*, et sa conservation devrait être considérée comme un devoir.

Un esprit sain dans un corps sain était regardé par les anciens comme l'un des biens les plus désirables.

De notre santé dépendent, ordinairement et plus qu'on ne le suppose, *l'égalité des caractères, la douceur des manières, l'amabilité des relations et même le succès dans les études.*

Par le manque de santé — quand la piété n'est pas là pour nous apprendre à être résignés — les enfants sont pénibles, irritables, susceptibles, les personnes les plus gaies deviennent silencieuses, désobligeantes.

Ecoutez donc les principes, généraux sans doute, les seuls qu'on puisse vous donner au pensionnat, mais très utiles pour entretenir et fortifier la santé que Dieu vous a donnée.

L'hygiène a pour complément la *médecine* qui est l'art de *rétablir la santé altérée*, par l'application de remèdes.

La médecine comprend :

1º Des connaissances spéciales qui sont le domaine de ceux là seuls qui veulent se livrer à cette étude. — Nous n'avons pas à nous en occuper.

2º Des connaissances générales pour l'application des remèdes et les soins à donner pendant la maladie.

C'est aux femmes surtout, que ces connnaissances générales sont utiles, et leur instruction est incomplète si elle ne comprend d'une manière peu approfondie sans doute, mais suffisante pour leur en montrer la nécessité : *quelques saines notions de médecine domestique — les secours urgents dans les divers accidents de la vie — et surtout ce qu'il y a de bon, de saint, de dévoué, dans le soin à donner aux malades.*

Les leçons de physique, de chimie, d'histoire naturelle faites au pensionnat ne sont réellement utiles qu'autant qu'elles prêtent leurs lumières pour faciliter la vie matérielle.

Il faut savoir la théorie de la *composition de l'air*, — de la *lumière* — de l'*électricité* — il faut connaître la nature de l'*oxygène*, du *carbone*... mais l'application de ces connaissances au bien-être de la vie importe davantage.

Nous dirons sommairement :

1° Les principes d'hygiène pour protéger la santé.
2° Les soins à donner pour rétablir la santé.

1° *Principes d'hygiène pour protéger la santé*

Il se réduisent à un petit nombre de recommandations que nous nous bornons à énumérer.

1. Respirer un air pur

L'air pur, est :

Celui qui est exempt de poussière et de miasme,

Celui qui se respire en pleine campagne et dans le voisinage des arbres couverts de leurs feuilles.

L'air est vicié :

Par l'exhalaison des fleurs,

Par la respiration qui s'échappe de la poitrine quand on est réuni en grand nombre,

Par la trop grande chaleur d'un poêle, sur lequel, pendant qu'il est allumé, il faut entretenir un vase rempli d'eau. Cette eau en s'échauffant, se vaporise et tempère la sécheresse de l'atmosphère.

Par le voisinage des mares.

L'air est rendu pur :

Par les courants établis,

Par l'ouverture toute grande des fenêtres d'une chambre à coucher, d'un appartement, après une réunion nombreuse.

Par l'irrigation légère d'eau goudronnée.

L'air est l'aliment de la vie; il doit être *aussi propre* que le pain qu'on mange. — Et, dit un proverbe, là ou le soleil et l'air n'entrent pas, le médecin entre.

2. Faire de l'exercice

Marches — longues promenades de temps en temps — jeux qui mettent tout le corps en mouvement — gymnastique qui assouplit les membres — travail de jardinage qui récrée.

Ces moyens rendent la circulation du sang plus active, la respiration plus facile, l'appétit meilleur, la digestion plus régulière, le sommeil plus réparateur et même l'étude plus agréable.

L'exercice doit être en général *modéré*, c'est-à-dire, ne pas lasser et exercer toutes les parties du corps. Si la sueur survient, ne pas se reposer trop tôt, marcher à petit pas plutôt que s'asseoir.

L'exercice doit être régulier autant que possible, et pas trop ardemment mouvementé après un copieux repas.

3. Se préserver des transitions brusques et des courants d'air

Ne pas rester trop couvert dans les appartements ou chauffés ou remplis de personnes — s'envelopper le cou et les épaules en sortant.

Ne pas s'exposer aux courants d'air.

Ne pas s'arrêter à l'ombre quand on est en sueur ; le mouvement est alors nécessaire.

Ne pas boire trop frais quand on transpire, et boire à petites gorgées et, si c'est possible, ne pas boire de l'eau pure.

4. Se maintenir dans la propreté

La respiration se fait par *la peau* comme par les poumons — donc, se laver journellement, se frictionner souvent avec un linge un peu rude ; les frictions activent la circulation du sang, facilitant la transpiration, assouplissent les membres, préviennent ou même suppléent à l'exercice qu'on ne peut pas faire.

Rareté d'eau sur le corps est, dit-on, abondance de maux.

Changer souvent de linge, s'il est possible.

5. Se préserver du froid et de l'humidité

La poitrine et les pieds demandent des précautions particulières.

Le froid est dangereux si on est insuffisamment couvert et si on se laisse engourdir.

S'aguerrir est bon et utile.

Le meilleur moyen de combattre le froid est le mouvement qui augmente la circulation.

Il faut savoir se vêtir selon les saisons et le tempérament. Trois mots résument l'hygiène des vêtements : *simplicité, propreté, liberté des mouvements*. — Se *trop serrer*, par une vanité irraisonnable, c'est s'exposer à de très graves dangers.

Une marque de santé est une chaleur douce et une légère transpiration aux pieds.

6. Savoir se nourrir

Avec régularité — avec simplicité — avec variété — avec modération.

S'accoutumer à manger de tout.

Prendre ses repas sans précipitation, sans contention d'esprit, sans avidité.

Les gens d'honneur, dit saint François de Sales, ne pensent à la table qu'en s'asseyant.

En général, disent les médecins, on mange *plus qu'il ne faut* — on mange *trop vite* — on mange *trop assaisonné*.

A ces axiomes ajoutons :

Un repas joyeux est toujours profitable. L'estomac doit, de temps à autre, avoir ses fêtes comme l'esprit.

Après le repas un exercice modéré est préférable à un exercice bruyant.

7. Savoir dormir

Science importante que celle-là.

Il faut dormir :

Suffisamment selon l'âge, le tempérament, le travail.

Régulièrement, à heure fixe pour le coucher et pour le lever. Le sommeil prolongé alourdit, amollit, énerve. Les veilles sont mauvaises ; le lever du matin est toujours utile. Ni la santé, ni la paix, ni la prospérité ne se trouvent dans une maison où la maîtresse se lève tard.

Tranquillement ; loin du bruit sans doute mais surtout sans inquiétude et sans préoccupation. Heureux ceux qui s'endorment sous le regard paternel de Dieu.

Hygiéniquement. Le premier sommeil doit se faire couché sur le côté droit, si on s'éveille, on doit se tourner sur le côté gauche — Ne pas rester couché sur le dos, la respiration serait difficile.

8. Savoir se récréer

C'est redonner au corps par un repos qui n'est pas l'inaction, mais par une promenade en plein air, par des jeux, par un travail qui lui plaît, la force qu'il peut avoir perdue.

C'est chasser de l'esprit par la gaîté, le bon rire, les joyeuses réunions, ce qui le préoccupait et l'assombrissait. — Une heure de franche gaîté est un verre de bon sang.

Les récréations du pensionnat ont toujours cette gaîté et cet entrain si nécessaires à la santé. Une enfant qui ne joue pas est sous l'influence ou d'une maladie ou d'une tristesse de l'âme ou du cœur.

9. Garder son âme en paix

Trois choses vont ordinairement ensemble : *Bon cœur, bonne conscience, bonne santé.* — Les préceptes de la morale et ceux de l'hygiène se confondent en bien des points.

Pourquoi l'âme ne serait-elle pas en paix si elle se sait aimée du bon Dieu, qu'elle aime autant qu'elle le peut.

10. Ne pas s'inquiéter d'une légère indisposition mais aussi ne pas négliger complètement un malaise

Il est bon de s'accoutumer à une vie plutôt *un peu dure* que *molle* — à une vie plutôt *occupée* et *un peu surchargée* que nonchalante — de ne pas se troubler à la vue d'un accident ou du sang qui coule — de regarder avec paix ce qui paraît effrayant — de ne pas fuir épouvanté devant un insecte ou un animal qui ne peuvent être nuisibles qu'autant qu'on les approche.

2° *Soins à donner pour rétablir la santé*

1. La perte ou l'altération de la santé s'appelle *maladie*.

Une personne est malade quand tous ses organes ne fonctionnent pas régulièrement.

On connaît qu'une personne est malade :

A la douleur qu'elle ressent,

A l'altération des traits de sa figure qui devient tirée, pâle ou, par moment, très rouge,

A l'accélération ou au manque de régularité de son pouls,

A la faiblesse qui ne lui permet plus ou ne lui permet que difficilement de se tenir debout ou de faire un mouvement,

A son dégoût pour toute nourriture.

2. Un malade a besoin :

D'un *médecin* qui examine son état et prescrive les remèdes nécessaires,

D'une *garde-malade* qui applique convenablement le traitement prescrit par le médecin.

3. Toute femme, pour accomplir sa mission d'être utile, devrait être :

1° *Un peu médecin et un peu pharmacienne,*

2° *Parfaite garde-malade,*

Pour conseiller, pour calmer, pour soulager, pour rassurer ceux qui souffrent.

1° *La femme doit être un peu médecin et un peu pharmacienne*

Un peu — ce mot dit bien notre pensée. La femme en général ne doit pas s'imaginer pouvoir remplacer ni un médecin ni un pharmacien, mais les suppléer quand ils ne sont pas là : porter les premiers secours dans une *attaque d'apoplexie*, une *syncope*, un *empoisonnement*... — soigner un accident : *entorse, brûlure*...— panser une plaie, arrêter une hémorragie, préparer une infusion de la plante en rapport avec le mal — même guérir une foule de ces petits maux passagers qui sont, on peut le dire, de son domaine plutôt que de celui du médecin : *piqûre d'insecte, simple chute.*

Pour parvenir à ce but :

1. La jeune fille doit connaître la *Botanique* que nous voudrions, au pensionnat, faire apprécier, aimer, désirer, étudier avec plus d'enthousiasme.

Non pas cette science parfaitement ordonnée sans doute et se développant avec une méthode admirable, mais sèche, aride, n'offrant à l'oreille que des consonnances dures à entendre et des mots, parfaitement adaptés peut-être à la nature et à la famille de la fleur, mais à peu près inintelligibles à ceux qui ne connaissent pas la langue grecque.

Cette botanique nous la laissons aux savants. Votre botanique, à vous, jeunes filles, celle qui, plus tard, fera de vous l'auxiliaire du médecin — la joie et le soulagement des malades — celle qui vous permettra d'être la Providence des habitants de la campagne où vous habitez et de toute votre famille — celle qui donnera aux joies de l'esprit et du cœur que vous font goûter ceux que vous aimez, quelque chose de plus agréable — c'est la *connaissance des fleurs médicinales* appelées *les simples*, c'est-à-dire :

 Des plantes qui soulagent,
 Des plantes qui guérissent,
 Des plantes qui préservent,
 Des plantes dont il faut se méfier.

C'est encore la *connaissance des fleurs d'agrément* au parfum délicat, aux formes gracieuses — pour jouir sans doute de leur beauté, mais aussi pour les offrir en hommage de respect et d'affection au bon Dieu, à la sainte Vierge et à ceux qui vous entourent.

Les fleurs ont une voix qui se fait entendre au cœur, mais qui ne s'échappe, avec leur parfum, qu'autant que le cœur sait pénétrer en elles.

Aimez les fleurs pour elles ; aimez les fleurs pour les occasions qu'elles vous offrent d'être agréables et d'être utiles.

2. Nous indiquons sommairement ici les principales classifications des *plantes médicinales* au point de vue de leurs effets :

Plantes émollientes qui amollissent les tissus,
Plantes toniques et astringentes qui fortifient,
Plantes antispasmodiques et calmantes,
Plantes stimulantes, excitantes, sudorifiques,
Plantes vénéneuses, narcotiques, caustiques,
Plantes purgatives, vermifuges,
Plantes expectorantes, adoucissantes.

Les traités de Botanique donnent sur chacune des plantes qui se rapportent à ces divisions :

L'époque de la récolte.

La conservation de la fleur ou de la feuille ou de la racine.

La préparation.

L'usage externe ou interne auquel chacune peut être employée.

Ces connaissances forment la partie vraiment utile de la Botanique, et dans quelques maisons on fait — comme récréation — *un herbier* de plantes médicinales.

3. La jeune fille doit savoir la *composition* et la *manipulation* d'une *petite pharmacie* que toute famille doit posséder, surtout si elle habite la campagne.

Cette pharmacie se compose :

D'une armoire à part, fermée à clef, et tenue dans un endroit sec et peu éclairé — la lumière peut altérer quelques médicaments.

De quelques flacons de différentes grandeurs pour les liquides, toujours soigneusement étiquetés. — La loi ordonne que les remèdes pour *usage externe* portent une étiquette en papier rouge avec ces mots très visibles : *usage externe*. — Les uns renferment de l'*alcool camphré*, de la *teinture d'arnica*, de l'*eau phéniquée*... d'autres, plus petits, du *laudanum*, de l'*ammoniaque*, du *perchlorure de fer*...

De quelques bocaux ou boîtes pour les *médicaments* solides et feuilles médicinales : *tilleul, sureau, bourrache, violette, camomille, feuilles d'oranger*... et *pour les poudres* que les pharmaciens ne délivrent que par prises, *à poids bien déterminé : émétique, sulfate de quinine, magnésie, sous-nitrate de bismuth*...

D'une boîte pour les *linges* servant aux pansements. — Les *bandes* doivent être roulées, les autres linges simplement pliés — là encore sont quelques *paquets de charpie*, de *la ouate*, de l'*amidon*...

D'une place réservée aux divers instruments qui peuvent être utiles afin de n'avoir rien à chercher ailleurs.

D'une *liste* indiquant avec beaucoup de précision l'*emploi* de chacun des médicaments, *la dose* et le *mode d'administration*.

C'est toujours un pharmacien qui doit présider à l'installation d'une pharmacie, quelque simple qu'elle soit.

4. La jeune fille doit connaître les *différents termes* employés en médecine et en pharmacie pour comprendre plus aisément les ordonnances : *collyre, infusion, décoction, liniment, astringents*...

5. La jeune fille doit connaître le nom des *accidents* qui dérangent et troublent la santé : *évanouissement, défaillance, convulsion*... et des *remèdes usuels* qu'il faut leur appliquer en attendant le médecin.

Ces indications suffisamment développées se trouvent éparses dans plusieurs livres. Il serait utile de les réunir dans un même cahier sous ce titre : *petites notes pour la vie pratique*.

Les pensionnaires aiment à emporter ce recueil dans leur maison ; et nous en connaissons qui les conservent, les complètent, et les consultent plus volontiers que des livres savants.

2° *La femme doit être une parfaite garde-malades*

« Si la femme doit mériter le beau titre qu'on aime à lui donner, et être vraiment l'*ange du foyer*, la *consolatrice de la famille*, c'est surtout quand la maladie vient s'asseoir à ce foyer. »

Une mère, une sœur, une fille, sont toutes appelées, dans le cours de leur vie, à être *garde-malades* et alors, si le dévouement et l'affection suffisent pour donner le *courage* de supporter les fatigues, ils ne donnent pas le *savoir-faire*.

C'est pour apprendre aux mères, aux sœurs, aux filles, ce *savoir-faire*, que nous avons publié :

Le livre des gardes-malades.

Nous voudrions pouvoir obliger chacune de vous, à posséder *ce livre*, à le conserver, à le lire, à l'étudier.

Ce qu'il dit, dans sa première page, indique ce qu'il est : « Il faut, autour du lit d'un malade, le *cœur* et la *main* agissant de concert ; vous êtes *le cœur*, ce livre veut être *la main*. Faites-en votre guide, vous que l'affection ou la charité retient près de la couche où souffre un parent bien aimé ou un frère en Jésus-Christ. »

Nous ne résumons pas *le livre des gardes-malades*. Il est à lire tout entier, et nous finissons cette simple indication par cette parole de l'expérience : *Les soins intelligents et dévoués guérissent autant de malades que la médecine.*

III. LES RELATIONS

1. Ce mot indique que vous n'aurez pas, au sortir du pensionnat, à passer votre vie seulement dans ce si doux et si aimé intérieur de la famille, entourées d'êtres aimés — forcément, vous aurez des rapports plus ou moins étendus, selon votre position sociale, avec de nombreuses personnes — de là s'établiront :

Des relations de voisinage,
Des relations de convenances,
Des relations d'affaires,
Des relations d'amitié,
Des relations d'œuvres de zèle,
Des relations de charité...

Toute relation suppose :

Une manière de s'annoncer — de se présenter — de s'aborder — de se tenir — de se quitter — de recevoir.

Une manière de parler, d'écouter, d'intéresser, de prendre part à une conversation générale — d'interroger, de répondre, de regarder, de savoir aussi s'ennuyer.

Une manière de se vêtir, de complimenter, de ne négliger personne, de se mêler à un divertissement, de se sacrifier...

2. On ne peut, au pensionnat, vous apprendre, d'une manière pratique, comment vous devez vous comporter dans ces différentes relations; et les livres *de politesse* qu'on vous lit, et les commentaires de ces livres qu'on sait vous faire si intéressants, ne vous donneront que des aperçus généraux vite oubliés.

L'usage du monde ne s'apprend pas théoriquement; il s'apprend, comme le dit si bien le mot, par *l'usage*.

Savoir tous ces usages, en décrire les mille nuances, les petitesses, les mesquineries, les ridiculités, les nécessités, peut être très spirituel, mais ne sert pas à grand' chose ; à ce mot *savoir* ajoutez le verbe *faire*... Ce qui importe, dans le monde, quelle que soit la position, c'est le *savoir-faire*.

Et vous ne l'apprendrez que petit à petit, sous la conduite de votre mère — par les conseils qui vous seront donnés — par l'observation de la manière de faire des autres — par votre propre expérience qui plus d'une fois vous donnera des leçons un peu piquantes.

Ne vous mettez pas trop en peine; c'est une science qui vient vite, celle des *relations extérieures*; et, sans vous en rendre compte, l'éducation et l'instruction reçues au pensionnat vous rendront facilement capables d'être partout attendues et reçues avec empressement.

3. Soyez *sincères et vraies*; vos manières auront de la sincérité, de la franchise, de la simplicité — vous serez exemptes de prétention, d'affectation, d'obséquiosité.

Soyez bienveillantes; vos manières seront obligeantes, attentives, et nécessairement vous vous ferez aimer; supportez avec un air aimable les personnes qui vous déplaisent; soyez plus prévenantes pour les personnes âgées que pour les autres.

Soyez désintéressées; vous devinerez ce qui convient aux autres; vous les laisserez parler, vous leur fournirez l'occasion de briller.

Soyez prudentes sans en avoir trop l'air; prudentes dans vos réponses, dans vos questions, dans vos appréciations du prochain — prudentes pour accepter un compliment et ne pas le *prendre à la lettre;* prudentes pour faire vous-mêmes des compliments; pour ne pas vous enchaîner par des promesses, ni surtout vous compromettre — prudentes pour ne pas paraître ni tout savoir ni tout ignorer.

Soyez exactes à vous rendre là où vous êtes attendues — à tenir prêt, pour l'heure indiquée, ce qu'on vous a demandé ou ce dont on a besoin. Rappelez-vous qu'on parle toujours un peu mal de la personne qui se fait attendre et qu'on l'accueille avec un peu de dépit — Quelques minutes de retard *pour un dîner, pour une visite à faire, pour un vêtement dont on a besoin, pour un arrangement de salon ou de toilette...* sont en elles-mêmes, peu de chose, mais la vie de tous les jours est faite *de petites choses* comme le vêtement le plus gracieux est fait de petits points. — L'inexactitude impatiente, provoque dans la famille des mots blessants et des reproches amers.

4. On vous a mis entre les mains, au pensionnat, on vous a fait lire, on vous a commenté un tout petit livre appelé *civilité*, c'est-à-dire *l'art d'être poli*. Là, est énuméré, dans tous ses détails :

Ce que demande la civilité,

Ce que défend la civilité.

Et plus d'une fois vous avez souri en voyant dépeint avec tant de vérité le portrait désagréable, grotesque, ridicule, de l'enfant mal élevé.

Ne dédaignez pas ce petit livre qui vous a appris comment, pour ne pas être grossier et ne pas manquer aux convenances, il faut se tenir, marcher, parler, répondre, s'habiller, saluer — comment il faut prendre ses repas, manger proprement, boire, se servir, servir les autres, se laisser servir — comment il faut se comporter à l'église, dans la rue, avec des étrangers, avec des amis — comment il ne faut pas adopter des *manières* qui mettent trop à l'aise même quand on est seul : nonchalance dans la manière de s'asseoir, laisser-aller dans la toilette, désordre autour de soi et sur soi, négligence à raccommoder une légère déchirure, réponses brèves et à demi impertinentes.

5. Nous croyons utile de rapporter ici un *entretien de Mme de Maintenon* aux élèves de Saint-Cyr (juillet 1716).

Cette page d'une femme qui a si bien compris l'éducation et de qui on a dit : Une jeune fille élevée par Mme de Maintenon, devrait être née avec une tête bien mal faite, si elle n'est devenue sérieuse, résignée, sensée, droite, pure, courageuse, capable d'être épouse et digne d'être mère (FAGUET) — cette page vous montrera comment cette institutrice ne dédaignait pas d'entrer dans une foule de détails qui peut-être vous feront sourire :

1. « Ce n'est point, mes enfants, pour vous faire le catéchisme que je vous envoie chercher aujourd'hui,

mais pour vous parler sur la manière de vivre, avec *la politesse et les bienséances qui conviennent.*

Puisque Dieu vous a fait naître demoiselles, ayez-en les manières : que celles d'entre vous qui ont été bien élevées chez messieurs leurs parents les conservent, et que les autres s'appliquent avec soin à les acquérir. Cela est plus important que vous ne sauriez croire : la grossièreté rebute tout le monde, et même les personnes les plus vertueuses ; cela inspire malgré soi un certain dégoût qui fait qu'on évite d'avoir affaire aux personnes qui n'ont ni attention, ni politesse, ni savoir-vivre. Je vous en ai souvent parlé dans les classes ; mais votre maison se renouvelle en si peu de temps qu'il faut aussi répéter très souvent les mêmes choses.

Je vous dis donc, mes enfants, que vous ne sauriez trop tôt prendre l'habitude *d'être polies entre vous* : c'est le moyen de l'être avec tout le monde.

Ne vous tutoyez pas, ne vous appelez pas tout court ; défaites-vous de ces gros tons rudes et traînants, qu'on est tout surpris de trouver en des demoiselles.

Que toutes vos actions soient tranquilles, douces et modestes.

Ne jetez point une porte, ni un siège, ni un livre, de toutes vos forces, comme un manœuvre ferait d'une pierre. Conduisez la porte doucement avec la main, et posez de même de bonne grâce le siège, le livre et toutes autres choses.

Ne passez devant personne sans faire la révérence, faites-vous là les unes aux autres pour vous y accoutumer. Cédez-vous le pas à une porte, ou du moins faites-vous un petit air de politesse avant que d'entrer, et que ce ne soit pas à qui le fera la première, comme je l'ai souvent vu.

Ne répondez jamais oui ou non tout court; il vous est absolument nécessaire d'y ajouter : *oui, monsieur; oui, madame; non, ma mère; non, mademoiselle*, etc., si vous ne voulez pas être aussi grossières que les paysannes les plus mal apprises.

Ne recevez jamais rien et ne présentez jamais rien à qui que ce soit sans faire auparavant un geste de politesse.

Parlez bon français, et n'inventez pas mille mots qui ne signifient rien et ne sont en usage nulle part.

Encore une fois, mes chères enfants, puisque Dieu vous a fait naître demoiselles, prenez-en les manières aussi bien que les sentiments, et mettez-vous dans l'esprit, une fois pour toutes, que, quelque vertu, quelque mérite, quelque talent et quelque bonnes qualités que vous puissiez avoir d'ailleurs, vous serez insupportables aux honnêtes gens si vous ne savez pas vivre.

2. « Quoique vous soyez chargées d'un certain petit commandement sur vos compagnes, cela ne vous met pas en droit de leur parler avec empire, ni

avec hauteur, ni par grossièreté ; au contraire, vous devez vous attacher plus qu'aucune autre à le faire avec politesse, afin de leur servir de modèles en tout.

Par exemple, dites doucement et honnêtement à l'une : *Voudriez-vous bien vous reculer pour ne pas ôter le jour à une telle ?* à une autre : *Je vous prie de faire un peu de place à celle-là ;* une autre fois : *Vous me feriez grand plaisir ;* et à celle-là : *Si vous vouliez bien lui aider à faire son ouvrage, ou lui faire répéter telle chose sur laquelle la maîtresse la doit examiner aujourd'hui.* Ainsi du reste et de mille sortes de choses qui se présentent à tous moments.

Que tout votre extérieur soit bien composé ; tenez-vous droite, portez bien la tête, n'ayez point le menton baissé : la modestie est dans les yeux, qu'il faut savoir conduire modestement, et non dans le menton.

Quelque chose que vous disiez ou que vous fassiez, prenez garde à ne fâcher personne et à n'incommoder qui que ce soit : c'est de quoi il faut être toujours occupée, si l'on ne veut déplaire presque incessamment dans la société.

Si vous vous asseyez, prenez garde de n'incommoder personne, de n'en être ni trop près, ni trop loin ; prenez la place qui vous convient et point celle d'une autre.

3. « Ces petits exemples que je viens de vous cite doivent servir pour toutes les autres occasions ; et il n'y aurait rien à désirer à votre éducation, si vous pouviez vous élever dans cette politesse que nous vous demandons et qui devrait vous être naturelle. »

*
* *

*Maximes écrites par Mme de Maintenon
à la tête des cahiers des demoiselles de Saint-Cyr
pour leur devoir d'exemples d'écriture*

Accoutumez-vous à l'humeur des autres, sans espérer de les accommoder à la vôtre.

Accoutumez-vous à être seules.

Accoutumez-vous de bonne heure à être secrètes.

Aimez la présence de ceux qui vous reprennent, et que votre conduite soit égale, quand ils vous voient et qu'ils ne vous voient pas.

Ayez de la reconnaissance pour tous ceux qui vous ont fait du bien.

Aimer Dieu et votre état est le seul bonheur.

Cherchez la vérité en tout.

Contribuez à la paix autant qu'il vous sera possible.

Dieu sait mieux ce qu'il vous faut que vous-mêmes.

Écoutez toujours et ne parlez guère.

Aimez à faire plaisir et ne mentez jamais.

Élevez souvent votre cœur à Dieu.

Il n'y a de véritable malheur que d'avoir tort.

Il n'y a rien de honteux que de mal faire.

Il n'y a point d'état qui n'ait ses peines, et souvent plus grandes que les vôtres.

Il n'y a de vrai bonheur que de se conformer à la volonté de Dieu.

La fortune est inconstante ; la vôtre est mauvaise présentement ; c'est une raison pour espérer qu'elle deviendra bonne.

Le plus grand de tous les plaisirs est d'en pouvoir faire.

La véritable pénitence est de recevoir de bon cœur et d'aimer les peines que Dieu nous envoie.

Les souffrances et les afflictions qui nous viennent de Dieu lui sont plus agréables que les mortifications que vous choisiriez.

Les réprimandes que l'on fait aux jeunes filles sont de véritables marques de l'amitié qu'on a pour elles.

La mort nous égalera tous, il n'y aura plus que nos bonnes œuvres qui y mettront la différence.

N'ayez d'inquiétude que pour votre salut, le reste est trop incertain pour s'en mettre en peine.

N'ayez jamais envie de voir ni d'entendre ce que l'on veut vous cacher.

Ne dites jamais rien qui puisse désunir.

N'oubliez jamais Dieu ; et si on ne vous laisse pas assez de temps pour le prier, pensez à lui.

N'enviez point les richesses, puisqu'il faut s'en détacher pour faire son salut.

Obéissez exactement à vos supérieurs, sans vouloir examiner s'ils ont tort ou raison.

Prenez de bonnes habitudes : il n'y en a point qui ne deviennent douces, quelque pénibles qu'elles vous paraissent d'abord.

Faites un bon usage de tout ce que l'on veut bien que vous voyiez et entendiez.

Prenez toujours la dernière place ; il vaut mieux être appelé que chassé.

Rendez-vous le plus capables que vous pourrez, car vous ne savez à quoi Dieu vous destine.

Ne soutenez jamais votre opinion avec opiniâtreté.

Rendez-vous, si vous trouvez que vous ayez tort ; il y a plus de grandeur à se rétracter qu'à soutenir une mauvaise cause.

Ne vous souvenez de votre noblesse que pour être plus vertueuses.

Ne confondez pas la mauvaise gloire avec la bonne.

Ne faites jamais dépendre votre bonheur des autres.

Ne soyez jamais pressées de redire ce que vous avez appris, à moins qu'il ne soit utile à quelqu'un.

Ne vous plaignez pas, car vous avez tout ce qui vous est nécessaire, et mille personnes manquent de tout.

Ne vous familiarisez jamais avec les hommes ; la modestie est le partage des personnes de notre sexe.

Ne vous affligez pas de votre mauvaise fortune, mais songez à vous rendre dignes d'une meilleure.

Nous parvenons souvent à ce que nous avons désiré, et nous n'en sommes pas plus heureux.

Rendez-vous à la raison aussitôt que vous la voyez.

Soyez raisonnables, ou vous serez malheureuses.

Si vous vous mettez bien dans l'esprit qu'il est inévitable de souffrir, vous en souffrirez beaucoup moins.

Soyez sévères pour vous et indulgentes pour les autres.

Si vous ne pouvez donner l'aumône aux pauvres, donnez-leur vos prières, vos soins et des consolations.

Souvenez-vous de l'obole de la pauvre veuve ; elle fut plus agréable à Dieu que les grandes aumônes des riches.

Si vous voulez être agréables à Dieu, obéissez à ses lois.

Si vous voulez être agréables dans la conversation, ne parlez guère de vous.

Souffrez beaucoup avant que de vous plaindre.

Si vous ne profitiez de votre bonheur, vous vou en repentiriez un jour bien inutilement.

Si vous voulez être heureuses, regardez ceux qui sont au-dessous de vous et non pas ceux qui sont au-dessus.

Sachez bon gré à tous ceux qui vous reprennent ; il n'y a personne qui n'aimât mieux vous flatter que de vous reprendre.

Si vous sentez de la joie quand on vous reprend, croyez que vous aurez du mérite.

Si vous ne perdiez jamais de temps, vous seriez bientôt capables.

Soyez sobres, et ne soyez jamais occupées de vous que pour songer à éviter tout ce qui pourrait déplaire à Dieu et aux honnêtes gens.

Pour être agréable aux autres, il faut s'oublier.

Soyez gaies, et non pas évaporées.

Soyez ravies de faire quelque chose pour Dieu.

Si vous êtes orgueilleuses, on vous reprochera votre misère, et si vous êtes humbles, on se souviendra de votre naissance.

Il faut que des filles se modèrent toujours, et qu'elles gardent une conduite qui fasse voir qu'elles sont maîtresses d'elles-mêmes.

Il faut souffrir avec patience ce que la justice de Dieu veut que nous souffrions de l'injustice des hommes.

Pour bien commander, il faut savoir bien obéir.

La plus grande parure de notre sexe est la modestie.

Il n'y a que Dieu qui puisse vous donner le courage de soutenir votre mauvaise fortune.

Regardez ceux qui vous reprennent comme vos véritables amis.

C'est un mauvais caractère que celui de grand parleur.

On raille souvent les filles sur leur timidité, mais on les en estime davantage.

Il est difficile de parler beaucoup sans dire des sottises.

Si vous voulez être aimées, occupez-vous plus des autres que de vous-mêmes.

Rien ne déplaît tant qu'une fille hardie.

Travaillez sans cesse, mais sans affectation.

En quelque condition qu'une fille soit, le goût de l'ouvrage lui est nécessaire.

Vous ne serez véritablement raisonnables qu'autant que vous serez à Dieu.

Aimez à faire plaisir ; craignez de fâcher.

L'empressement de parler vient de légèreté ou de vanité.

Dites le moins que vous pourrez de choses inutiles.

Parler pour se réjouir honnêtement n'est pas inutile.

Choisissez d'être incommodées plutôt que d'incommoder.

Soyez simples dans toute votre conduite.

Que votre conscience soit simple et sincère.

Aimez à contenter toutes les personnes avec qui vous vivez, et surtout celles de qui vous dépendez.

Ne troublez jamais la paix, n'aigrissez personne.

Soyez capables de secret, ne soyez jamais pressées de parler.

Vous déplairez à Dieu, si vous cherchez à plaire au monde.

Si vous connaissiez le monde, vous le haïriez.

Songez que Dieu vous a choisies entre mille pour être élevées dans sa maison.

Prenez la bonne habitude de remplir tous les moments de la journée.

Ne faites et ne dites rien que vous ne vouliez bien qu'on sache.

Les filles bien élevées ne parlent jamais bas à l'oreille de qui que ce soit.

Ayez une conduite ouverte, simple, franche, et éloignée de tout mystère.

*Lettre de Mme Campan
à une élève qui venait de faire une éducation
dans la Maison d'Ecouen*

Vous ne risquez pas, ma chère enfant, de perdre les principes que vous avez puisés dans notre maison, puisque vous retournez auprès de parents qui observent et chérissent tout ce que la religion et l'honneur dictent aux honnêtes gens.

Vous serez donc heureuse, car le bonheur n'existe que par la pureté du cœur et le calme de la conscience. Il faut s'attendre, dans le monde, à des revers de fortune, à des ingratitudes, à des injustices, et ne pas s'en désespérer, car nous n'avons de pouvoir que sur nous-mêmes. Nous ne pouvons pas empêcher les jeux de l'aveugle fortune, et il serait fou d'entreprendre de changer les hommes ; il faut les prendre comme ils sont, et ne reporter que sur soi le résultat de ses remarques, en cherchant le plus possible à se rendre tels qu'ils devraient être.

N'oubliez pas, mon enfant, la route d'Ecouen. Tant que j'y serai et tant que je vivrai, vous y trouverez une bien sincère et tendre amie.

Relisez, de temps en temps, ce *code de conduite* que j'ai écrit pour vous.

Dans la piété : foi sincère et pure ; craindre, aimer Dieu, espérer en lui.

Dans la charité chrétienne : indulgence et tolérance pour les autres ; sévérité pour soi-même ; secours de tous les genres à l'humanité souffrante.

Dans la conduite : simplicité et raison.

Dans l'extérieur : propreté et décence.

Dans les procédés : justice et générosité.

Dans l'usage des biens : économie et libéralité.

Dans les discours : clarté, vérité, précision.

Dans l'adversité : courage, fierté, résignation.

Dans la prospérité : modestie et modération.

Dans la société : aménité, obligeance, facilité.

Dans la vie domestique : rectitude et bonté sans familiarité.

De la dignité sans hauteur.

De la politesse sans fadeur.

De la gaieté sans bruyants éclats.

Des grâces sans minauderie.

Du maintien sans raideur.

De l'élégance sans coquetterie.

Des talents sans prétentions.

De l'esprit sans pédanterie.

De la sévérité sans pruderie.

Il faut s'acquitter de ses devoirs, selon leur ordre et leur importance, ne s'accorder à soi-même que ce qui nous serait accordé par une personne éclairée.

Placez dans votre *livre de prières*, pour les relire chaque matin, les lignes suivantes que vous saurez, grâce à l'enseignement divin reçu au pensionnat, *rendre surnaturelles par l'intention* et par conséquent plus faciles à mettre en pratique.

Pourquoi ne supposeriez-vous pas qu'elles vous soient envoyées par vos anciennes maîtresses ?

> Vivre en soi, ce n'est rien ; il faut vivre en autrui.
> A qui puis-je être utile, agréable aujourd'hui ?
> Voilà, chaque matin, ce qu'il faudrait se dire ;
> Et le soir, quand des cieux la clarté se retire,
> Heureux à qui son cœur tout bas a répondu :
> Ce jour qui va finir, je ne l'ai pas perdu.
> Grâce à mes soins, j'ai vu sur une face humaine
> La trace d'un plaisir ou l'oubli d'une peine.
>
> Quand pour la charité le jour n'est point perdu,
> Le sommeil est plus doux, la nuit est une fête.
> La nuit dépend du jour ; un service rendu,
> Est un doux oreiller pour reposer sa tête.

CONCLUSION

VISION DE L'AVENIR

Nous trouvons, sous ce titre, dans un volume édité, il y a déjà longtemps, à Bruxelles : *Le livre de la jeune femme chrétienne*, la page suivante qui le termine.

Elle nous semble la conclusion logique de notre petit livre :

Je pense quelquefois dans mes rêves à ce que sera un jour cette enfant qui m'occupe tant, et que je ne verrai pas!

Je me la représente devenue femme et mère à son tour. J'aime à la voir, dans sa maison, faisant la joie de toute une famille, entourée des amis que sa bonté lui fait ; je la vois veillant à tout dans son ménage, faisant naître l'ordre partout sous ses pas.

J'aime à me la représenter près d'une table, réglant les comptes de sa maison, ou faisant lire ses enfants.

Je ne voudrais pas que sa douce voix s'élevât jamais pour gronder.

Je voudrais qu'elle fût économe, et pourtant je ne voudrais pas qu'elle le fût trop.

Je n'aimerais pas à la voir trop marchander aux dépens des marchands et des ouvriers qui peut-être pour la plupart seraient des pauvres aussi, s'ils n'étaient plus laborieux que les autres.

Je voudrais que, sans nulle affectation, elle fût simple dans ses goûts, dans sa parure, dans ses ameublements et dans ses habitudes.

Je voudrais que ce fût là sa noble et sage économie.

Je voudrais que sa plus grande parure fût une simple robe blanche, sans dentelle et sans broderie.

Je voudrais qu'elle aimât les fleurs et qu'elle se plût à la campagne.

Je voudrais qu'elle fût ingénieuse à travailler pour les pauvres, à épargner pour eux; et que la charité, sous toutes les formes, fût toujours le but caché de toutes ses actions.

Je voudrais que son esprit fût gai, vif, et sérieux pourtant.

Je voudrais qu'elle fût vraie, naturelle et sincère, et pourtant je voudrais qu'elle sût ne jamais blesser.

Je voudrais qu'elle sût s'occuper et se plaire chez elle.

Je voudrais qu'elle n'eût pas de grands talents, et pourtant je voudrais qu'elle eût le goût des arts et de la poésie.

Je voudrais qu'elle sentît vivement, surtout, cette poésie répandue par Dieu même tout autour de nous dans toute la nature.

Je voudrais que son goût pur et délicat repoussât naturellement un livre qui ne serait pas digne d'elle, et que méprisant toute futilité littéraire, quelque attrayante qu'elle soit, elle se plût à relire les belles pages qui tiennent en haut les pensées. Rien de léger, rien même d'insignifiant, dans ta bibliothèque, mon enfant.

Je voudrais que, sans être artiste, elle sût discerner avec intelligence telle ou telle école de peinture, tel maître et telle époque ; et je voudrais que dans une galerie, ses regards ne s'arrêtassent jamais que sur ce qui est vraiment beau de dessin, de couleur et surtout de pensée.

Je voudrais aussi qu'elle eût le sentiment de la musique. Si la musique profane exalte peut-être les folles pensées, la musique sacrée élève l'âme. Certes ce n'est pas le culte extérieur, l'éclat des cérémonies, l'harmonie du chant qui doivent l'attirer au pied de l'autel, c'est le respect qu'elle doit à Dieu, c'est le besoin qu'elle a de Dieu, c'est l'obéissance due aux lois de l'Église, mais dans ce milieu élevé, attrayant, son esprit perdra le goût des fêtes profanes... Celles-là laissent tant de vide : les fêtes de l'Église donnent tant de paix.

Je voudrais que Louise aimât naturellement la bonne compagnie, et toutes les distinctions véritables, non par une puérile vanité, mais par le goût délicat de ce qui est bien, ou par l'instinct secret de sa propre valeur.

Je voudrais que toutes ses opinions fussent comme la conséquence naturelle de son caractère et de ses principes religieux.

Je voudrais qu'elle fût toujours fidèle à la religion du souvenir et de l'infortune, droits divins que chacun respecte au fond du cœur.

Je voudrais que, sans le paraître, elle fût assez instruite pour prendre part à toutes les conversations, même les plus élevées ; sinon pour s'y mêler, au moins pour les juger, et pour savoir toujours rester impartiale.

Je voudrais que, sans être savante, elle sût assez parfaitement l'histoire de sa religion pour pouvoir un jour l'enseigner elle-même à ses enfants.

Je voudrais aussi qu'elle connût assez bien l'histoire de son pays pour choisir avec discernement l'époque, le siècle, ou le règne qu'elle préfère, et qu'elle veut étudier le plus sérieusement.

Je voudrais qu'elle sût de bonne grâce conformer sa vie aux goûts, au rang, et surtout à l'âge de ceux avec qui elle doit passer sa vie.

Je voudrais qu'elle ne fût pas savante, et je demande à Dieu qu'elle ne le soit pas. Une femme doit *savoir bien* plus que *savoir beaucoup*. Elle ne doit être étrangère à aucune science, mais elle ne doit faire parade d'aucune. Une femme doit pouvoir soutenir une conversation, la diriger même, sans avoir l'air de le faire.

Si pourtant, par un invincible attrait, son esprit choisissait quelque science, je voudrais, du moins pour me consoler, que ce fût la science, ou plutôt l'étude des vérités éternelles.

Peut-être encore pourrait-on admettre la botanique, cette science qui cache ses aspérités sous des fleurs, et que l'on peut rendre utile aux pauvres malades par la connaissance des simples et de leurs vertus. Mais cette science gracieuse demande encore beaucoup d'études, elle oblige à de longues courses qui éloignent de la maison, et rien de ce qui éloigne de la maison ne convient aux femmes.

Je voudrais, mon enfant, qu'il y eût dans ton cœur sincère un trésor de bienveillance.

Je voudrais que l'accent de ta voix fût l'écho fidèle de tes impressions et de ta pensée.

Je voudrais que ton front candide fût l'image de ta belle âme.

Je voudrais que ton doux aspect inspirât le respect autant que l'affection.

Je voudrais enfin, ma Louise, que tu fusses la femme que chaque mère demande à Dieu pour son fils !

Je voudrais que tu fusses bonne, raisonnable, charitable et pieuse ! — Pieuse, c'est-à-dire fidèle aux pratiques religieuses dont tu as pris l'habitude au pensionnat : prières régulières, fréquentation régulière des Sacrements, recours habituel à la Sainte Vierge... oh ! comme elles gardent l'âme, l'imagination, le cœur, ces saintes et douces habitudes !

Je voudrais aussi que tu fusses heureuse ! et je pleure, ma Louise, en pensant que je ne le verrai pas...

***

A cette *vision d'une mère*, nous ajoutons cette autre vision *d'une religieuse* dont l'âme ardente et l'esprit élevé se sont voués à l'éducation et à l'instruction des jeunes filles.

« Un de nos monastères se trouve bâti au sein d'une riche vallée que domine une haute montagne dont la cime se confond avec l'azur du ciel. La masse énorme s'élève régulière, majestueuse, arrondie.

— Voyez-vous cette montagne, nous disait un jour une sainte religieuse, ne forme-t-elle pas un piédestal naturel ? A son sujet, j'ai fait un rêve : je voudrais voir, là-haut, une colossale statue de la Vierge qui étendrait ses bras sur toute la contrée pour la protéger et la bénir. Si j'avais de l'argent, c'est à cela que je l'emploierai.

— Pas moi, répondis-je, mon rêve est bien différent.

— Et ce rêve ?

— Mon rêve, le voici : Je voudrais faire de chacune de nos enfants une autorité intellectuelle et morale, afin qu'après nous avoir quittées, elle dominât sa région comme sur la vallée domine la montagne. Et dans cette âme, je voudrais placer Jésus, afin que Jésus pût dominer tout autour. »

(*Formation catholique de la femme contemporaine.*)

APPENDICE

LA COMMUNION QUOTIDIENNE DANS LES PENSIONNATS

> Entretenir et développer la vie de foi dans les âmes est l'élément essentiel de la vie chrétienne.

I. PRINCIPES. — 1. La sainte Eucharistie *conservée* dans une maison est le *foyer* d'où s'échappe continuellement la chaleur pour les âmes, cette chaleur qui produit le *respect pour Dieu, l'amour pour le devoir, le dévouement pour le prochain,* comme le calorifère est le foyer d'où s'échappe la chaleur pour les membres.

Simple affirmation, à cette heure, comprise et sentie surtout par les personnes qui, vivant dans une communauté, ont le bonheur d'avoir le Sauveur Jésus pour leur hôte.

2. La sainte Eucharistie *déposée* par la sainte communion dans une âme bien préparée lui communique de la manière la plus intime sa *chaleur divine*, tout le temps qu'existent les saintes espèces. Il y a un quart d'heure *à part* dans la journée chrétienne, un quart d'heure pendant lequel on sent, quelle que soit la légèreté du caractère, qu'il se fait un *travail dans l'âme :* c'est *le quart d'heure après la communion*. Ici encore, une affaire d'expérience, et je puis en appeler à chacun de nous. Qui donc n'a pas compris, un jour ou l'autre, ce mot du P. Lacordaire : « On ne peut calculer l'effet d'une communion de moins dans la vie d'une âme ! »

3. Le foyer éteint, cette chaleur divine, qui, comme toute chaleur, tend à s'affaiblir en se séparant de son foyer, peut se conserver plus ou moins longtemps, selon que le communiant s'enveloppe de *recueillement*, de *paix*, de *travail*, de *charité*, d'*obéissance ;* comme la pierre fortement chauffée et retirée du feu se conserve longtemps brûlante si on l'enveloppe de manière à la préserver du contact de l'air extérieur.

4. Et cette pierre, déposée la nuit dans le lit glacé du pauvre, lui *communique* la chaleur reçue ; et l'âme qui a communié et qui conserve la chaleur divine reçue par l'Eucharistie peut, elle aussi, *chauffer autour d'elle* les âmes qu'elle approche.

5. Voilà l'idée première qui a porté à établir *une communion quotidienne* partout où il y a réunion nombreuse, communautés, pensionnats, familles même : *répandre dans toute la maison l'influence directe de Jésus-Christ*. C'est un *foyer* qu'on transporte pour échauffer, c'est une *lampe* qu'on promène pour éclairer, c'est une *plante aromatique* dont on sème çà et là quelques débris pour embaumer et éloigner les odeurs malsaines.

Ceux qui ont la foi comprennent ces effets produits, et ceux qui en ont fait l'expérience, les prêtres surtout, peuvent dire si le nombre des fautes graves n'a pas réellement diminué, et si les actes de vertu ne se sont pas multipliés dans ces maisons privilégiées où une communiante porte chaque jour, auprès de ses sœurs, la grâce de Jésus-Christ qui est en elle.

II. Pratique. — La difficulté est dans la pratique.

Avec les enfants il y a à craindre la *routine*, *l'ennui*, la *légèreté de caractère* ; il y a à craindre que cette enfant, consacrée ce jour-là *ciboire vivant* et portée par son ange gardien à travers la maison, comme, aux jours de procession solennelle, le prêtre, avec une différence sans doute, mais dans le même but, porte *l'ostensoir* à travers les rues ; il y a à craindre que cette enfant n'oublie sa *dignité*, et que, par légèreté elle ne laisse s'échapper sans profit la *lumière*, la *chaleur*, le *parfum* eucharistiques.

Avec les enfants, il faut *simplifier*, il faut *varier*, il faut *parler aux sens*.

C'est ce qui a été essayé et ce qu'on demande simplement la permission d'exposer. Pardonnez, Messieurs, s'il y a un peu de sécheresse dans ce que je vais dire : je ne dois pas parler des *effets* à produire par la communion quotidienne dans les pensionnats, mais seulement de la manière dont elle peut se faire. Je n'expose que ce qui se pratique depuis plusieurs années dans la maison où je suis aumônier.

III. ORGANISATION. — Elle est très simple.

1. Une *seule* enfant est désignée pour communier chaque jour de la semaine ; et cette communion est indépendante de celle qu'elle peut faire le dimanche et les jours de fête, indépendante des communions faites par ses compagnes. Le tour de chaque enfant ne vient qu'une ou deux fois par mois, selon le nombre des élèves.

2. Tous les dimanches, le nom des communiantes de la semaine est lu publiquement par l'aumônier, afin que l'enfant puisse s'y préparer, et, chaque fois, quelques mots sont consacrés à Jésus dans l'Eucharistie pour servir d'idée dominante pendant la semaine ; ce sont ordinairement les titres de Jésus-Christ : *Jésus le maître, Jésus la paix, Jésus l'innocence, Jésus la douceur...* Ainsi avertie, l'enfant peut se préparer, et elle est ordinairement confessée la veille ou l'avant-veille du jour de sa communion.

3. La communiante, au nom de la maison, porte toute la journée, comme marque distinctive et comme souvenir matériel pour elle et pour ses compagnes, un ruban spécial ou une chaînette soutenant un crucifix ou un cœur de Jésus, comme les enfants de Marie portent tous les jours leur

médaille bénite. C'est le soir que le ruban est remis par celle qui a communié le matin à celle qui doit communier le lendemain.

4. Dans l'après-midi, à une heure désignée, ordinairement au commencement de la récréation de quatre heures, la communiante se rend à la chapelle pendant trois à quatre minutes au plus : c'est le renouvellement de sa piété du matin. Là, elle dit lentement la prière suivante, écrite sur un tableau laissé à la place qui lui est réservée.

« Mon Dieu, c'est moi qui ce matin ai eu le bonheur de vous recevoir au nom de toute la maison !

« Moi que vous avez daigné employer pendant cette journée pour vous aider à faire du bien à mes compagnes !

« Mon Dieu, vous m'avez envoyée au milieu d'elles pour les édifier, pour les aider, pour les encourager, pour les aimer.... Je ne sais pas si j'ai bien rempli ma mission comme vous le vouliez ; je me suis oubliée peut-être ; pardonnez mon inexpérience, ma timidité, mon peu de zèle ; pardonnez aussi mes fautes personnelles ; et ce soir, mon Dieu, aidez-moi à réparer ce que je n'ai pas bien fait !

« Que ma journée finisse bien, et qu'à l'heure de mon repos j'entende mon ange gardien me dire : « Le bon Dieu est content de toi ! »

Elle récite les *litanies de l'ange gardien*, la prière : *O ma souveraine* ; elle se signe pour recevoir la bénédiction de Jésus-Christ et va rejoindre ses compagnes pour jouer ou se promener avec elles.

IV. Privilèges. — Ils sont de deux sortes.

Premier privilège : Immunité. — L'enfant qui a communié le matin au nom de la maison n'est pas punie ce jour-là, alors même qu'elle s'oublierait. Elle le sait ; on le lui rappelle fréquemment aux réunions du dimanche ; c'est pour elle un *point d'honneur* qui la flatte et qui la retient dans le devoir. Nous pouvons assurer que dans notre maison, où cette pratique a été établie, il y a eu sans doute quelques manquements, quelques étourderies de la part de la communiante du matin, mais il n'y a rien eu de grave. *Une fois par mois*, une enfant avertie, une enfant qui a communié pieusement est facilement sage. Ses maîtresses et ses compagnes la respectent, et elle se respecte.

Nous ne pouvons pas trop nous pénétrer nous-mêmes et pénétrer ceux qui nous sont confiés, de la grande idée de respect pour *la communion faite le matin*. Ah ! si les mères comprenaient mieux ce que vaut leur enfant le jour où elle a communié !... Non, mères ! vous ne les puniriez pas, vous ne les gronderiez pas, et votre respect pour elles leur apprendrait petit à petit le respect pour elles-mêmes !

Deuxième privilège : La protection. — La communiante a le droit de faire pardonner une de ses compagnes punies, *une seule ;* et, pour éviter les abus si faciles, elle s'adresse à la maîtresse, qui, à sa considération ou mieux à la considération de Jésus-Christ reçu le matin, choisit une élève punie et lui enlève en tout ou en partie la punition imposée ; mais c'est elle, la communiante, messagère de la bonté de Jésus, elle qui va porter le pardon.

Belle et suave mission que celle là !

Doux apprentissage de la miséricorde et de la bonté !

« Un jour de communion, *il faut être bon.* » Ce mot si simple et si fort est d'un vénéré sulpicien, de M. Vernet, ancien supérieur du séminaire de Viviers ; il l'avait souvent répété, et les séminaristes en abusaient bien quelquefois ; mais il ne se corrigeait pas. Pendant l'heure qui suivait sa messe, il ne refusait jamais rien ; et comme on le lui reprochait doucement :

Que voulez-vous ? disait-il ; *le bon Dieu est avec moi, il faut bien que je sois bon.*

C'est ce mot que nous voulons apprendre à l'enfant.

Anges des pensionnats chrétiens, je vous confie ces pages, simples indications d'un acte à la portée de tous par la facilité, et qui peut avoir de si grands résultats pour les âmes. Il accoutume à comprendre l'influence d'une communion, à vivre uni à Jésus-Christ, à agir avec Jésus-Christ et pour Jésus-Christ, à sentir la présence de Jésus-Christ.

Bénissez-les, propagez-les, faites-les aimer des enfants et des maîtresses, des maîtresses surtout, si inquiètes quelquefois pour les âmes qui leur sont confiées !

Ah ! qu'elles se rassurent ! La communion de tous les jours par une de leurs enfants, la grâce de cette communion répandue tout le jour au milieu de leurs autres enfants, c'est *l'action permanente de Jésus-Christ*, et, avec Jésus-Christ pour gardien, comme il y a moins à craindre !

(Extrait de l'Annuaire du *Congrès des Œuvres eucharistiques* tenu à Avignon en 1888).

Table des Matières

Aux Directrices et aux Maîtresses.
Préface.

CHAPITRE PRÉLIMINAIRE

I

NATURE ET BUT DU PENSIONNAT RELIGIEUX

I..... Le pensionnat religieux a pour but de former l'âme, le cœur, la volonté, l'intelligence, le caractère..... 1
II.... Le pensionnat religieux donne à l'intelligence toutes les connaissances qui peuvent lui être utiles et même agréables................................. 5
III... Le pensionnat religieux ne sépare jamais l'éducation de l'instruction. Son but principal est de faire des saintes................................. 9

IV... Le pensionnat religieux a Dieu pour maître, pour directeur, pour inspirateur...... 12
V.... Le pensionnat religieux a des maîtresses exclusivement et complètement dévouées aux enfants que Dieu leur a confiées............ 14
VI... Conclusion............ 17

II

SENTIMENTS D'UNE JEUNE FILLE VIVANT DANS UN PENSIONNAT RELIGIEUX

I...... Pour Dieu............ 19
II.... Pour ses maîtresses............ 20
III... Pour ses compagnes............ 21
IV ... Pour ses devoirs............ 23
V.... Pour son Pensionnat............ 24

III

PLAN GÉNÉRAL DU LIVRE

I...... Mission de la jeune fille............ 28
II.... Obstacles qui s'opposent à la mission de la jeune fille. 28
III... Moyens qui préparent la mission de la jeune fille.... 28

CHAPITRE PREMIER

MISSION DE LA JEUNE FILLE : ÊTRE UTILE

I...... Ce qu'on entend par *être utile* 30
II.... La jeune fille a la mission spéciale d'être utile....... 31

III... Ce qui doit être formé en la jeune fille pour accomplir
sa mission d'être utile : 33
  La vie de l'âme par *la piété*.
  La vie du cœur par *le dévouement*.
  La vie de la volonté par *l'obéissance et la force*.
  La vie de l'intelligence par *l'amour du travail*.
  La vie de famille et de société par *l'amabilité*.
  La vie matérielle par *les connaissances usuelles*.
La jeune fille doit être utile :
  1° Aux âmes... 34
  2° Aux intelligences....................................... 43
  3° Aux cœurs.. 46
  4° A la vie matérielle 49
Conclusion de ce chapitre 50

CHAPITRE DEUXIÈME

OBSTACLES A LA MISSION DE LA JEUNE FILLE

I...... Existence et nature de ces obstacles : *inclinations mauvaises* 52
  1° Au dedans de vous 53
  2° Au dehors de vous 55
II..... Effets produits par le développement de nos inclinations mauvaises.. 57
III... Moyens de détruire ou au moins d'affaiblir les effets de nos inclinations mauvaises 59
IV ... Principaux défauts produits par les inclinations mauvaises non réprimées 62
  1. La légèreté, obstacle à la piété................. 63
  Elle produit :
    1. L'inattention....................................... 65

2. La dissipation.................................... 66
3. Le vide du cœur................................. 66
4. La vie inutile..................................... 68
2. L'orgueil, obstacle à l'obéissance............. 69
Il produit :
   1. La bouderie..................................... 71
   2. L'entêtement.................................... 72
   3. Le murmure.................................... 72
   4. Les petites vanités............................ 73
   5. La dissimulation............................... 74
   6. La jalousie..................................... 75
Il ne doit pas être confondu :
   1. Avec l'émulation............................... 77
   2. Avec la joie du succès........................ 78
   3. Avec le sentiment de la dignité............ 79
   4. Avec l'instinct du beau et du bon goût.... 79
3. L'égoïsme, obstacle au dévouement........... 80
Il a pour résultat :
   1. Le despotisme.................................. 83
   2. Le manque de respect....................... 83
   3. La sécheresse du cœur...................... 83
   4. L'affaiblissement de la volonté............. 84
Il se corrige :
   Par l'habitude des petits sacrifices............. 84
4. La paresse, obstacle à la force, à la constance
   et à l'amour du travail........................ 85
Elle produit :
   1. La mélancolie................................... 87
   2. La mollesse..................................... 88
   3. Le manque d'ordre............................ 89
   4. La sensualité................................... 90
   5. La tiédeur....................................... 91

5. Le mauvais caractère, obstacle à l'amabilité.. 92
   1. Nature du mauvais caractère............... 94
   2. Redressement du mauvais caractère........ 96

CHAPITRE TROISIÈME

MOYENS QUI PRÉPARENT AU PENSIONNAT LA MISSION
DE LA JEUNE FILLE

L'acquisition des vertus

I..... Préparation qu'exige l'acquisition des vertus........ 102
   1. La prière................................. 104
   2. Les sacrements........................... 106
   3. L'enseignement religieux.................. 108
II.... Formation de la vie par les vertus................. 113

I

ARTICLE PREMIER

Formation de la vie de l'âme par la piété

1. Nature de la piété......................... 115
2. Effets de la piété.......................... 118
   Dans nos rapports avec Dieu............... 118
   Dans nos rapports de famille............... 120
   Dans nos rapports personnels.............. 122
   Dans la décision de notre vocation........... 125
3. Caractères de la piété...................... 128
   Ce qu'elle doit être....................... 128
   Ce qu'elle ne doit pas être................. 130
   Ce qu'est la piété d'après saint Paul........ 133

4. Développement et alimentation de la piété... 135
Les dévotions.................................. 137
La confession................................. 141
La sainte communion........................... 143
5. Résultat pour la vie entière de l'esprit de piété.. 145
L'esprit de foi................................... 145
   1. Nature de l'esprit de foi................ 145
   2. Effets de l'esprit de foi sur le respect humain et sur l'entraînement de la vie mondaine........................... 147

II

ARTICLE SECOND

Formation de la vie du cœur par le dévouement

I..... Nature de la vie du cœur..................... 149
II.... Éléments de la vie du cœur.................. 151
   1. La pureté conservée....................... 152
   2. L'affection reçue.......................... 154
   3. L'affection donnée........................ 157
III... Manifestation de la vie du cœur par *le dévouement*.... 161
Nature du dévouement.......................... 161
   1. L'aumône................................ 163
   2. La bonté................................. 166
   Nature de la bonté........................... 166
   Effets de la bonté............................ 167
   Nécessité de la bonté........................ 172
   Moyens d'acquérir la bonté.................. 173
   3. L'apostolat.............................. 175
   Par la prière................................ 176

Par la parole.................................... 178
Par l'exemple................................... 180
Les anges au pensionnat....................... 182
4. Le Sacrifice................................... 185

III

ARTICLE TROISIÈME

*Formation de la vie de la volonté par l'obéissance
et par la force*

I..... Nature et puissance de la volonté................ 189
II.... Formation de la volonté.
    1. Par l'obéissance qui plie la volonté............ 192
       Nature et effets de l'obéissance................ 192
          Au point de vue humain.................... 194
          Au point de vue divin....................... 196
       Qualités de l'obéissance........................ 196
    2. Par la force qui affermit la volonté............ 197
       Nature et nécessité de la force................. 197
       Effets de la force.............................. 199
       Moyens d'acquérir la force..................... 203
    3. Par la conscience qui éclaire la volonté........ 204
       Nature de la conscience........................ 204
       Ce que peut devenir la conscience............. 205
    4. Par le devoir but des efforts de la volonté....... 207

IV

ARTICLE QUATRIÈME

Formation de la vie de l'intelligence par le travail

I..... Nature et vie de l'intelligence........................ 209
II.... Moyens de développer la vie de l'intelligence........ 215
    1. Le travail.. 216
    2. La réflexion et l'attention...................... 220
        Résultats de l'attention........................ 221
        Moyens de fortifier l'attention................ 222
    3. Le conseil.. 224
    4. La méthode...................................... 225
III... Règles pour développer et fortifier l'intelligence..... 226
    Première règle : *Travailler paisiblement et posément* 226
    Deuxième règle : *Travailler lentement*............ 228
    Troisième règle : *Travailler sans bruit*........... 230
    Quatrième règle : *Travailler énergiquement*........ 231
    Cinquième règle : *Travailler joyeusement*.......... 233
    Sixième règle : *Travailler divinement et affectueusement*........................ 234
IV... Effets de l'amour du travail sur l'intelligence......... 235
V.... Indications des travaux qui forment et développent la vie de l'intelligence.................................. 239
    1. L'observation.................................... 239
    2. La lecture.. 242
        L'art de la lecture............................ 245
        L'art de profiter des lectures................ 247
    3. La culture de la mémoire........................ 251
    4. La formation du jugement...................... 255

      5. La direction de l'imagination.................. 259
          Dangers de l'imagination...................... 259
          Avantages de l'imagination................... 260
          Formation de l'imagination................... 262
      6. Le développement du goût.................... 263
      7. La composition 268
VI.... Indications des travaux que demande la vie matérielle. 273

V

ARTICLE CINQUIÈME

Formation de la vie de famille par l'amabilité

I..... Nature de la vie de famille........................ 277
II.... Entretien de la vie de famille par l'amabilité......... 279
      1. Nature de l'amabilité........................ 280
      2. Pratique de l'amabilité...................... 283

VI

ARTICLE SIXIÈME

*Formation de la vie pratique et de la vie sociale
par l'acquisition des connaissances usuelles*

I..... Nature des connaissances usuelles 295
II.... Indication des connaissances usuelles............... 296
      1. La science du ménage....................... 296
      2. L'hygiène................................. 296
      3. Les relations.............................. 296

I

LA SCIENCE DU MÉNAGE

1. Science théorique du ménage.................. 296
Première règle : *Connaître son revenu et régler ses dépenses d'après le total*........ 298
Deuxième règle : *Savoir acheter et acheter chaque chose en son temps*............ 300
Troisième règle : *Avoir l'œil à tout et prendre garde aux petits dégâts*............... 300
Quatrième règle : *Chercher et former de bonnes domestiques*...................... 301
Cinquième règle : *Rendre agréable la demeure de la famille*...................... 303
2. Science pratique du ménage.................. 305

II

L'HYGIÈNE

1. Nature de l'hygiène.......................... 309
2. Principes d'hygiène pour protéger la santé....... 311
    1. *Respirer un air pur*..................... 311
    2. *Faire de l'exercice*..................... 312
    3. *Se préserver des transitions brusques*......... 313
    4. *Se maintenir dans la propreté*............. 313
    5. *Se préserver du froid et de l'humidité*........ 314
    6. *Savoir se nourrir*....................... 314
    7. *Savoir dormir*......................... 315
    8. *Savoir se récréer*....................... 316
    9. *Garder son âme en paix*................. 316
    10. *Ne pas s'inquiéter d'une légère indisposition*... 317

3. Connaissances nécessaires pour rétablir la santé.. 317
   1. Être un peu médecin et un peu pharmacienne.. 318
Connaître :
      Les plantes médicinales...................... 320
      La composition d'une petite pharmacie........ 321
      Les remèdes usuels pour les accidents......... 322
   2. Être parfaite garde-malades.................. 323

III

Les relations................................... 324
  Maximes de Mme de Maintenon..................... 332
  Lettres de Mme de Campan....................... 339

CONCLUSION

Vision de l'avenir............................... 342

APPENDICE

La communion quotidienne dans des pensionnats..... 349

b — 218   AVIGNON. — IMP. AUBANEL FRÈRES

AUBANEL FRÈRES, ÉDITEURS

IMPRIMEURS DE N. S. P. LE PAPE
AVIGNON

EXTRAIT DU CATALOGUE

Nos publications sont en vente chez tous les libraires de la France et de l'Étranger.

Catalogue général envoyé franco sur demande

LE LIVRE DE PIÉTÉ
DE LA JEUNE FILLE
AU PENSIONNAT ET DANS SA FAMILLE

Par l'Auteur des "Paillettes d'Or"

OUVRAGE HONORÉ DE LA BÉNÉDICTION DE SA SAINTETÉ

Approuvé par plusieurs Cardinaux, Archevêques et Évêques

241ᵐᵉ ÉDITION

ÉDITION ORDINAIRE, 850 pages, prix de 2 fr. 50 à 6 fr., suivant la reliure.

ÉDITION DE LUXE, 928 pages, impression rouge et noir, en caractères elzéviriens, sur beau papier teinté, avec encadrements, vignettes, lettrines. Prix de 5 fr. à 50 fr., suivant la reliure.

Aubanel Frères, Éditeurs, à Avignon

LE LIVRE DES ENFANTS
QUI SE PRÉPARENT A LA
PREMIÈRE COMMUNION
AU PENSIONNAT ET DANS SA FAMILLE

Par l'Auteur des " PAILLETTES D'OR "

Ouvrage approuvé par S. G. Mgr l'Archevêque d'Avignon, S. E. Mgr le Cardinal-Archevêque de Bordeaux ; S. G. Mgr l'Archevêque d'Aix, Arles et Embrun ; S. G. Mgr l'Evêque de Nancy et de Toul ; S. G. Mgr l'Evêque de Pamiers ; S. G. Mgr l'Evêque de Dijon ; S. G. Mgr l'Evêque d'Evreux, et S. G. Mgr l'Evêque de Versailles.

Vingt-quatrième édition revue et complétée par des Conseils et des Prières pour la Confirmation

Un joli volume in-18

Prix broché... 1 50
Relié basane gaufrée tranche marbrée................. 1 70
  » » » » dorée..................... 2 10
  » chagrin, tranche dorée............................ 3 70

Ce petit livre a pour but :

1° De fournir aux maîtresses pendant au moins *un mois entier* et, à peu près *demi-heure par jour*, un sujet d'instructions pratiques et utiles aux enfants qu'elles préparent à la première communion.

2° De forcer les enfants *à réfléchir*, pendant à peu près *un quart d'heure* par jour, à la grande action qu'elles vont faire, en les obligeant à mettre *par écrit* des pensées que leur suggèrent *des questions* posées.

Ce livre demande modestement une petite place entre les *instructions du prêtre* et les *exhortations de la maîtresse* ou *de la mère*, — entre le *texte du catéchisme* qui doit toujours être appris et récité, et les *commentaires* sur les réponses si pleines de lumière et de force de ce livre écrit au nom de l'Eglise catholique, le plus utile des livres après l'Ecriture-Sainte qu'il développe et qu'il complète.

Aubanel Frères, Éditeurs, à Avignon

PAILLETTES D'OR

CUEILLETTE DE PETITS CONSEILS

POUR LA SANCTIFICATION ET LE BONHEUR DE LA VIE

Publication paraissant tous les 4 mois par 10 fascicules de 16 pages avec Approbation de l'Autorité Ecclésiastique

Les " Paillettes d'Or " sont de petites feuilles à qui Dieu semble avoir donné pour mission d'apporter au cœur un peu de paix et un peu de joie.

Elles paraissent tous les quatre mois par dix fascicules de 16 pages, mais **elles peuvent se détacher et être distribuées comme par le passé**, au commencement de chaque mois.

Ces feuilles si aimées des âmes pieuses viennent apprendre à aimer le bon Dieu, à se dévouer, à se contenter de sa part de bonheur, à être esclave du devoir...

PRIX DE L'ABONNEMENT ANNUEL

10 fascicules de 16 pages envoyés tous les 4 mois
par la poste . . . . 2 fr. par an.

Tous les 3 ans, les " PAILLETTES " sont réunies en un joli volume in-18 de 144 pages environ.

Aubanel Frères, Éditeurs, à Avignon

OUVRAGES SUR LA DOCTRINE CATHOLIQUE

PAR L'AUTEUR DES " PAILLETTES D'OR "

SOMMAIRE
DE LA DOCTRINE CATHOLIQUE
EN TABLEAUX SYNOPTIQUES
POUR SERVIR AUX INSTRUCTIONS PAROISSIALES ET AUX CATÉCHISMES DE PERSÉVÉRANCE

Ouvrage honoré d'un BREF de Sa Sainteté LÉON XIII

Approuvé par S. G. Mgr l'Archevêque d'Avignon ; S. E. Mgr le Cardinal-Archevêque de Lyon ; S. E. Mgr le Cardinal-Archevêque de Bordeaux; S. G. Mgr l'Archevêque d'Aix, Arles et Embrun ; S. G. Mgr l'Archevêque de Port-d'Espagne ; S. G. Mgr l'Evêque de Nancy et de Toul ; S. G. Mgr l'Evêque d'Evreux ; S. G. Mgr l'Evêque de Viviers et S. G. Mgr l'Evêque de Fréjus et Toulon.

TROISIÈME PARTIE

I. Les Commandements de Dieu et de l'Eglise. — II. Les Conseils évangéliques. — III. La Conscience. — IV. Le Péché

13me ÉDITION. — Un beau volume grand in-16 de xv-224 pages
Prix broché..................................... 2 25
Reliure percaline, tranche jaspée............... 3 25

DEUXIÈME PARTIE
Le Symbole des Apôtres

10me ÉDITION. — Un beau volume grand in-16 de xii-416 pages
Prix broché..................................... 4 25
Reliure percaline, tranche jaspée............... 5 25

PREMIÈRE PARTIE
La Grâce, la Prière, les Sacrements

10me ÉDITION. — Un beau volume grand in-16 de xii-572 pages
Prix broché..................................... 5 75
Reliure percaline, tranche jaspée............... 6 75

Aubanel Frères, Éditeurs, à Avignon

APRÈS LE CATÉCHISME

COURS D'INSTRUCTION RELIGIEUSE
SPÉCIALEMENT RÉDIGÉ
POUR LES ÉLÈVES DU COURS SUPÉRIEUR DANS LES MAISONS D'ÉDUCATION

PAR L'AUTEUR DU *Sommaire de la Doctrine Catholique en tableaux synoptiques*
ET DES *Paillettes d'Or*

Approuvé par S. G. Mgr l'Archevêque d'Avignon; S. G. Mgr l'Archevêque de Cambrai, et S. G. Mgr l'Archevêque d'Aix

I. VÉRITÉS FONDAMENTALES DE LA RELIGION

Sixième édition, revue et augmentée de 60 Sujets et Plans de rédaction

Un beau volume in-18 de xii-549 pages

Prix broché : 1 fr. 90. — Prix cartonné : 2 fr. 10

Le " QUESTIONNAIRE " sujets et plans de rédaction de cet ouvrage se vend séparément broché : 25 c.

II. RÉPONSES A QUELQUES ACCUSATIONS CONTRE LA RELIGION

Un beau volume in-18 de xxiv-470 pages. — Sixième édition

Prix broché : 1 fr. 90. — Prix cartonné : 2 fr. 10

..... La Maison Aubanel en effet se consacre à l'impression de ces mille volumes qui répandent aujourd'hui dans tous les pays catholiques la lumière de la vérité chrétienne ; soit qu'il s'agisse de prêter un cadre tout fait et des documents précieux que leurs occupations nombreuses les empêcheraient de rechercher, à ceux-là qui dépensent leur vie à enseigner dans leurs sermons la parole de Dieu, soit qu'il faille discuter pied à pied toutes les objections que la sophistique dresse contre le christianisme en appelant à elle toutes les ressources que la science — habilement exploitée — peut lui fournir ; soit qu'il s'agisse de diffuser dans le peuple et particulièrement dans la jeunesse, les vérités morales qui se gravent mieux dans les esprits par des exemples heureusement choisis que par les démonstrations souvent les plus logiques. On sait qu'à cet égard la jeunesse est redevable à M. J. Aubanel d'éditions nombreuses et utiles dont ceux qui sont appelés à diriger les consciences apprécient tout le mérite.

Extrait de la *Nouvelle Encyclopédie*, Mai 1894.)

Aubanel Frères, Éditeurs, à Avignon

LE SACERDOCE ÉTERNEL

PAR

S. E. LE CARDINAL MANNING, ARCHEVÊQUE DE WESTMINSTER

TRADUIT DE L'ANGLAIS

PAR L'ABBÉ C. MAILLET

Précédé d'une Lettre de S. G. Mgr l'Archevêque d'Avignon, et de S. G. Mgr l'Évêque de Belley

Un très joli volume in-16 jésus de 328 pages

Impression de luxe avec tête de chapitres, lettrines, vignettes
sur beau papier teinté, couverture artistique
Impression rouge et noir sur papier nid d'abeilles

Prix broché : 2 fr. 90

LE PÉCHÉ & SES CONSÉQUENCES

PAR

S. E. LE CARDINAL MANNING, ARCHEVÊQUE DE WESTMINSTER

OUVRAGE ORNÉ D'UN PORTRAIT DE L'AUTEUR

TRADUIT DE L'ANGLAIS PAR L'ABBÉ C. MAILLET

Un très beau volume in-16 jésus de 252 parges

Impression de luxe avec tête de chapitres, lettrines, vignettes
sur beau papier teinté

Prix broché : 2 fr. 90

Aubanel Frères, Éditeurs, à Avignon

L'AUXILIAIRE DU CATÉCHISTE

DICTIONNAIRE DES MOTS DU CATÉCHISME
PRÉSENTÉS EN TABLEAUX SYNOPTIQUES

PAR L'AUTEUR DES " *PAILLETTES D'OR* "

Approuvé par S. E. le Cardinal BOURRET, Évêque de Rodez et S. G. Mgr SUEUR, Évêque d'Evreux

Un beau volume grand in-16 de xxiv-386 pages

Prix broché : 3 fr. 75

| 200 | Pénitence |

PÉNITENCE (Sacrement de)

Pénitence (Sacrement de)

- **Définition du Sacrement de Pénitence** : Sacrement institué par N.-S. J.-C., sous la forme de jugement, pour remettre tous les péchés commis après le baptême, à celui qui s'en confesse, s'en repent et s'engage à satisfaire pour les fautes commises.

- **Constitution du Sacrement de Pénitence** :
  - *La pénitence est un vrai Sacrement* :
    - Le *signe sensible* qui indique la grâce qu'il donne, se montre dans les marques de repentir du pénitent — et dans la sentence d'absolution.
    - *L'institution divine* ressort des paroles de J.-C. : *Tout ce que vous délierez sur la terre, sera délié dans le ciel.*
    - La *grâce donnée* : c'est la rémission des péchés que Dieu seul peut accorder.
  - *La matière et la forme* :
    - Les *péchés* du pénitent ; s'il n'y avait pas de péchés, il n'y aurait pas de sacrement.
    - Les *actes* que fait le pénitent, au nombre de trois : *La contrition — la confession — la satisfaction* (voir ces mots).
    - La *forme* : Ce sont les paroles du prêtre donnant l'absolution : *Je t'absous de tes péchés, au nom du Père, du Fils, et du St-Esprit...* C'est quand le prêtre les prononce, que le sacrement est reçu — (voir *Absolution.*)

- **Noms donnés au Sacrement de Pénitence** :
  - *Second Baptême.* — Baptême laborieux parce qu'il est pour les péchés *actuels* ce que le baptême est pour le péché originel — seulement il exige des dispositions qui coûtent davantage que celles exigées par le baptême.
  - *Seconde planche de salut* parce qu'il est pour nous, pécheurs, au milieu de l'entraînement de nos passions, ce qu'est *une planche* qui permet au naufragé de gagner le rivage.
  - *Tribunal de la miséricorde* parce que le pardon y est donné sous forme de jugement.

SPÉCIMEN RÉDUIT D'UNE PAGE

L'auteur a pris pour devise : *Être utile*, et il y a été fidèle. — Ce petit dictionnaire sans prétention nous paraît devoir rendre de très grands services : 1° aux *catéchistes*, en leur rémémorant ce qu'ils savent déjà et en leur permettant d'être méthodiques et précis dans leurs explications ; 2° aux *élèves* qui y trouveront groupés et expliqués tous les termes un peu abstraits qui abondent dans le catéchisme.

Nous avons fait personnellement usage de cet ouvrage et nous nous en sommes fort bien trouvé. Aussi lui souhaitons-nous de grand cœur toute la diffusion qu'il mérite. Évidemment il ne remplacera pas la théologie ; mais les gens pressés, et Dieu sait s'ils sont nombreux, y trouveront un très précieux *auxiliaire*.

(*Revue du Clergé français*, 1er mai 1896).

Aubanel Frères, Éditeurs, à Avignon

LE LIVRE DE FOI
DE LA JEUNESSE CATHOLIQUE
CONTENANT AVEC LES PRIÈRES USUELLES
L'EXPOSÉ SOMMAIRE
DES PRÉCEPTES, DES CONSEILS ET DES CROYANCES
PAR UN AUMONIER DE LYCÉE

Un joli volume in-18 de 208 pages

Prix broché 1 15
Reliure percaline tranche jaspée 1 75

APPROBATION
DE

Sa Grandeur Monseigneur Sueur, Archevêque d'Avignon

ARCHEVÊCHÉ
D'AVIGNON
                                    Avignon, le 9 Février 1897.

MONSIEUR L'AUMONIER,

Sur le rapport favorable qui m'a été fait au sujet de votre volume : *" Le Livre de Foi de la jeunesse catholique "* je vous autorise bien volontiers à publier cet ouvrage. Les personnes qui le liront attentivement y apprendront la convenance et l'excellence des prières catholiques usuelles, des principales pratiques chrétiennes et l'esprit des principales fêtes de l'Eglise ; elles trouveront enfin dans la troisième partie une démonstration sommaire de la foi catholique présentée d'une manière forte et saisissante.

C'est une œuvre utile que vous avez faite. Je souhaite que votre livre se répande.

Recevez, Monsieur l'Aumônier, avec mes félicitations l'assurance de mes sentiments tout dévoués.

† L. FRANÇOIS, *Arch. d'Avignon*

Vade-mecum des jeunes gens qui, sous trois parties : les préceptes, les conseils, les croyances, groupe tout ce qui se rapporte à la vie chrétienne. L'utilité particulière de ce petit ouvrage lui vient de ce qu'il est à la fois un livre de piété et un livre d'instructio

(*La Revue ecclésiastique de Metz*)

Aubanel Frères, imprimeurs de N. S. P. le Pape
Avignon

LE LIVRE DE PIÉTÉ

DE LA JEUNE FILLE

AU PENSIONNAT ET DANS SA FAMILLE

Par l'Auteur des PAILLETTES D'OR

OUVRAGE HONORÉ D'UN BREF DE SA SAINTETÉ

256ᵉ édition — Un beau volume in-18 de 850 pages

Broché...		2 50
Reliure percaline anglaise, tranche jaspée...............		3 »
» » » » dorée...............		3 60
» » » » rouge...............		3 60
» basane gaufrée » marbrée............		3 25
» » » dorée...............		3 75
» mouton chagriné, monogramme à froid tr. dorée.		4 50
» chagrin 2ᵉ choix, tranche dorée........................		5 »
» » » » rouge......................		5 »
» » 1ᵉʳ » » dorée......................		6 »
» veau des Indes cadre et monogr. à froid tr. dorée		6 »
N° 300. — Reliure percaline, ornements or, tranche dorée		4 »
Même reliure, ornements à froid, tranche rouge		4 »
N° 301. — Reliure capitonnée, mouton mat, ornements à froid, tranche dorée........................		4 75
N° 302. — Reliure souple, — dos plat, — cuir anglais, — tranche dorée creuse, fine, — coins arrondis, — gardes peigne, monogramme à froid, — jolie gravure sur acier au frontispice......		6 50
N° 303. — Même reliure, *monogramme or*...............		7 »
N° 304. — Reliure simple, dos plat, — cuir anglais, tranche dorée, creuse fine, coins arrondis, — gardes peigne, *Monogramme et filets flèches à froid*. Jolie grav. sur acier au frontispice.		7 50
N° 305. — Même reliure, *Monogramme et filets flèches or*		8 50
N° 306. — Reliure souple, dos plat, — cuir anglais, — tr. dorée, creuse fine, — coins arrondis, — gardes peigne. *Beaux ornements équerre or*. Jolie gravure sur acier au frontispice......		10 50

En vente chez tous les Libraires